Всё о нас

Стихи и проза

Сан Диего

2018

Григорий Собко
Анна Собко

Всё о нас

Сан Диего

2018

<u>Григорий Собко (стихи), Анна Собко (проза и иллюстрации)</u>

Всё о нас. San Diego, USA. 2018.

First Printing: 2018

ISBN 978-1-387-52110-4

Email:

gbeholder@gmail.com (Gregory Sobko)
annarabota@gmail.com (Anna Sobko)

Нашим детям, внукам и друзьям
посвящается.

Всё о нас

Здесь всё о нас. Живём у кромки
Небытия и бытия.
Пусть отдалённые потомки
Поймут, что были ты и я.
Что были мы и жизнь любили-
И было это нелегко.
Качались мы среди звёздной пыли
Вверх - вниз, как маятник Фуко.
Почти что всё о нас. Негромкий
Отчёт положим мы в тетрадь
По- русски пусть прочтут потомки,
Ещё способные читать.
Прочтут. И посмеются с нами,
И может быть слезу прольют.
Пусть их согреет наше пламя
И вдохновенье тех минут.

10.08.17

Об авторах

Григорий Собко - Стихи

Я провёл все свои школьные годы в Крыму, городе Севастополе, в семье военного. Получил диплом математика на механико-математическом факультете МГУ. После окончания аспирантуры мехмата в 1974 году защитил диссертацию (Ph.D. in Mathematics) и до отъезда в Америку жил и работал в Москве, занимаясь прикладной математикой (проблемами Artificial Intelligence). С 1991 года живу в Сан Диего. Работал консультантом в Navy R&D, нескольких high-tech компаниях, но в основном преподавал в университетах и колледжах и занимался самостоятельно проблемами чистой и прикладной математики. Стихи пишу с детства, с нарастающей интенсивностью. Недавно, по совету друзей, стал публиковать свои стихи на Интернете. (читайте, в частности: Григорий Собко, www.stihi.ru). Как член Литературного Клуба Сан Диего, регулярно представляю в Клубе свои стихи. Некоторые из них были недавно опубликованы в альманахе «Литературные Игры» , San Diego, 2016.Редакционная комиссия портала Stihi.ru при Союзе Литераторов России номинировала меня на национальную литературную премию "Поэт года" России за 2016 и 2017 годы.

Об авторах

Анна Собко—Проза и Иллюстрации

Я родилась в Кишинёве, в Молдавии. Сколько себя помню, всегда рисовала. Мой отец был художником, и я пошла по его стопам, получив образование художника в Кишинёвском Художественном Училище. Затем поступила во ВГИК (Всесоюзный Государственный Институт Кинематографии) в Москве, который окончила в 1976. С 1976 по 1993 я работала режиссёром и художником-мультипликатором в киностудии "Молдова-фильм". Начиная с 1993, преподавала живопись, рисунок, художественный дизайн, дизайн костюмов, историю искусств. Мои картины регулярно выставляются в галереях и художественных выставках. Многие мои работы принадлежат частным коллекциям в США, России, Германии, Франции, Канаде, Израиле и Молдове.

Сейчас я живу в Сан Диего, Калифорния, и продолжаю работать, как художник. Некоторые из моих недавних работ опубликованы в книге "International Contemporary Artists", Vol1., ICA Publishing, 2010.

Многие годы я писала маленькие рассказы для себя, а в 2011 году я стала членом Русского Литературного Клуба Сан Диего, где и представила ряд моих коротких рассказов. Некоторые из них опубликованы в альманахе "Литературные Игры", Сан Диего, 2016.

Содержание

Часть I. Стихи

Часть II. Проза

О Математике, Физике, Биологии

Об открытии гравитационных волн

Интерферометр пробрала дрожь испуга,
И гравитация в миллиарде лет от нас
Двух чёрных дыр, сжираюших друг друга,
Прислала нам волнующий рассказ.

Рассказ был краток, только в нём интрига
Которую Эйнштейн давно нам предсказал -
Сто лет тому, и подтвердила LIGO*/,
Что гений ничего не переврал.

Из бездны черных масс невидимых и странных,
Откуда свет никак к нам не доносит весть,
Шли волны гравитации, и в том потоке данных,
Свидетельство о том, что волны эти есть.

Прощай наш плоский мир, знакомый нам до боли,
И Ньютон, наш кумир, и Лоренц, и Эвклид!
Взамен Эйнштейн нашёл то уравненье поля,
В котором тензор Риччи нам правду говорит.

$$G_{\mu\nu} = \frac{8\pi G}{c^4} T_{\mu\nu}, \qquad\qquad G_{\mu\nu} = R_{\mu\nu} - \frac{1}{2} g_{\mu\nu} R$$

Идей калейдоскоп , холодный душ сомненья,

И отзывы коллег упрёками полны...

И снова поиски решенье уравненья

И обещаемой решением волны.

Мы ждали целый век, и веря и не веря...

И скептиков, увы, не можем упрекнуть.

Наука верит в то, что можем мы измерить,

Измерив, объяснить – и снова в дальний путь...

10.19.16

*/ LIGO is Laser Interferometer Gravitational-wave Observatory.

14 сентября, 2015, на обновлённом оборудовании LIGO записала громкий сигнал гравитационной волны (GW), порождённой столкновением звёздных масс пары чёрных дыр в миллиарде световых лет от нас. Это наблюдение было объявлено 14 февраля 2016, в столетнюю годовщину со дня опубликования предсказания Эйнштейном существования гравитационных волн, сделанное им в рамках Общей Теории Относительности.

Магия математики

Математика – как магия.

В ней – таинственная музыка.

 Вниз проходим мы оврагами,

Вверх идём гипотенузами.

В подсознанье автоматика

Счёт ведёт и правит логика,

Ум твой знает математику,

Пусть ты и глупее бобика.

Вся структура мироздания

Языком формальным писана,

Даже если это знание

По наивности не признано.

Математика – как музыка

Нужен слух и прилежание,

Чтоб из магии выуживать

Откровенья мироздания.

Миг волшебного соития

Двух гаплоидных гамет -

В вероятности события

Жизни будущей секрет.

Предсказанием генетика

Весь исход определён:

Это - шансов арифметика,

Или Менделя закон.

Но душа вопросом мается,

Сколько я не размышлял,

А любовь не вычисляется –

Не берётся интеграл...

10.24.17

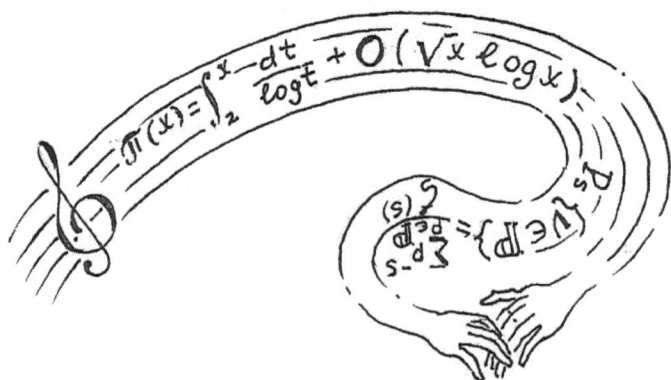

О квадрате Малевича

Вы, ребята не видали,
Как узор плетут фрактали?

Алгоритм простой внутри:
Думай, а не так – смотри.

Вся динамика системы
В сей графической поэме.

Клетки клеток порождают
Иль стирают (убивают).

Всё зависит от соседства.
Мы к тому привыкли с детства,

Следуя набору правил.
Кто-то мудрый их составил.

Так и в жизни: есть ресурс –
Продолжай рутинный курс.

Впереди - не будешь рад –
Ждёт Малевича квадрат!

05.07.17

Неужто мир наш автомат...

Неужто мир наш автомат,
И без сомнений
В нем вычисленью подлежат
Болван и гений...
И беспокоит нас вопрос
Сакраментальный:
С чего же это началось
 Все изначально?
 Вот к двум-трём гениям ad hoc
Пришла догадка:
 Игра есть "Life"... Творец - игрок,
Он по порядку
 Назначил Мира алфавит,
Входное Слово,
И Правило, что Мир творит
Так бестолково.
Простое правило: и вот -
Закон движенья.
Творец все символы берет
Из окруженья,
Что мы для краткости зовём
"Окрестность клетки".

В ней предсказанье, что потом

Случится, детки.

Так миг за мигом, день за днём

Вполне рутинно

Он пишет Текст

И Мир наш в нем, его картина.

Энигма клеточных структур,

Их эволюций,

Манит нас в лабиринтный тур...

И мыслью куцей

Мы тщетно силимся понять,

Глупцы слепые,

Как может хаос порождать

Негэнтропию,

Начало жизни и конец,

Её порядок...

И молим мы: раскрой, Творец,

Нам суть Загадок!

05.05.15

О выдающихся физиках

Nature, and Nature's laws, lay hid in night

God said, Let Newton be! And all was light.
(Alexander Pope)

It did not last: the Devil, howling Ho!
Let Einstein be! restored the status quo.
(J. C. Squire)

Мир был во тьме и без Закона
Миллиарды лет.
Но Бог создал для нас Ньютона,
И вспыхнул Свет.
И Дьявол тут же встрепенулся:
Без всяких квот
Создал Эйнштейна. Мир вернулся
В свой status quo.

На первый взгляд, как мир был прочен,
Закон и Свет!
Но Свет слепил, Закон неточен,
И счастья нет.
Мы снова в поисках ответа
Ныряем в ночь,
И в тёмной массе ищем Света
Себе помочь.
И нас любя, нам Бог поможет –
Даст инструмент,
А следом Дьявол потревожит –
Как оппонент...

1 июля 2016

О физиках и поэтах

Законы создаёт Природа
Иль Существо иного рода,
А физик, любопытства ради,
Их открывает, в небо глядя,
Или в прибор, или в расчёты.
И верит он: мы знаем что-то.
А роль поэта в этой гонке –
Стоять тихонечко в сторонке.
Совсем не ввязываясь в спор,
Осмыслить, что и он – прибор,
И ради важности момента
Роль исполняет инструмента.
Судьба не так уж и убога:
Воспеть себя, и мир, и Бога.
И, воспевая, бить поклоны
Тем, кто открыл для нас законы,
Признаться между тем не смея,
Что зря прославил Птолемея.

01.16.2016

О феномене математика Григория Перельмана

Для всех загадка Перельман,
Но более - его карман:
Конечно, "псих", и болен он -
Чудак, презревший миллион!

Ситуацию с математическим аспектом знаменитой Проблемы Пуанкаре кратко, ясно и популярно изложил профессор МГУ Владимир Успенский в лекции "О математике, как части культуры, и проблеме Пуанкаре", прочитанной в ГЦСИ "Арсенал" в Нижнем Новгороде:

https://vimeo.com/25978092

В частности, Успенский, сказал: "...проблему Пуанкаре решил наш современник, наш соотечественник, великий математик Григорий Перельман. Одна из причин, почему он не взял свой миллион, была та, что это не он придумал, а его предшественники, которых он назвал, и нечестно давать ему за это миллион. Он вообще человек исключительных моральных   качеств."
Здесь требуются некоторые пояснения.
Существует старое правило в математическом сообществе: решил задачу не тот (в данном случае, Richard Hamilton), кто пытался её решить и при этом даже добрался до середины, придумав оригинальный подход к решению, а тот кто сумел, используя чью-то идею и добавив свою собственную, получить окончательное и безукоризненно правильное решение. Первым пересёк финишную линию Перельман, сообщив миру о своей победе над проблемой.

Такая ситуация возможна не только в математике. Многие формулы Специальной Теории Относительности (СТО) стали известны Лоренцу и Пуанкаре до Эйнштейна. Но создателем этой теории справедливо считается Эйнштейн, поскольку именно он осознал и дал полную интерпретацию СТО с точки зрения физики пространства и времени.

Этот принцип атрибуции первенства и авторства в науке не совершенен и по-видимому нуждается в модификации, как и многие другие принципы прошлого. Недаром сказано: "Мы видим так далеко, потому что стоим на плечах гигантов".

Перельман - человек исключительно высокого чувства справедливости, самоуважения и достоинства, и отнюдь не чудак, страдающий синдромом Аспергера, как писала о нём Маша Гессен (Masha Gessen, "Perfect Rigor: a genius and the mathematical breakthrough of the century," 2009). Он не мог (психологически) и не желал принять лавры победителя в этой эстафетной гонке, хотя и пришёл первым к финишу.

Вторая причина - принцип бескорыстия: "Не оскверняйте храм науки деляческим звоном монет!"

В наше время этот принцип кажется устаревшим, чрезмерным и шизофренически идеалистическим, так как наука стала массовой профессией, и учёным нужны средства для жизни и научной деятельности. Вместе с тем, звон монет всегда притягивает людей аморальных - жадных, бесчестных и беспринципных. Так же, как и в здравоохранении, истинный врач должен прежде всего думать о здоровье пациента, и меньше всего о возможном гонораре, так и в науке, учёный должен быть одержим поиском истины, а не денежного вознаграждения. Увы, в реальном мире коммерческой медицины и коммерциализированной науки, это далеко не так.

Григорий Перельман, очевидно, категорически против коммерциализации математики, подобно тому, как легендарный Иисус, выступал против коммерциализации религии и богослужения.

История решения проблемы Перельманом приняла неожиданно скандально-криминальный оборот, когда китайские математики Cao и Zhu под руководством именитого китайского математика-академика Shing-Tung Yao, профессора Гарварда, Филдсовского медалиста, и друга Гамильтона, попытались присвоить себе первенство решения проблемы Пуанкаре с помощью обширной 300-страничной публикации, опиравшейся на идеи Перельмана.

Эти попытки были разоблачены и отвергнуты математическим сообществом (см. статью "Manifold Destiny" в журнале New Yorker, August 28, 2006, by Sylvia Nazar and David Gruber). Однако атмосфера вокруг знаменитой проблемы была безнадёжно отравлена.

Эти мысли я частично пытался отразить в приводимом ниже стихотворении.

О Проблеме Римана

(Посвящается Григорию Перельману)

В трудных думах – ни звука
И компьютер молчит.
То ль наука, то ль мука
Мыслью смутной кричит.
И терзают догадки,
И от них не сбежать
Сонм идей в беспорядке
и им вместе лежать.
Кто тут прав, кто виновен,
Никогда не найдёшь:
Коль ты гению вровень,
так ступай на правёж.
А судьба уж рассудит,
глядя в смутную даль:
Бог решит, а не люди,
кто получит медаль.
Как бревно расчленяет
распилом пила,
так мораль отделяет
добродетель от зла.
Где расчёта нет – промах,
где неправда – там ложь.
В уравненьи искомых
днём с огнём не найдёшь.
И чем больше в задаче
переменных число,
тем всё дальше удача
и трудней ремесло.

Не спасёт подстановка,
хоть она и в чести.
Никакая сноровка
здесь не в силах спасти.
Уповай на подсказку
из потёмок души.
И надейся на сказку,
да стакан осуши!
И вино смоет мерзость
бесталанных потуг,
и появится дерзость,
и исчезнет испуг.
И придёт озаренье
после тяжкого сна.
И готово решенье,
и проблема ясна.
Трудно жгучую радость
в одиночку нести.
Этой радостью надо
поделиться в сети.
Сразу весело станет
на душе и легко.
Только сеть ведь обманет:
в ней полно пауков.
А они липкой нитью
твою мысль оплетут,
к себе в логово стянут,
весь твой высосут труд.

Боже праведный, Боже,

упаси от беды.

Не позволь уничтожить

наглой кражи следы.

Что же Бог? - Он услышал

и беззвучно изрёк:

Кто решил, тот и выше,

а воришкам – намёк.

Ведь у краденой славы

очень краток разбег,

привкус горькой отравы

и позора навек.

А тебя пусть не слепит

вспышкой истины свет.

Чем открытия трепет -

Выше радости нет.

02.28.16

Комментарий физика
по поводу вращения юлы

Крутись юла, раз уж пришлось,
Одолевая тренье.
Момент вращенья держит ось
Законом сохраненья.
Вращайся, шустрая юла,
Держась за ось хоть вечность,
Коль ты вращенье предпочла
Полёту в бесконечность...
Твоей вины здесь нет совсем.
Вращайся, будь счастливой!
Нет и у солнечных систем
Другой альтернативы.
Вокруг оси Земля юлит,
И мы считаем сутки,
А годы мчатся вдоль орбит,
Суммируя минутки...

11.21.16

Про маятник Фуко

Сегодня маятник Фуко
Напялил в клеточку трико.
Ему смешно и радостно:
Он превратился в градусник!
Вокруг беснуется народ
И про Фуко бездарно врёт.
И жить, бедняге, нелегко,
Хоть он и маятник Фуко.
Земля себе вращается,
А он, несчастный, мается.
Ему сказать не терпится:
«Земля-то, братцы, вертится!»
И с ней Собора здания.
Лишь плоскость колебания
Стоит, никак не движется,
Такая, братцы, ижица.
И никому не верится:
Фуко напрасно вертится.
Земля-то неподвижная—
Всё врёт наука книжная!

03.25.16

Энтропийное настроение

Мише Рабиновичу,
физику и поэту.

Мой друг, увы, уже не юный,
А впрочем, может быть, не друг,
Опять стихами тронул струны,
И звук, похожий на испуг,
Прервал сонливое раздумье...
Я встрепенулся: странный сон
Пропал. Реальность иль безумье
Владеют мной, и слой времён
Зеленоватой мглою давит,
И энтропия миром правит –
Термодинамики закон.
Все три закона...И затем
Непросто жить на этом свете.
Хотя, дружок, законы эти
Верны для замкнутых систем.
Ах, если б замкнутость прорвать!
И снять проклятье, и спасенье,
Войдя в другое измеренье,
Найти...Наш мир четырёхмерен
(Что ясно всем, кто чувствам верен),
Но плоск, и скушен мир, и пуст
Доколь им правит тензор чувств.

Нам, четырёхмерным, не понять,
Привыкшим ползать, что летать
Легко: немного вдохновенья,
Прыжок в другое измеренье,
И ты, невидим и высок,
Паришь над старым плоским миром,
С его прокуренным эфиром,
Пройдя сквозь пол иль потолок.
Мне жаль, мой друг, но так выходит,

В аттракторах системы бродят,

И хаос диких комбинаций –

Причина редкостных формаций,

В которых кроется разгадка,

Смертельная для беспорядка.

Разгадка - свод простейших правил,

Которые Творец составил,

Он был ужасно экономен,

А результат, как мир, огромен.

Создатель хакеров призвал,

Чертями Максвелла прозвал

И поручил им всем угрюмо

Порядок наводить без шума,

Назначив мизерный оклад -

Он был суров и скуповат.

Вот с хаосом они воюют

И информацию воруют

Негэнтропийных кладовых -

Без отпусков и выходных,

Без революций и стагнаций-

На благо всех цивилизаций.

Но вдруг творец решит: пора!

И вмиг закончится игра.

Все вымрут демоны Максвелла

И с ними мир, где жизнь кипела.

Мой друг уставший! Клонят к прозе
Года (а может быть склероз?).
Как свежи раньше были розы!
Теперь таких не встретишь роз...

01.18.17

Я за гранью...

Я за гранью огранённости,
За чертою очертения.
Не лишён умалишённости
И не чужд я отчуждения.

В играх слов лишь треск заигранный.
Смысл осмысленностью вытерт
Да простят жрецы словесности
Мне мальчишеский сей выверт.

Словно турок, я затурканный.
Многоточечно неточный,
Вдрызг разболтанно-раздрызганный,
Как пророк я опорочен,

Как поэт я этапирован,
Смят агрессией прогресса.
Помогите в домогательстве
Жизни стресс прожить без стресса.

11.13.2017

Ане

ГРОЗА

Природа-матушка резвится,
И наших рук аплодисменты
Ей не слышны. Она – царица,
Творящая эксперименты
По Общей Физике... Блеск молний
Рвёт одеяло атмосферы,
Нейтрализуя в неге томной
Плюс с минусом – в пределах меры.
Величье атмосферных оргий –
Души смятенье и отрада,
И страх, и радость, и восторги
Люминесцентного парада.
Я букве следую закона
(В электростатике – Кулона).
Мне не уснуть и не проснуться -
К протонам электроны рвутся,
Как паранойей одержимы,
Желанны, жданны и любимы:
Соединить, соединиться,
И не распасться, не разбиться!

October 26, 2006.

Вероятность

Бросая куб кости игральной,
Не можем предсказать исход.
Так и в поход готовясь дальний,
Не ведаем, что нас там ждёт.

Догадками себя не мучай,
Исход пытаясь предрешить.
Ведь результат решает Случай –
Что будет, так тому и быть.

Рентгеном терпеливой мысли
Все варианты перебрав,
Решенье представляем в числах,
На помощь логику призвав.

У кубика всего шесть граней,
И их возможности равны,
Коль мы предполагать не станем
В игре проделки Сатаны.

Не отдадим мы предпочтенье
Какой-то грани из шести:
Не может сила тяготенья
В них асимметрию внести.

Тогда мы с лёгкостью приятной
Предскажем правильный ответ:
Все грани равновероятны –
У Бога фаворитов нет!

Один игрок в лихом азарте
Решил на кон поставить «шесть»,
И бросил кость. Везёт на старте,
И он кричит в восторге: «Есть!»

И ставит вновь, удвоив сумму,
Надеясь повторить успех.
Удачи нет. Глядит угрюмо:
Удвою ставку – без помех!

Игрок упрямо повторяет
Двойную ставку каждый кон.
Но Случай жалости не знает:
Продул он всё и разорён!

Бог не был милостив со мною –
Игрок в отчаяньи решил. –
За что наказан я судьбою?
Ведь жил я честно, не грешил.

Ведь видел Он, как я страдаю.
Но пожалеть меня не мог...
Вся жизнь игра – мы все играем,
Надеясь, что поможет Бог.

Что ж делать мне в беде горючей?
Все ожиданья не верны.
Мне не помог Счастливый Случай.
Знать, служит он у Сатаны!

Ты зря на Случай нападаешь. –
Так Бог бедняге отвечал –
Ты Вероятность не считаешь,
Из-за чего в беду попал.

Ведь Вероятности законы
Я для того Природе дал,
Чтоб Дьявол не чинил препоны
И Мир по-честному играл!

Божественные числа

Мечтатели, сивиллы и пророки
Дорогами, запретными для мысли,
Проникли – вне сознания – далёко,
Туда, где светят царственные числа.

В.Я. Брюсов

Божественны числа - учил *Никомах*,
Тому уж две тысячи лет,
В эллинской Геразе и прочих местах,
О коих у нас данных нет.

В ученье теолога и мудреца
Загадочный мира чертёж –
Лишь код числовой, и в том коде найдёшь
Весь замысел тайный Творца.

В сцеплении катетов и гипотенуз –
Пространства и времени спор.
Числа и фигуры извечный союз
Всем нам завещал Пифагор.

В вибрации струн или в беге планет
Узнаешь ты почерк один,
Того, кто надёжно упрятал ответ...
Кто он – Демиург, Властелин?

Он, словно в насмешку, зовя поиграть,
Бросает нам вызов веков:
Вот – числа простые, изволь разгадать,
Порядок их скрытый каков.

А наш Никомах понимал уж давно -
Две тысячи лет, как постиг-
Число *совершенным* назвал, коль оно
Делителей сумма своих.

А если уж больше – тогда перебор,
Коль меньше – опять же урон!
И пусть растолкует нам всем Пифагор
В чём суть совершенства закон.

Легко доказать, есть на это резон,
Что чётность - черта совершенства.
А тот, кто нечётен? Похоже, что он
Навек отлучён от блаженства...

Средь чётных находим мы образ сего
И суть их ясна, неизменна:
Число совершенно коль делит его
Простое по типу Мерсенна:

$$M_p = 2^p - 1$$

Симметрии тайна упрятана в них...
И высказал *Гольдбах* догадку
Что каждое чётное - сумма простых.
Проверь-ка их всех по порядку!

Обманчиво прост *гармонический ряд*:
Обратные целым, как рифмы,
В поэму простых тихо вносят свой вклад,
Суммируясь в ней в логарифмы.

А коль единицу поделим простым,
И вычтем дробь из единицы,
Их всех перемножив, потом обратим,
Поверишь ли – чудо случится:

Получим опять гармонический ряд,
Обратные целым прошествуют в лад!
Вздохнёт тут агностик-прагматик:
Творец – неплохой математик!

Мы, зная начало, не видим конца...
И может быть, *Римана Дзета* –
Магический ключ от кладовки Творца,
Где прячет он чисел секреты...

$$\zeta(z) = \prod_{p \in \mathbb{P}} \frac{1}{1 - \dfrac{1}{p^z}} = \sum_{n \in \mathbb{N}} \frac{1}{n^z}$$

Философия и Религия

Время и Старость

Лицо, бесцветное как сейф,
Хранит, что Время даровало,
Потом безжалостно украло,
Былых красот оставив шлейф.

Какая наглость у воровки!
Воришка-Время без следа
Отмычек и без подготовки
Крадёт наш образ навсегда.

На нас натягивает маски:
Вот бабка с костяной ногой
А вот Кащей из детской сказки -
Узнай в них образ дорогой

Того, кого любили прежде...
Нет милых лиц и тех картин.
Мы созерцаем без надежды
Поток ужасных образин.

Душа не старится так скоро:
Ей видно, как ветшает плоть,
И жаль былых красот уборы,
Но Время ей не побороть...

Но разве жизни смысл в обёртке?

Да сохранит себя душа,

Все спрячет тайные отвёртки –

Пусть Время ищет их, спеша.

А старость – это мысли вялость

И здесь бессилен макияж.

Живой душе противна жалость

И увяданья антураж.

Общий вагон

Живём мы, друзья, как лошадки в загоне,

Всю жизнь путешествуя в общем вагоне.

Народу битком - каждой твари по паре:

Кто тычет в селлфон, кто бренчит на гитаре,

А кто, наплевав на всеобщее мненье,

В восторге случайного совокупленья.

И мчится вагон, и на стыках грохочет.

В нём кто-то рыдает, а кто-то хохочет.

А вот пассажир, погрузившийся в книги,

И рядом монах, облачённый в вериги.

Так мчится вагон. В нём живут, умирают,

А умерших просто в окошко бросают.

Проходят эпохи, мелькают пейзажи.

Куда и зачем? Проводник нам не скажет.

Как нужен он нам в этом долгом пути!

Горячего чаю, воды, иль одеяла –

Ты где, проводник? Мы ведь просим так мало.

Зовём и страдаем. Не можем найти.

А может быть он на другом перегоне

Найдёт нас в заброшенном общем вагоне?

Найдёт и проверит, в порядке ль билет,

И всех безбилетных – в окошко, в кювет.

Уж лучше мы так, можем справиться сами,

Чем ехать с начальниками-проводниками.

К чему проводник в этой дикой толпе?

Он годен лишь для пассажиров в купе.

А кто не относится к первому классу,

Тот – в общий вагон, увеличивать массу

Людишек, влюблённых в известных кумиров,

Особых, купированных пассажиров.

Средь них президенты, цари, что на тронах,

В своих путешествуют спальных вагонах.

Наш поезд несётся. Открыты окошки,

Из них пассажиры летят понемножку.

Не важно, где ехал ты: в общем ли, спальном –

Ныряешь в окно силуэтом прощальным,

Навек оставаясь на длинном перроне.

С недолгою памятью в общем вагоне.

Мечтаем мы счастье в дороге найти –

И нет нам препятствий на этом пути!

09.16.17

Человек бежал по жизни...

"Человек бежал по жизни, не жалея ног...

Дом - работа, дом - работа, отбывая срок...

Выходные - передышка. Отпуск как провал...

Старость, пенсия, одышка. А куда бежал..."

Сергей Адгаров

Оставляет он у входа

Жизни круговерть.

Вот он вход. За ним свобода.

Мудрость. Старость. Смерть.

Уходя, оборотился:

Где ж мой след? Простыл...

Так зачем же я родился?

Будто и не жил...

Боже, нас пугают числа:

Тех, кто жил, уж нет.

Мы тут паримся без смысла

Миллионы лет.

Просим милости у Бога:

Придержи закон!

Твой загробный мир немного

Перенаселён...

01.12.2015

Течёт река времён...

Течёт река времён и ветер перемен
Событий перемешивает пыль.
Мы были. Вот мы есть. Останется взамен
Ушедшей жизни призрачная быль.

И так ли важен след, оставленный тобой?
Его залижет лет упорная волна,
Проигранный иль выигранный бой,
И горечь неудач, которой жизнь полна.

Ребяческий восторг одержанных побед,
В рутинной суете лишь труд, упорный труд...
Несём мы на кресте пуды своих причуд
И заблуждений груз – источник наших бед.

Один мудрец изрёк, пройдя сомнений тьму,
Что наша жизнь – поток эмоций, дар уму.
Вот так мы и живём и кажется простым
Закон реки времён: поток необратим.

В минуты мира роковые

В минуты мира роковые
Живём ли мы, полуживые?
Гнетёт нас страх до колик рвотных:
Нам бог и чёрт не подотчётны,
Куда девалась наша прыть?
Как жаль, что некого спросить...
Напрасно мается народ,
Ответ он в сказках не найдёт.
Оглох ли бог, подох ли чёрт-
Пред нами целый мир простёрт,
И мир несётся под откос-
Быть или не быть? Вот в чём вопрос.
А вдруг в кювете новый мир,
Нас ожидающий на пир?
И вдруг случится happy end,
Как в фильмах старых добрых лент?

10.07.17

Что значит Новый Год?

Что значит год? Земля неспешно
Вкруг Солнца завершает путь.
А мы, в делах увязнув грешных,
И суетных, и безуспешных,
Всё тщимся в завтра заглянуть.

Как будто ждём судьбы подарка,
И не оплачиваем счёт.
Пройдёт зима, и снова ярко,
По расписанью, без помарки,
Над нами солнышко взойдёт.

Часы небесные без сбоя
Откроют новый календарь.
Его мы развернём с тобою
И, глядя в небо голубое,
Прочтём судьбы своей букварь.

В котором веди, буки, азы-
Знакомых букв привычный строй.
Слова из букв построят фразы,
А фразы слепятся в рассказы,
И в каждом будет свой герой.

За Новый Год! Пускай искрится
Шампанским радостный бокал,
Пусть счастье нам не только снится,
И пусть наш каждый день ложится
В чертёж божественных лекал.

12.31.17

Открытия

Совершаются открытия
По внезапному наитию,
Посещающему гения
В миг волшебный озарения.

Избегая тривиальности,
Режет скальпель труп реальности
Ожидая в недрах вскрытия
Не банального открытия.

Пыхтя в прозекторском восторге,
Каких открытий ждём мы в морге?
Какой таинственный грешок
Мы обнаружим средь кишок?

Да люди были, люди жили
И вот – сплетенья сухожилий.
И как открыть нам тайну жизни
Ведь кровь, застывшая, не брызнет,

Не дрогнут нервные волокна.
Что видим мы сквозь эти окна?
За ними прежде жизнь кипела.
А нам досталось только тело.

И так повсюду. Бесноватый
Учёный расщепляет атом
И нарушает всю структуру,
Держа материю за дуру.

В сих опытах незнанья свинство
И нарушение единства
Природы. А она сердита
На любопытных у корыта,
Что роют рылом вдохновений
Клад инвазивных наблюдений.
И лишь художник и философ
Стоит вне пыток и допросов,
Чинимых над несчастным миром.
Их ум для них и служит тиром
Стреляют мысли. Нелегко
Цель поразить. И в "молоко"
Их пули часто попадают,
Но никого не убивают.
Среди трудов и будней нудных
Как много здесь открытий чудных
Средь звуков музыки и слов
В волшебном кружеве стихов
И живописи на холстах,
И у актёра на устах,
В геометрических фигурах
И формул аббревиатурах.

Творец нам шепчет: Мир не тронь.

Не погаси святой огонь.

Ты здесь не зря, ты - Мира зренье,

Основа знаний – наблюденье.

Лишь математика догадка

Вникает в смысл миропорядка.

И он живёт в бегах за смыслом,

Доверившись беззвучным числам...

10.23.17

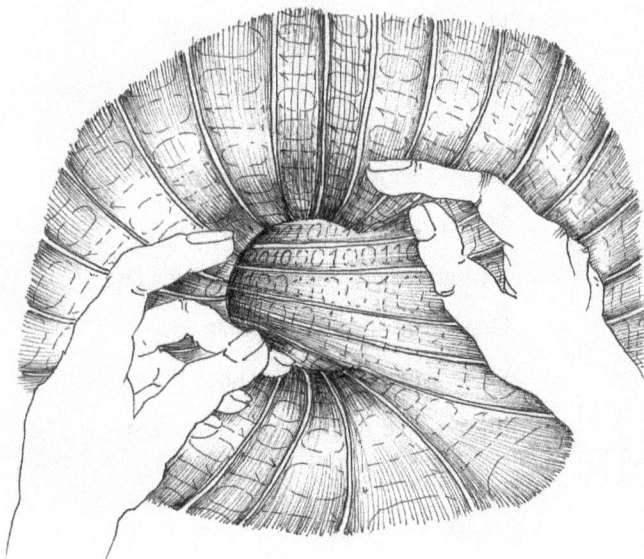

Беспроигрышная игра

Ах, счастье разделить нельзя.

Оно, как атом неделимо.

И расколов его, незримо

Не сменишь пешку на ферзя.

Будь в рокировке осторожен

И применяй защитный стиль,

Когда твой выигрыш возможен:

Исход борьбы решит эндшпиль.

Суть умножения - сложенье,

Повторенное много крат,

Хотя познаний достиженья

Напрасны, как учил Сократ.

Не унывай, пока есть силы,

Тем более, когда их нет -

В игре азартной и унылой

Живи предчувствием побед.

Но ценность жизни не в победе,

Игра - ценнее всех наград.

Нам, как в сократовской беседе,

Жизнь всё равно поставит мат.

10.25.17

Тот или этот свет?

Никто не знает,
Есть ли "тот свет".
Нет "ада", "рая",
И света нет.

Жизнь бесконечно
Наводит грусть.
Ничто не вечно
Здесь. Ну и пусть!

Рыдать не станем,
Что мир таков.
Пройдём и канем
Во мгле веков

Живём покуда
Нам хватит сил.
Никто "оттуда"
Нас не спросил

Кино жестоко,
А нам - терпеть
И фильм Хичкока
Весь досмотреть.

Звучит кошмаром
Такой сюжет.
Билет задаром
На этот свет.

Да и на тот
Без пропусков.
К концу просмотра
Любой готов.

И мы наверно
Побудем здесь,
Как нам ни скверно –
Раз силы есть...

04.14.17

Сухая вода

Идём мы по кромке
Горящего льда.
Под кромкою ломкой
Сухая вода.

Всё замерло в мире.
Гремит тишина.
Застыла в эфире
Взрывная волна.

Стоять бы подальше
От этой беды...
Как выйти без фальши
Сухим из воды?

Нас всех одолела
Честнейшая ложь.
И нет ей предела -
Её не тревожь!

Немые пророков
Звучат голоса
В них сушью потоков
Текут небеса.

Бездарные гении
Шлют свой ответ:
Без солнца нет тени.
Где тень, там и свет.

Безликие лица
Взирают, слепы.
Ползёт вереница
Безлюдной толпы.

Политики честно
Играют в игру,
Зовут повсеместно
В дыру иль в нору.

И, пятясь назад,
За собой нас ведут,
Где в виде наград
Неоплаченный труд.

Честнейшие воры
Им в помощь даны:
Где ангелов своры,
Там зев сатаны.

Нас оксиморонная
Мучает блажь:
Былинная небыль
Иль слов эпатаж?

АПОСТОЛ

"Я посылаю вас, как овец среди волков:

Итак, будьте мудры, как змии, и просты, как голуби...

И будете ненавидимы всеми за имя Моё:

Претерпевший же до конца, спасётся."

(От Матфея. Глава 10)

Окружён толпой, затюканный.

Смотрит в даль светло и просто.

Не боится улюлюканий

Наш провидец, наш Апостол.

Он Апостол – значит, по следу,

Вслед за поступью Учителя

Одержимый, бродит по свету,

Не боясь своих мучителей.

Не смущая. не стращая,

Души лечит сквозь коросту,

Всем прощенье обещает

Наш пророк и наш Апостол.

Но не внемлет человечество.

Души спят, и им всё снится,

Что пророка нет в Отечестве.

Он уехал за границу,

Будто бы тайком, не плача.

И оставил в виде поста:

"Я желаю всем удачи!"-

Опостылевший Апостол.

07.12.17

Per Aspera ad Astra.
Чрез тернии – к звёздам

Чрез тернии к звёздам
Направим свой путь,
К несбывшимся грёзам,
Не давшим уснуть.

Пусть звёзды сияют.
Нам виден их свет,
И нам посылают
Свой древний привет.

В невидимой гамме
Пришедших лучей
Идут телеграммы
Мильоны ночей.

Наверное, звёзд этих
Нет уж давно,
Но прежняя светит
Их жизнь нам в окно.

Так жизнь наша тоже
Сверкнёт и уйдёт –
На звёзды похожа –
Кому-то моргнёт.

Сигнал свой отправит
За тысячи лет.
И вспомнить заставит.
Что нас уже нет.

11.10.2015

Простая Истина

Что прошло, считай пропащим.
Значит, так тому и быть.
Миг текущий - в настоящем,
Но его не ухватить.
И не нужно о грядущем
Много думать и мечтать,
Раз уж будущего сущность
Нам сейчас не угадать.
Что приходит, то уходит,
Не загадывая впрок,
Созерцай и будь свободен,
Жизнь - не заданный урок.
Не бери всерьёз обузы,
И не стоит ум грузить.
Дхарма мучит тех, кто узы
Сам не в силах разрубить.
Но как только овладеешь
Этой истиной простой,
Счастье ты достичь сумеешь,
Совершенство и покой.

9.10.2015

Кощунственные вопросы
к Всемогущему Богу

Боже, смилуйся над нами,
Просим мы ответ нам дать:
Можешь ли создать тот камень,
Что не смог бы ты поднять?

Бог, конечно, отвечает
Нам во сне - вполне всерьёз:
"Адский пламень ожидает,
Кто задаст такой вопрос!"

Боже, Боже, мы ведь дети,
Пожалеть ты должен нас:
Преждевременно на свет мы
Родились сквозь узкий таз

Наших мам прямоходящих-
Это ты придумал, Бог,
И условий подходящих
Ты создать для них не смог...

Родовых потуг мученье
Им, беднягам, ты сулил,
Но способность к обученью
Нам за это подарил.

Сосунки, глупей зверюшек,
Зреем мы до тридцати.
Нам в подарок - тьма игрушек,
Чтобы навык обрести.

Твои планы, Боже, скрытны.
Мир для нас - сплошной курьёз.
Мы ужасно любопытны,
За вопросом шлём вопрос.

Нас одна проблема гложет
(Демократии урок),
Как на эту должность, Боже,
Сам себя избрать ты смог?

Не тревожат оппоненты,
Нет подсчёта голосов.
Лишь одни аплодисменты
В вечном тиканье часов...

May 2015

Колесница

Мелькают знакомые лица,
Кричат неразборчиво вслед.
Несётся моя колесница
Дорогою прожитых лет.

Коней развеваются гривы,
Стальные подпруги звенят,
И нет в целом свете счастливей,
Быстрей и отважней меня.

Ах, что мне места дорогие,
Улыбки, слова, имена?
Какая, к чертям, ностальгия
И что означает она!

Но вдруг, как стрелою пронзённый,

Оставив горячечный пыл,

Назад оглянусь удивлённо,

Как будто там что-то забыл.

И странно, но хочется вспомнить,

И трудно, но силюсь понять:

Куда сумасшедшие кони

Несутся, и как их унять.

Быть может, опять повторится

Что раньше мне слышалось вслед.

Потише, моя колесница,

В дороге оставшихся лет...

Май 1975

Буддизм. Акростих

Бурлит стремительный ручей,
Утёсов размывая щель.
Дробит без устали гранит,
Дробя, с вершиной говорит:
Изволь-ка выслушать меня
Зачем живу, судьбу кляня?
Молчи! Найдёшь душе покой-

Как только станешь ты рекой!

Лорд Будда

Мы то, о чём наш мыслит ум.
Вся наша боль - от злобных дум.
Но счастье следует как тень,
За тем умом, что чист весь день.

16.11.2015

Понапрасну у могилы
Обо мне ты слёзы льёшь...

Понапрасну у могилы
Обо мне ты слёзы льёшь.
Понапрасну тратишь силы-
В ней меня ты не найдёшь.

Я в снежинке, и в дождинке,
На заре ль, в сиянье дня,
В каждой веточке, травинке
Распознаешь ты меня.

И в круженьи птичьей стаи,
И в мерцаньи звёзд ночных
Я - повсюду, я летаю
И сияю среди них.

Понапрасну у могилы
Ты, пожалуйста не стой.
Зря ты плачешь, тратишь силы.
Я не умер, я живой.

11.15.2015

Совет Паскаля атеисту

Раз советы атеисту
Дал Паскаль – он был речистым:
С верой в Бога – жизнь прекрасна,
А в безверии – ужасна.
Даже если нет Его,
Не теряешь ничего.
А вот если всё же есть,
То потерь твоих не счесть!

Комментарий Вольтера

Если не было бы Бога,
Нам Вольтер заметил строго,
То Бога, чтобы мир спасти,
Пришлось бы нам изобрести.

09.04.16

Об эволюции звёзд

Звезда моя горит беспечно,
Пока река времён течёт.
Она сияет и, конечно,
Сжигает в топке водород.

Сияет мне холодным светом,
Хотя спалила всё окрест,
Прокладным одарив приветом
Из очень отдалённых мест.

Не ведая конечной цели,
Не зная, скоро ли умрёт,
Горит, покуда греет гелий
Её уставшее нутро.

А дальше всё решает масса,
Или, по нашему, талант:
Стать карликом – коль сдюжит касса
Или раздуться как гигант.

И есть ещё исход в запасе,
Ведь в судьбах звёзд своя игра:
Сверхновой взрыв, иначе массу
Проглотит чёрная дыра.

И в этой мрачной перспективе,
Смотри на небо и твори...
Я застреваю на мотиве:
Гори, звезда моя, гори!

Метаморфоза жизни

Путь бабочки нежной так краток, не долог.
И коль не заметит её энтомолог,
Летящий цветок, обойдя все угрозы,
Последует чуду метаморфозы.

Не так ли и мы, средь цветущих букетов,
Летаем и пляшем, приветствуя лето?
Хоть смена сезонов нам прочит морозы,
Живём, не предчувствуя метаморфозы.

Не знаем , не ведаем, что с нами станет...
Окуклившсь, сможем ли мы сохранить нашу память
И если не память, то уж непременно,
Спасётся ль душа, отпечатавшись в генах?

01.12.2015

Карнавал жизни

Закончив рент земных квартир,
Душа моя, оставив прах,
Вернётся к вам в трёх-мерный мир
В идеях, формулах, стихах.

А жизни прожитой цена,
Любви, что мне дана,
Есть чаша горького вина,
Испитая до дна.

Сиял вершин манящий блеск,
Звал их крутой карниз,
Но жизни праздничный бурлеск
Тянул упрямо вниз.

Я, отложив громаду дел,
Пускался в новый путь,
И новый звал меня предел,
Не дав мне отдохнуть.

И суете мирских утех
Я труд предпочитал,
Так пропустил (а это грех)
Всей жизни карнавал.

1.14.2016

В деньгах ли счастье?

Скажи, Учитель, все подряд
"Не в деньгах счастье", говорят.
Но я поверить не готов
Расхожей мудрости веков:
Не только жадный плутократ
Свой кошелёк пополнить рад.
Ведь согласитесь, без монет
Не то что счастья - жизни нет!
-Деньгами счастье не измерить,
Посмею я тебя уверить,
И эта мысль – совсем не вздор.
Давай продолжим разговор.
В словах расхожих есть резон:
Постель ты купишь, но не сон;
Купив еду, не будешь сыт,
Коль потерял ты аппетит.
Наймёшь прислугу для услуг,
Но кто из слуг твой верный друг?
От платной ласки стынет кровь -
Где звон монет, молчит любовь.
И дом твой холоден и пуст,
Коль не горит в нем пламя чувств.
Найми хоть полк шутов и все ж
Смешно не станет от их рож!
Купив лекарств и докторов,
Подумай, будешь ли здоров?
Вложив в учёбу горы сумм,
Диплом получишь ты - не ум!

Студент вспотевший лоб потёр
И возразил (он был остёр).
Слегка смутившись, он изрёк,
Смотря то в пол, то в потолок:
- Идея Ваша мне ясна!
Но без постели нету сна,
И чтобы голод утолить,
За пищу надо заплатить.
И дружбы нету без услуг
(Друзей не превращайте в слуг!)
И мне не верится в клише,
Что с милым счастье в шалаше...
Чтоб дом согреть, платите счёт:
Без отопленья дом умрёт.
А коли, вправду, не здоров,
Не обойтись без докторов.
Они, разбойники, дерут
И травят нас - но это труд!
И платим мы за все подряд:
За их диагноз, и за яд...
Учитель тихо возразил:
Да, за учёбу ты платил,
Но школа столько может дать,
Сколько студент сумеет взять.
И не жалей платить гроши
Для воспитания души.
Учёный ум во все века -
Оружье против дурака!

Мы знаем оба, ты и я,
Не в деньгах радость бытия.
И пусть монет твоих не счесть -
Дороже денег вещи есть!
Давно кипят об этом страсти:
"Иметь иль быть?" -
В чём жизни счастье?
И если денег не иметь,
То как счастливым стать суметь?
Ответ мне, кажется, таков,
для мудрецов и простаков:
Старайся жадность укротить,
Имей лишь столько, чтобы быть!

Мой кораблик

Кораблик мой, куда несёшься?
Кораблик грустно отвечал:
Вперёд смотри и ты спасёшься.
Тебя доставлю на причал.

Плыви, плыви вперёд, кораблик,
Жизнь оставляя за кормой.
Пусть паруса слегка ослабли -
Штиль сменит ветер штормовой.

Вдыхай солёный запах моря,
Глотая брызги вместо слёз.
Лети сквозь шторм, с волнами споря,
Сам капитан, и сам матрос.

Кораблик мой, куда несёшься?
Ты столько раз меня спасал.
Пройдя сквозь рифы, увернёшься
Вновь от грозящих смертью скал.

"Старик и море"... Каждый помнит:
Мы все у рыбы на крючке.
Она нас тащит в водах тёмных
Судьбы. Мечтаем о сачке,

О сети невода, багре –
Всё в помощь в роковой игре.
Держись моряк, от качки пьян,
Вокруг твой мир, твой океан...

Плыви, кораблик, в небеса,
Наполнив ветром паруса.
И ты найдёшь над океаном
Причал. Он будет постоянным.

08.25.2016

Как я убиваю время

Чтоб не выть бесцельно волком,
Я ищу в стогу иголку,
И бросаю мозгу вызов,
Как лекарство от капризов.
Ставлю трудную задачу:
Вдруг решится? – На удачу!
Тыщи умников потели,
Но её не одолели.
Увлекательный процесс –
Задавать умишку стресс.
Жизнь сторонкой протекает,
Календарь себе мелькает.
Злятся недруги и други,
Полон рот забот супруги,
Я ж свои дела решаю-
Никому я не мешаю.
Пишутся стихи, картины,
Расцветают георгины.
Люди гибнут за метал –
Я считаю интеграл!

У меня сегодня праздник.

Мой компьютер – вот проказник! –

Проверяет чем дышу,

Я ему свой скрипт пишу.

На отладку – три минуты.

Не фурычит почему-то...

В скрипте видно злостный баг,

И не ловится никак.

А жена давно ворчит:

Кушать подано! – кричит.

Подожди – я отвечаю,

Обойдусь пока без чаю.

-У меня момент такой!

Ты меня не беспокой.

Наконец, сдаётся враг –

Обезврежен вредный баг!

И в весёлом бодром ритме

Пляшут циклы в алгоритме:

Не найти прекрасней дамы,

Чем отлаженной программы!

И не ради конъюнктур

В эволюции структур

Клеток, то есть автоматов,
Я увяз. Господь когда-то
Запустил морфогенез –
Он для нас дремучий лес.
В том лесу не леший бродит,
Клеток клетки производят:
Ручки, ножки, огуречик –
Вот и вышел человечек.
Чтоб узнать, каков порядок,
Сто напишутся тетрадок,
Сотни формул и программ –
Я задаром всё отдам!
А когда я заскучаю,
То пойду напиться чаю.

09.14.16

Мысль изречённая есть ложь
Мой комментарий

Мысль допускает интерпретации. Конечно, все зависит от глубины мысли. "Плоские истины" , как 2x2=4 , не нуждаются во множестве интерпретаций. Какую из интерпретаций имел в виду автор нетривиальной мысли - вопрос сложный. Это особенно верно в художественной литературе, и больше всего - в поэзии, где "есть речи - значенье темно и ничтожно, но им без волненья внимать невозможно". Мысль - многомерное понятие и ее адекватное восприятие зависит от правильного выбора проекции и от системы координат адресата...

Выражаясь языком математики, можно утверждать, что высказывания в естественном (неформальном) языке следуют скорее правилам нечёткой логики (Fuzzy Logic), чем законам булевой (двузначной) логики. Например, высказывание "этот человек молод" имеет множество значений истинности, зависящих как от говорящего субъекта, так и от воспринимающего.

Естественные языки контекстно-зависимы. Контекст создаётся как говорящим, так и воспринимающим речь. Кстати, замечу, что логика Квантовой Механики бесконечномерна. Аналог Принципа Неопределённости в Квантовой Механике может быть в какой-то мере применён к анализу психо-лингвистических явлений. Вопросы смысла в человеческой коммуникации обсуждаются в семиотике (semiotics), и, более узко, в лингвистике - в семантике (semantics) и прагматике (pragmatics).

08.01.2016

О преодолении стресса

Не стану хвастаться, что я
От стресса знаю панацею,
И всё ж, секрет свой не тая,
Им поделиться я посмею.

Секрет тот, правда, стар как мир:
Займи себя ты новой страстью -
Остался в прошлом твой кумир
С его магическою властью.

Найди задачу по плечу,
Ум напряги, её решая.
О прошлом не жалей ничуть,
Живи, его не воскрешая!

Навстречу радостным лучам
Пой вдохновенные молитвы.
Пусть кровь струится, горяча,
И снова в бой - и будут битвы!

09.10.2016

О вещих снах

Я не любитель вещих снов,
Не доверяю сонникам,
И Фрейду верить не готов
И всем его поклонникам.

В игре потусторонних сил
Мне видно отрицание
Того, о чём во сне просил,
Пугаясь прорицания.

Но всё идёт наоборот,
И ужас не сбывается.
Так кто кому бесстыдно врёт,
И кто здесь дурью мается?

Не верю Ванге я ничуть
И сказкам Нострадамуса.
Затерян тёмной мысли путь
В сетях гипоталамуса.

Но если очень много врать,
Пускаясь в аллегории,
То можно правду предсказать
Случайно - но не более.

Сто раз твой путь пересечён
Несчастной чёрной кошкою.
Не бойся, ты не обречён,
Иди своей дорожкою.

Но вот пойдёшь в сто первый раз,
Вдруг кошка чёрным глобусом:
Засмотришься в недобрый час -
И вмиг ты под автобусом.

Не верю я дурацким снам
Что нам готовят взбучку.
И коль уж так - пророк я сам,
Позолотите ручку!

Всё течёт, всё изменяется, или déjà vu?

"Experiment is the sole source of truth"

"The most interesting facts are those which can be used several times, those which have a chance of recurring.

We have been fortunate enough to be born in a world where

there are such facts".

H. Poincare'. The value of Science.

Всё течёт, всё изменяется –

Нам поведал Гераклит...

Но к исходу возвращается,

Если меру сохранит.

Мера меряет материю,

Счёт ведёт и бухгалтерию

Всех энергий и частиц

В мире замкнутых границ –

Как в одном из сочинений

Доказал французский гений

В "Теореме возвращений ",

Опровергнув Гераклита

Элегантно и сердито.

Гений тот - Poincare'-

Лучше нет его в игре

Динамических Систем

И присущих теорем.

Если мера сохраняется,

То система возвращается

Блудным сыном в отчий дом...

Есть ли толк в блужданье том?

Скажем просто: мир вращается

И к исходу возвращается.

И без всякой математики,

Исходя из жизни практики,

Говорил Экклезиаст

(был он в скепсисе горазд):

Где б вас ветром не носило –

Это всё не раз уж было.

Правда, есть у нас сомненья

По вопросу сохраненья

Вероятностной сей меры–

Постулат подобен вере.

Аргумент почти сакральный

И не экспериментальный.

Хочешь – верь, а хочешь – нет:

Опыт не прольёт здесь свет,

Хоть он и "сын ошибок трудных",

Нам не поможет

В мыслях скудных.

А ведь только он один

Всей науки господин.

Или, выражаясь точно, -

Научной истины источник.

Чтоб представить наяву

Нам феномен déjà vu,

Выйдем мы из жёстких рамок,

Где механика как амок

Предлагает нам трюизм:

Фатум, рок – детерминизм.

И отправимся тотчас

В зыбкий мир случайных фаз.

Здесь кругом – сомненья пряники,

Трюки квантовой механики.

В узел все поля завязаны

Вечностью взаимосвязаны.

От рутинной нашей практики

Где-то ёжатся галактики,

Мы не ведаем, не знаем

Что на судьбы их влияем.

Ну а время, без сомнений, -

Лишь одно из измерений,

И вдоль временной оси

Мы безвольно колесим.

И когда, в одно мгновенье,

Кто-то видит отраженье

Прошлой жизни, будет он

Узнаваньем поражён.

Возникает здесь вопрос:

Кто нас в прошлое принёс?

В сей эквилибристике

След туманной мистики,

В путах эзотерики

Бьётся мысль в истерике.

То ль во сне, то ль наяву

К нам приходит déjà vu...*/

*/déjà vu – чисто психологический
(метафизический или эзотерический)
феномен, типа иллюзии, или же это явление,
имеющее объективно-материальную
(физическую) основу?

10.11.16

Истина и Реальность

*"Reality is merely an illusion,
albeit a very persistent one"*
A.Einstein

Истину не схватишь оком,
Словом суть не передать.
В размышлении глубоком
Скрыта правды благодать.

Лишь пройдя сквозь ад сомнений,
К пониманью ты готов:
Веры нет без наблюдений,
Как и мысли нет без слов.

Ведь открытье для невежды -
Милость Бога, дар судьбы.
Не теряет он надежды,
Что дойдут его мольбы.

Скрыто истины прозренье
От того, кто не поймёт
То, что музыку творенья
Не прочесть, не зная нот.

11.24.16

О замкнутом круге

Странным кажется мне выраженье
Мы зовём его "замкнутый круг"
Полный круг завершает вращенье,
Отличая окружность от дуг.

Каждый круг обязательно замкнут.
А незамкнутый круг - это вздор.
Круг любой заключается в рамку.
И ему недоступен простор.

Бесконечно вращаясь по кругу,
Вместе с кругом смещаемся мы.
Бездна всех нас тревожит испугом
Безграничной непознанной тьмы.

Вы не сыщете в круге начала
Не найдёте вы в нём и конца.
В нём видна простота идеала,
Скрыта тайная мудрость творца.

В чём же суть углового смещенья?
Гений Ньютона нам объяснил:
В нашем мире возможно вращенье
В силу центростремительных сил.

Меня с детства тревожила тайна:
Если б мог, я б Эйнштейна спросил,
Ведь наверно, совсем не случайно
Путь прямой не потребует сил?

Если двигаться без ускоренья,
Ты летишь, как фотон, по прямой
Только в мощных полях тяготенья
Будет шанс возвратиться домой.

Как известно, открыт Галилеем
Был Инерции Первый Закон...
Всё же мы разгадать не умеем
Смысл тайны, упрятанной в нём.

Если наше пространство конечно,
Нет пути нулевой кривизны.
Мир танцует в кружении вечном
Горд повтором своей новизны.

Мир танцует, вращением полный,
Макро-, микро- волчками набит.
Электронов стоячие волны
Вокруг ядер кружат вдоль орбит.

Млечный Путь наш – подобие диска.
Солнце втянуто в эту игру
По спирали, в пределе неблизком,
Чтобы в чёрную сгинуть дыру.

Круг разорван, не будет отсрочки,
Но с надеждой уставившись в даль
Напишу я последние строчки,
Пока круг не стянулся до точки –
Лучше замкнутый круг, чем спираль...

06.03.17

Лист Мёбиуса

Ах вещий сон, ах вещий сон.
Наводит грусть и думы он.
Кто разлюбил, и кто влюблён,
Настройте сердца камертон.
А коль вам чувство не дано
Иль страсть покинула давно,
Прислушайтесь: призывный звон
К вам пробивается сквозь сон.
Ах вещий сон, ах вещий сон
Он словно лист без двух сторон,
И это - Мёбиуса лист:
Он чёрен весь, иль бело-чист,
И сколько не петляй в пути,
Его границ не перейти.
Какой-то странный этот сон.
Ну как же можно без сторон?
И где же наша жизнь: во сне,
Иль на обратной стороне?
В загадке сей один резон:
Вся наша жизнь есть вещий сон...

10.02.16

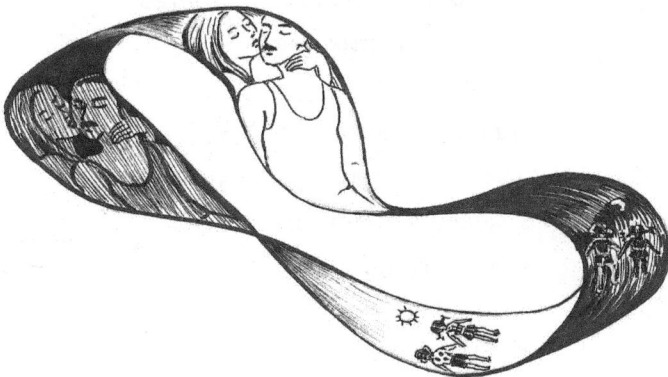

Виртуальная Реальность

Играет в кубики Творец,
Миров переплетает книгу,
Запрограммировав интригу,
А в ней начало и конец.

За миллиарды долгих лет
Листы той книги пожелтели,
Миры друг другу надоели,
Но им пока замены нет.

Творец задумчиво листает
Изданья своего итог.
Стереть ошибки он желает
И сделать вставки между строк.

Хоть текст одной идеей связан,
Он как структурный программист
Инкапсулировать обязан,
Полиморфизм внедряя в лист.

А на одной из тех страниц
Особый обозначен кластер,
В нём обитает звёздный мастер
В пыли галактик и частиц.

Он дерзновенною рукой
В рутине надоевших практик
Размешивает суп галактик,
Зевает и глядит с тоской

На виртуальную реальность
В которой мы живём всерьёз.
Живём. не веря, что банальность
Игры не стоит наших слёз.

Мы совершаем подвиг трудный,
Пройдя сквозь мыслей бурелом,
Выводим формул ряд занудный
И создаём теорий том.

Хотя теории прекрасны,
Одолевает нас печаль:
Одни лишь внутрь вникают ясно,
Другие – смотрят только вдаль.

Но вот мальчишки у дисплеев,
Устав от квантов и ОТО*,
Сказали, от догадки млея,
Наш чёртов мир – игра, лото!

Нет никаких противоречий!
Творец – мудрец, играет он.
А мы, по дури человечьей,
В природу верим и закон!

Наш мир, по воле сей программы,
Лишь фрейм компьютерной игры.
И так, тасуя фреймы прямо,
Перемежаются миры.

Из крайних форм идеализма
Всех экономней солипсизм.
Вот суть наивного трюизма:
Реально то, на что глядишь!

А то, что вне пределов взгляда,
Того и нет, и в этом гейм.
И программировать не надо -
Лишь поле зренья строит фрейм.

И в сумасшедшей той догадке
Сошлись концы теорий всех:
И трюков квантовых загадки
И относительности грех.

И стало чудно и спокойно.
Мы в матрице. И виден свет.
А все проблемы здесь и войны –
Игра. И проигравших нет...

/* ОТО – Общая Теория Относительности

28 июля 2017

Политика и Гражданская Лирика

Ночные бденья

Старуха-ночь расправила постели,
Лишь солнце село на ночной горшок.
И брызги звёзд в галактики слетелись,
У астрономов вызывая шок.

Багдадский вор уснул в чужом кувшине,
Бездомный джин смущает тишину.
Спит террорист, устроившись на мине,
И даже псы не лают на луну.

Во мгле вэбсайтов, в бездне информаций,
Секретных служб преследуя наказ,
Отряды хакеров всех нам враждебных наций
Воруют демократию у нас.

Республиканский слон уснул, доверясь Трампу,
И демократы преспокойно спят.
Наступит день, и подчиняясь штампу,
Проголосует супер-делегат.

Народ уснул… Масс-мидия в азарте
Шьёт компромат кого-то утопить.
И лучше нет на свете демократий,
Чем та, что деньги могут оплатить…

Как я люблю ночные эти бденья!
Мир тихо дремлет. Ты не спишь один
И ждёшь того заветного мгновенья,
Когда подаст свой голос муэдзин…

10.18.16

Авантюра Интернета

Мы все ныряем в Интернет.
Для нас важнее места нет.
Без страха входим в этот дом,
Трагически увязнув в нём.
Здесь новостей и сплетен тьма,
В нём так легко сойти с ума:
Послать привет, найти ответ,
Влезть в романтический сюжет.
Поддавшись виртуалу грёз,
Влюбиться, не предвидя гроз.
Мы в нём наивно хороши -
Простор для ищущей души,
Мы сочиняем без купюр
Сюжеты новых авантюр.
Спасаясь от тоски и скуки,
Фантомы лиц нас ждут в Фейсбуке,
Друзей, завистников, врагов,
С которыми на бой готов
Идти, нарушив этикет,
Нас вместе держит Интернет.
Мы стали нервны и капризны
От виртуально полной жизни,

И в этой электронной сети
Совсем запутались, как дети.
И чтоб мы стали делать без,
Вообразив, что он исчез?
Как нам узнать, что здесь, что там,
И расплатиться по счетам?
Наш мозг к сети навек прирос,
С ней образуя симбиоз.
И в прошлое дороги нет,
А впереди – лишь Интернет.
Скажу вам честно, без наива:
Меня тревожит перспектива:
Заря невиданной культуры,
Иль фатальность авантюры?

11.23.17

Идея стихотворения О Гордиевом Узле - переосмыслить традиционный подход к древнегреческому мифу, который в сущности утверждает принцип приоритета силы над интеллектом: "Сила есть – ума не надо", выражаясь современным языком. К сожалению, этот примитивный антигуманный принцип преобладает и в современной политической жизни и ставит весь мир на край пропасти, принимая поистине экзистенциальное значение.

О Гордиевом Узле

Как ныне привык Капитолий,
Олимп свою власть проявлял
И всюду божественной волей
Вельмож и царей назначал.

Возник на земле непорядок.
Фригийский правитель исчез,
Оставив народ без пригляда.
И слухи дошли до небес.

Нагнав на чиновников страху,
(так принято ныне и встарь)
Зевс крикнул: - А где там Оракул,
Который мой пресс-секретарь?

Оракул тотчас отыскался
И, внемля приказу небес,
Он к пыльной дороге помчался
И быстро на дерево влез.

По Зевсовой этой дороге,
Шёл Гордий с повозкой добра.
Не мог он предвидеть, что боги
Уже всё решили вчера.

Оракул сказал населенью:
Мне Зевс приказал. Потому
Вот Гордий - ваш Царь. По веленью
Богов, вы служите ему.

Но есть тут одна закавыка.
Пусть Гордость сразится с Умом.
Телегу привяжем мы лыком
К забору секретным Узлом.

Сей Узел волшебный на страже.
В нём тайной энергии страсть.
И смертный, кто Узел развяжет,
Получит над Азией власть.

Задачка под силу немногим.
Проста, но какой в ней эффект!
В ней вызов мыслителям строгим-
Напрячь до конца интеллект.

Но только лишь в веке двадцатом
Войдя в топологии ритм,
Узлы разобрали, как атом,
Найдя непростой алгоритм.

И кто сей герой? – Македонский,
Великой империи царь.
Не мучась теорией тонкой,
Ударил, как принято встарь.

Империя, слава у трона...
Да, слово оракул сдержал.
Но было ль решенье законно? -
И Зевс храбреца наказал.

Пропал Александр-император,
Хотя и храним мы респект.
Тополог умней, чем диктатор,
Сильнее меча интеллект!

Сентябрь 4, 2017.

Кто правит миром?

От астматического спазма
Весь мир охрип.
Кто у руля? Предмет сарказма.
А вдруг он влип?
Спецслужб опека нас достала –
И, трепеща,
Ждём ядовитого кинжала
Из-под плаща.
Шпионов тонкие намёки
Шьют криминал,
В них лжи и вымысла потоки,
А кто не врал?
Здесь даже ловкий мастер блефа
Душой поник,
Он ставил радостно на трефу,
А вышел пик.
И рукоплещут генералы,
Шатая трон.
И не пугает их немало
Армагеддон.

04.08.17

Инопланетяне

Уж давно безумно тянет
Меня взяться за рассказ:
Всюду инопланетяне
В камуфляже среди нас.

Наблюдая неотступно
(Сам не знаю, почему)
Вижу всё, что недоступно,
Тривиальному уму.

Внешне будто и не броски -
Без акцента говорят.
Но готовы их присоски,
Выпив соки, впрыснуть яд.

Распознать их трудно очень:
Только ночью, а не днём
Видно, как горят их очи.
Страшным неземным огнём.

Непосильная загадка
Генетический их код.
Заползают в мозг украдкой
И наводят там порядки,
От которых душу рвёт.

Незаметно проникают

В хромосомы ДНК

И коварно изменяют

Протеинов ряд слегка

Ген добра на гены злости

Заменяют там и тут.

И без спросу ходят в гости,

А потом рога растут.

Ген любви исчез и похоть

Появилась там, где страсть.

Вся меняется эпоха.

В ней пришельцы взяли власть.

Безнаказанно нарушен

Бога радостный проект.

Мир стал злобен и бездушен,

Люди – банда зверских сект.

Дух войны силён в народе.

Мысли мелки и грязны.

Ген ума подавлен. Вроде

Стал он геном тупизны.

Оживают вурдалаки,

Генеральский облик взяв.

Затаились все собаки.

Генералы лают: Гав!

Маршем движутся колонны

Супер-бомб и сверх-ракет,

Чтоб прикончить миллионы-

Гена мира больше нет!

Отчего так сердце ноет?

Мой рассказ – не Божий глас.

Может, это - паранойя,

Что пришельцы среди нас?

На безумцев мы не тянем,

И напрасен мой испуг:

Все мы инопланетяне

И на нас замкнулся круг!

04.17.2017

Нашествие на безразличие

Мы страстотерпцы, непротивленцы
То ли от страха, то ли от ленцы
Индифференты и конформисты,
Толстовцы-овцы, все - глобалисты!
Одна идея - о всепрощенье
Готовит варварам здесь угощенье.
Глядишь, и вновь к нам нагрянут орды.
Дадим им кров мы, не дав им в морды,
Сожжём все храмы, чтоб пепелища
Вместить сумели все их капища.
Сожжём все книги - оплот неверных,
Освободимся от мыслей скверных,
Пускай всё будет не так, как было.
Кто нас осудит - нам всё постыло.
Добро иль зло - всё то ж злодейство:
То ль фарисейство, то ль манихейство.
Политкорректно живём - без страха,
Башку Европы кладём на плаху.

Закат культуры в начале эры
Под злым напором пастушьей веры.

15.11.2015

114

О политкорректности

Ужель опять пикейные жилеты
Пугают нас кончиной близкой света,
Масс-мидией нам вдалбливая штампы
Про душку Хиллари и про злодея Трампа?

Решил господь, и так уж получилось,
Что предсказателям в кошмарных снах не снилось.
И сожалеть по сути беспредметно
Что жизнь проходит неполиткорректно.

12.08.16

Ответ на "Наставление другу-бизнесмену"

Наставление другу-бизнесмену

Не верь, мой друг, не открывай доходы!
Что грянет завтра – трудно угадать,
Поскольку власть не постоянней моды
И надо быть готовым убегать.

Михаил Ромм

Коллизия здесь перед нами

Весь свой ощерила оскал:

Между "легальными" ворами

И теми, кто "в тихую" крал.

И те, и эти – все мутанты,

И жадность – вечный их порок.

Недвижимость и бриллианты –

Кто сколько сможет, уволок.

Бежать за чуждые заборы,

Награбленное взяв – исход.

Но здесь свои вас встретят воры,

У них таких же генов код.

И вам не спрятаться, мутанты,

И не решить своих проблем,

Поскольку вы - инварианты

Любых законов и систем.

И следуя словам пророков,

И помня заповедь Христа,

Для вас, носители порока,

В раю закрыты все места.

Русские- чума XXI века

Убояться следует всех русских:
Замыслом ГБ их мечен путь!
Бойся и китайцев – в зенках узких
Не прочтёшь коварных планов суть.

Ну а если вдруг объединятся,
Ввергнув мир в коварную игру
Хакерных атак и операций,
Непонятных даже ЦРУ?

Русские – совсем не европейцы.
В них сокрыт жестокий азиат.
И они страшнее, чем индейцы:
Снимут скальп, поджарят и съедят!

Вы не поддавайтесь искушенью
И не верьте русскому вранью.
Кто вступает с ними в отношенья-
Увольнять и резать на корню.

Больше строгих санкций и реляций!
Перекройте русским кислород.
А для местных хватит резерваций,
Чтобы не смущали наш народ.

Двадцать первый век – откройте двери!

Римском Правом истина сильна.

И в вину никто не должен верить,

Если не доказана она.

Кто под подозреньем, не обязан

Убеждать, что он де не верблюд.

Прокурор - он следствием повязан,

И вопрос вины решает суд.

Паранойя иль другой диагноз –

Массовый психоз из мглы веков.

Ищем ведьм. Глядишь, поймаем за нос,

Здесь, в краю непойманных воров.

24 июля 2017

Одна библейская история

Стал Яков стар. И мы не спросим,
За что был выделен Иосиф,
Отца любимец, сын упрямый,
Избит и зверски брошен в яму.
Не объяснит нам братьев чувства
Психоанализа искусство.
Купцам проезжим был он продан,
Но не забыл, откуда родом.
И, не тая обид запас,
Своих коварных братьев спас.
Понятна братская печаль.
А вот истории мораль:
Чтоб брата оценить успехи,
Нужна душа, а не доспехи.

10.05.17

Бесстрашная девчонка и Бык

"Know the power of women in leadership.
SHE makes a difference"
(SHE is the NASDAQ ticker symbol
of State Street Global's "Gender Diversity
Index" fund with the asset of US $2.4 trillion)

Не где-то на задворках,
Там, где шумит Уолл Стрит,
В Манхэттене, Нью Йорке.
Девчонка та стоит.

Упёрлась, подбоченясь.
Спокоен её лик.
Навстречу, злобой пенясь,
Несётся страшный Бык.

Бык – символ капитала –
Курс акций не спадёт!
Не зря страна страдала,
И с нею весь народ.

Народ Американский
Потел, что было сил,
И он улучшил шансы
Уолл-Стритских воротил.

И скульптор Di Modica,
Отчизной новой горд,
По-тихому, без крика,
Поставил свой рекорд.

Вложил труда немало -
Всё в общем за свой счёт.
Три тонны из металла
Пусть радуют народ.

Но Уолл Стрит не любит
Взревевшего быка.
Сей бык идею губит:
Ведь прибыль нелегка

Она не постоянна,
Коль в цифры посмотреть.
Быка заменит рьяно
Проснувшийся медведь.

Народ им вставит клизму,
Когда не будет сыт.
Конец капитализму! –
Тотчас же закричит.

Уже подстерегает
И лозунгом гремит:
Нас банки обижают –
Заселим Уолл Стрит!

Но бизнес – это бизнес,
Коммерческий расчёт
Придёт и с укоризной
Вам свой предъявит счёт

Но не уйдёт в сторонку
Могучий женский фонд.
Бесстрашная девчонка
Поставлена во фронт.

Стоит она упрёком
Быкам и мужикам
Она дождётся срока.
Когда? Подумай сам!

04.18.17

Мне памятны все эти имена...

Мне памятны все эти имена
И однокурсников я распознаю сходу,
И Демокрит не отрезвит меня,
Что дважды не войти нам в ту же воду.

Но мы войдём, и пусть река времён
Сотрёт черты, привычные когда-то,
Душа не старится и времени закон
Не властен над студентами мехмата.

Друзья, я буду встрече нашей рад,
Хотя, по-честному, немного трушу:
Я обниму тех молодых ребят
И снова юностью своей наполню душу.

11.23.2015

Что такое криминал?

Крошка-сын отца достал: спрашивает кроха,
Что такое криминал? Это очень плохо?
Папа темя почесал. Слушайте, детишки!
То, что сыну рассказал, помещаю в книжке.
Если ты – убийца, вор, жулик и пройдоха,
Затевать не будем спор – это очень плохо.
Нас учил Pierre-Paul Prud'hon языком картины:
Преступленье и закон с древности едины.
Жизни, судьбы - на весах праведной Фемиды.
Страх внушает меч в руках грозной Немезиды.
Кто нам свод законов дал? Их ведь пишут люди.
Кто, зачем, и что украл? Здесь анализ труден.
Рождены мы нагишом – розовые крошки.
Хитрость вырастет потом, как у чёрта рожки.
Зависть, жадность, или страсть – разные мотивы.
Кто богат - имеет власть. Будем справедливы.
Он кроит законов свод под свои размеры,
Лишь бы слушался народ, не теряя веры.
Пишут мудрецы закон под огромным стрессом:
Всякий ли учтён резон? Как быть с интересом?
Не обманешь – не продашь. Рыночное кредо.
Коммерсанты входят в раж, и закон им ведом.
Коль сто долларов украл ты у бедолаги,
По закону, вором стал - и сидишь в тюряге.
А вот если доллар спёр у каждого из тыщи
Бизнесмен ты, а не вор, и тебя не ищут!
Ты не сыпал в чашку яд, лишь промолвил слово,
Слово – пуля и снаряд, выстрел – и готово.
Нет улик и нет следов, детектив не нужен:
Чья вина в том, что от слов кто-то был контужен?

Так убийцы без ружья с нами проживают:
Гибнут жёны и мужья. Словом в них стреляют...
Ни маньяки в страшный час, и ни кровопийцы:
Есть убийцы среди нас - тихие убийцы.
Есть предатели, лгуны. И ведь что обидно:
Будь хоть другом сатаны - никому не видно!
Не доказана вина - чист перед законом.
И смеётся сатана, наслаждаясь троном.
Видно в отпуск Бог ушёл - и не знают крохи,
Отчего не хорошо, и дела их плохи.

Жизнь всевышний подарил, и она священна,
Жизнь - творенье высших сил - неприкосновенна.
Но чему из века в век фанатизм нас учит?
Человека человек и казнит, и мучит.
Убивает. Почему? Мы не каннибалы.
Что-то нашему уму не хватает. Мало
В ближнем космосе летать, рассуждать о вере,
Без морали, что скрывать, люди - просто звери.
Бог, напомни нам опять, мы так долго ждали,
Где законности печать и её скрижали.
Помолчав, отец сказал, заключив со вздохом:
Нет морали - криминал, это - очень плохо!

04.16.16

Земля всё та же

Попытки утешать меня оставьте –
Я тень моя –
В стране, которой нет уже на карте,
Родился я.
Теперь живу (вы лишь себе представьте –
Каков сюжет)
В стране, которой не было на карте
Две тыщи лет...

                    Пётр Межурицкий

Земля всё та ж. Народ остался,

Чуть сдвинув контуры границ.

Удрали те, кто не вписался,

Сменив названия столиц.

Удрал и я, как все, в азарте,

К Свободе, в рай чужих тенет:

Былой страны уж нет на карте,

А новой - 240 лет.

Я не смотрю "сквозь призму смеха"

На этот непростой вояж.

Кому-то - лишь в пути утеха,

Мне ж ненавистен саквояж.

И к катаклизмам, для примера,

Я не готовлюсь каждый год,

Хотя ужасная кальдера,

Когда-то всё-таки рванёт.

Наверно я устал. И даже

Меня круизы не манят.

Я твердь люблю. Земля всё та же

В своих осях координат.

Родина – не родинка!

Родина – не родинка, что-то здесь не так.
Родина рождает нас, родинка – лишь рак.
Мы- листочки-веточки с одного ствола.
Даже у сгоревших нас схожая зола.

Сорваны мы с дерева ветром перемен.
Нет замены Родине, нет и нам замен.
Вспомнив годы юные, загрустит душа,
И заплачет струнами, память вороша.

Нас совсем не радует блеск чужих витрин.
Знать, у нашей Родины есть секрет один.
Грубая, немытая, ни мачеха, ни мать.
Всё простить ей хочется, а простив – обнять.

Только жаль, Что Родине не до нас с тобой...
Всё же мы - не родинки чтоб с лица долой!

10.28.16

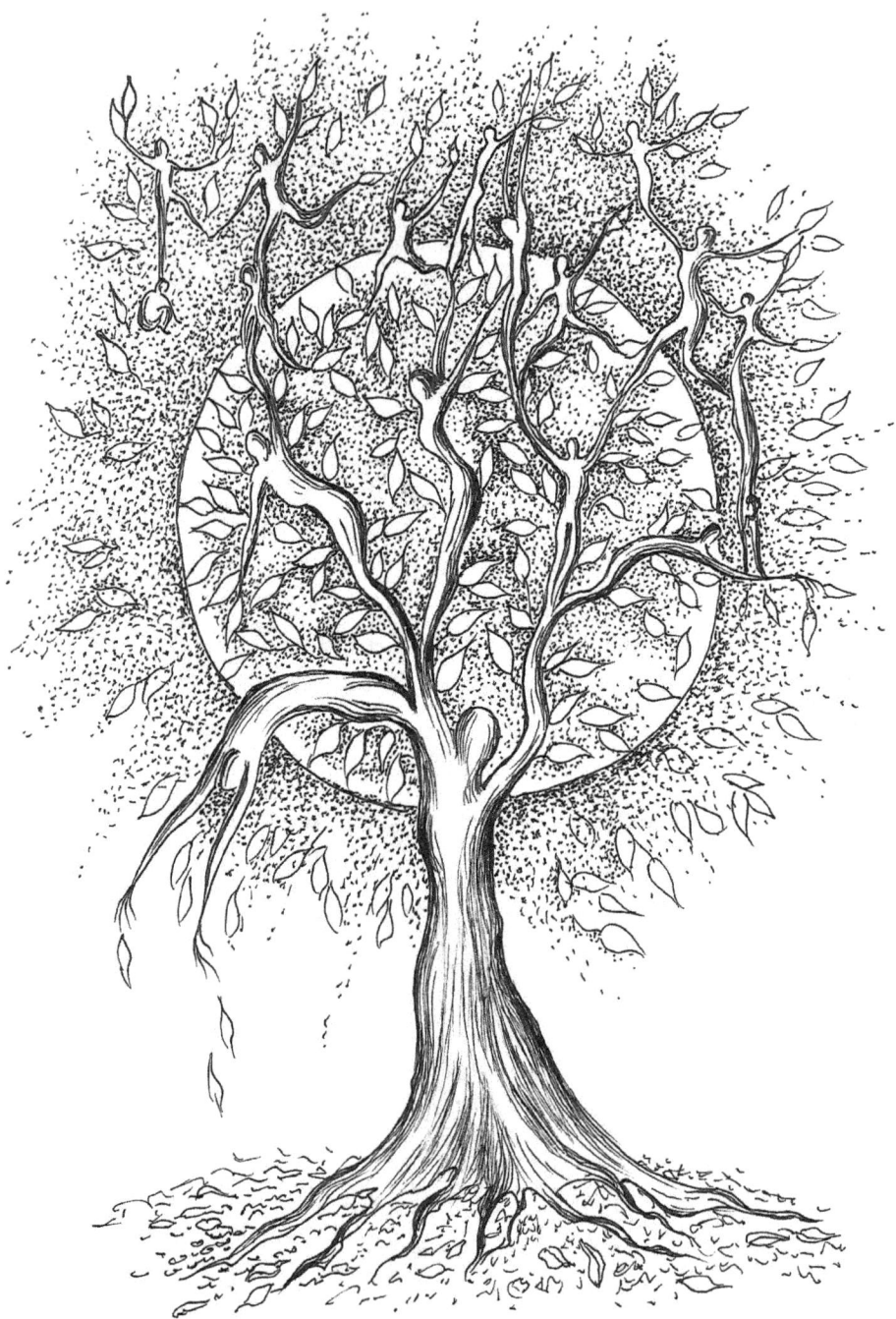

Сдвиг по фазе

Если ток в тебе трёхфазный,
Жизнь течёт волнообразно:
Выражаясь языком техническим,
С переменным напряженьем
Мы меняем наше мненье
Сообразно фазам историческим.

Ну а если кто в экстазе,
Происходит сдвиг по фазе
По причинам психо-соматическим.
Мы вопим тогда: О Боже,
Помоги! - А он не может :
В споре Бог застрял теологическом.

Чтобы справиться со страхом,
Бога мы зовём Аллахом,
Как Пророк настойчиво советовал.
Жизнь твоя да будет сладкой,
Коль держал ты крепкой хваткой
Женщину, верблюда, и не сетовал.

Чтобы жизнь шла без изъяна,
Суры выучил Корана,
Хоть и впал в искус интерпретации.
Пас верблюдов век от века,
А жена - друг человека -
Управляла численностью нации.

Цвет зелёный – реет знамя
Радикального ислама.
Бьётся мир в конвульсиях истерики
И натянуты все струны
Под напором новых гуннов
От Европы, старой леди, до Америки.

Бог подумал, как забавно:
Люди молятся исправно,
Прославляя культ всевышней личности.
Каждый хвалит, как умеет,
От христиан до иудеев,
Обходя различий околичности.

От покоя дремлет сердце.
Бог решил: подсыплю перца.
Пусть от сна лентяи пробуждаются!
Избранным отрежу хвост я:
Им устрою Холокост я –
Чтоб не зазнавались – пусть помаются.

Суть божественной интриги:
Лбом столкнуть народы Книги.
Пересказ священного писания
Скрыл весь замысел идеи:
Люди – сущие злодеи-
И вполне достойны наказания.

С этих пор наш мир страдает:
Боже фазы нам сдвигает,
Нарушая плавный ход истории.
Мы взрываем, удушаем,
Загрязняем, нарушаем
Чистоту земли и акватории.

Падают короны, троны
Где же синхрофазотроны?
Мир страдает от некогерентности
В исторической задержке
Есть ужасные издержки:
В результате сдвиг одномоментности.

Перепрыгнув все барьеры
К освоенью ноосферы,
Нас ведут передовые нации.
А другие одержимы
Утверждением режимов,
Обещающих конец цивилизации.

Есть разрыв – источник стресса –
В состоянии прогресса.
Без морали мы надменно смотрим вниз.
"Sapience" - зовёмся лестно,
А заслуживаем честно
Максимум названье "homo habilis".

Человек прямоходящий –
Суть загадки настоящей,
Плод творенья или эволюции
Homo habilis (умелый),
Сотворил он между делом
Города, машины, конституции.

Вместе с тем, в дороге длинной,
Он с наивностью невинной,
Демонстрирует черты убийцы – гения.
С одержимостью маньяка
Затевает войны, драки,
Совершенствуя орудья разрушения.

Ведь в сознанье полутёмном
Зверь сидит совсем нескромный,
С взглядом глаз тяжёлых, немигающих.
И никто не скажет сразу
Нам про сдвиг его и фазу,
Человека в зверя превращающих...

06.22.16

О белой вороне

Скачет белая ворона
С видом грустно-похоронным.
В чём вина несчастной птицы?
Надо ж, белой уродиться!
Клюв теперь открыть посмей-ка:
Только пискнешь — Цыц, злодейка!
Мы не дружим с вашим сбродом,
Богоизбранным народом.
Кыш отсюда с нашей ветки!
Твоё место, птица, в клетке.
Мы совсем другая стая
И с тобой мы не летаем.
Все мы – коренные птицы!
Чёрным бархатом лоснится
Крыльев наших оперенье,
И к тебе у нас презренье.
-Что вы сёстры, что вы, братцы,
Ну зачем меня чураться?
Цвет – вопрос лишь пигментаций,
Несущественных мутаций.
Я своя, я не чужая,
И прошу: примите в стаю.
Нет во мне ни капли злости –
Приходите дружно в гости.

Но вороны не молчали,
Дружным гаем прокричали:
Здесь в родных краях вороньих
Места нет для посторонних.
У тебя другие боги –
Уноси скорее ноги!

Ты, ворона – альбинос,
Красный глаз и длинный нос,
И к тебе доверья нет:
Занесён с других планет
К нам на землю этот ген.
Мы боимся перемен –
Станешь ты птенцов рожать,
Нас во всём опережать,
Лучшие займёшь места –
Ты сидишь здесь неспроста,
И волнует нас всерьёз
Альбиносовый вопрос.
Мы лишим тебя гражданства –
Улетай в свои пространства!
Чтоб твой ген не портил вид
Мы устроим геноцид.
К чёрту ваши достиженья –
Защитим мы оперенье
Наших дедов и отцов
От пришельцев – хитрецов!
Тут, на счастье, между делом
Чайка рядом пролетела.
Видит: птица тихо плачет,
Не курлычит, не кудахчет.
-Видно жить тебе не мило,
Отчего ты загрустила?
А ворона ей в ответ:
Всем не нравится мой цвет,
Не хотят со мной водиться,
Дал бог белой уродиться...

Говорит вороне чайка:
Ты со мною полетай-ка
Я, как ты, совсем бела
И не вижу в этом зла.
Помогу такому горю-
Полетим со мною к морю.
Где на берегу крутом,
Ты себе построишь дом.
Там другой живёт народ,
Он не скажет: ты урод.
Коль захочешь там остаться,
С местной стаей будешь драться.
Так завещано нам с роду:
Жертвуй жизнью за свободу!
Но ворона всё молчала,
Грустно головой качала:
Разрешу я свой вопрос
Чёрной краской для волос,
И отправилась в аптеку,

Что присуще человеку...

В неком царстве-государстве

В неком царстве-государстве
Жил болезненный народ.
Царь предписывал лекарства:
Плётку, карцер, эшафот.

Жил народ, от счастья млея,
С каждым годом веселей.
Был он счастлив тем, что шея
Стала тоньше, но длинней.

Выпивая море водки,
Всё ж он умников рожал.
Ну а умник костью в глотке
Власть безумно раздражал.

По законам раболепства
Шёл "естественный" отбор.
Процветали в королевстве
Лизоблюд, доносчик, вор.

Если ж кто умён и честен,
И посмел открыть свой рот,
Вариант судьбы известен:
Ссылка, лагерь, эшафот.

К счастью, даже царь не вечен.
Судьбоносный день настал.
Пол-страны он изувечил
И покинул пьедестал.

Сгинул царь, который правил,
А народ давай рыдать:
На кого ты нас оставил,
Чтобы нами управлять?

Ведь кругом - одни уроды,
Костоломы, упыри.
Весь народ - враги народа,
Жуть, куда ни посмотри.

Началась неразбериха,
А за ней волюнтаризм.
Рост. Застой. Всё стало тихо:
Впал народ в алкоголизм...

Но, оправившись от горя,
Поразмыслив "на троих",
Он царя находит вскоре
Средь опричников своих.

Новый царь-то - без акцента
Молод, смотрит будто лис.
Посильнее претендента
Не найдёшь из-за кулис.

Люд вздыхает облегчённо:
Этот - свой, ни дать , ни взять!
Не какой-то там учёный -
Сможет царством управлять!

Говорит дипломатично,
Только ты его не трожь.
Для ковбоев заграничных
Прячет он под фраком нож.

Неспокойно в этом мире:
Есть кого учить, лечить.
И приходится в сортире
Злобных недругов мочить.

Иностранный вор не дремлет:
Разделяй страну, коль спит!
Подкупая «братьев», землю
Он оттяпать норовит.

Вор на воре – и снаружи,
И, простите, изнутри.
Что ж, стране опричник нужен –
Строгий царь, как ни смотри.

Платит царь опричным щедро:
Самый лакомый кусок,
Кость народу - скудны недра,
Затяните поясок...

В этом странном государстве
Пропадёт совсем народ,
Если не поймёт, лекарство:
Всех воров - на эшафот!

О фашизме обыкновенном
и необыкновенном

Часть 1

Я об избитой параллели,
О тех, чьи кости уж истлели,
Но дух неистребимый жив:
В ушах "Хёрст Весселя" мотив,
Или "Интернационала" -
Нас эта музыка достала...
И всё ж, при ненависти к "измам"-
Национал-социализму
И ленинизму-сталинизму -
Я бы провёл меж них черту,
Не пряча правду в простоту
Прямолинейных аналогий -
Истории урок убогий!
Австриец - фюрер бесноватый
И горец, мрачный и усатый -
Магическим владели "словом",
И шёл народ за Крысоловом.
Но "слово" то в ушах немецких
Не так звучало, как в советских.
Социализм, конечно, благо.
Нужны и храбрость, и отвага.

Но цель достигнем мы едва ли,
Привычной следуя морали.
Морали, в корне иудейской,
Иль христианской, но еврейской.
Какая, к чёрту, человечность?
Это - еврейская увечность,
Блеф для наивных простаков -
Народ немецкий не таков!
Во -первых, отобрать достойных:
Арийцев - белокурых, стройных,
Рекою огненных гирлянд
Поднять на это фатерлянд,
Пусть вспыхнут ненависти реки,
Сгорят в них недочеловеки!
Славяне, цыганьё, евреи -
Кто больше душу нам согреет?!
А для тех, что сомневались:
"Deutschland, Deutschland uber alles!"
Мы построим рейх навек -
Чтоб в нём жил сверхчеловек.
Заратустра так учил:
"Умер Бог, что нас любил.
Это дьявола создание -
К человеку сострадание!"
Так вещал народу фюрер.
Позже бесноватый умер,
А, вернее, просто сдох...

Но тогда народ оглох
И, теряя смысл и разум,
Подчинился всем приказам.
Извращенца злой маразм
Породил энтузиазм.
Был приказ предельно прост:
Вермахт движется "nach Ost".
Наш диагноз неизменный:
Вот "фашизм обыкновенный".

Часть 2

Мы же, следуя рассказу,
(А не фюрера приказу)
Тоже двинем на восток,
Чтобы взять другой урок
У истории суровой,
Поучать всегда готовой.
На просторах евразийских
Жил большой народ российский
И держал в своих объятьях
Разных братьев и не братьев,
Общих связанных судьбой,
Страхом, миром и борьбой.

Я лишь, истины в угоду,
Здесь замечу, что свобода
Сто с немногим лет сполна
В США рабам была дана.
А в России сей декрет
Опоздал на сорок лет.
Вот с сохи снята рука,
Бывший раб уж у станка.
Лет всего за пятьдесят
Он страну поставил в ряд
Самых развитых держав,
Пол-Европы обогнав.
Царский дом уж был без сил:
Заморочился, прогнил:
Дал хотя бы куцую
Людям Конституцию…
Но вместо Конституции-
Две русских Революции.
И это - не идиллия,
Как взятие Бастилии.
В России как-то всё нескладно:
Бунт - слепой и беспощадный.
Только-только из оков -
Под террор большевиков.

Среди этих активистов
Было много террористов,
Жуликов-авантюристов,
Создающих неизменно
Историческую пену.
Вряд ли лучше претендента
Сыщешь: мощного акцента
Обладатель был бандит,
На Кавказе знаменит,
Не отёсан, груб, жесток
(Этим Ленина привлёк?)
Что ж, рыбак ведь рыбака
Узнаёт издалека...
Чтоб другие узнавали,
Он присвоил имя: Сталин.
Следуя Макиавелли,
Видел смысл он в беспределе
И придерживался схемы:
"Нет человека - нет проблемы".
Был умом он зол, остёр,
По-восточному хитёр.
Но народ, что в страхе жил,
Вождя беспамятно любил,
И дрожал, боготворя,
Отца народов и царя.
Рабства след, как ни пляши,
Трудно выгнать из души!

Началась иная эра -
Пятилеток атмосфера.
Вот и жили люди для
"Больше стали и угля!"
Ну а те, кто сомневался,
Быстро с жизнью расставался:
И привычны стали чистки -
"Десять лет без переписки"
Если ты - "народа враг",
То расстрел или ГУЛАГ,
А жена с детьми гурьбой
Будут следом за тобой..

"Тройки","тройки", трибуналы,
Кровь рекой в стране бежала.
Уклонисты и троцкисты,
Кулаки и адвентисты,
Лишь в чести - рецидивисты.
Вот такой расклад был дан.
Ведь в Кремле сидел Пахан.
"Мы рождены, чтоб сказку сделать былью,
Преодолеть пространство и простор" -
Смешаем мир мы с лагерною пылью,
Свой пролетарский запустив топор!

Мальчишки строем маршируют,
И подавая всем пример,
Отцу народов салютует
Бой-скаут, он же пионер.

А где-то там, в Берлине, рядом
Шагают бодрые юнцы.
То Гитлерюгенда отряды,
И, в общем, тоже молодцы.

"Горит огнём, сверкает блеском стали,
В нём так много вертится колёс.
Нас вперёд везёт "Иосиф Сталин",
Самый лучший в мире паровоз!"
Любителям колонных шествий
Под звуки маршей строевых:
Вы на пороге страшных бедствий,
Если останетесь в живых.

И лучше Брехта ведь не скажешь.
В его словах морали соль:
В мозгах кретинов лишь приказы.
В ответ: "так точно" и "jawohl" !
" Строем бараны идут.
    Бьют барабаны.
    Шкуру для них дают
    Сами бараны".

Режим ГУЛАГа вдохновенно
"Трудящимся" бесстыдно врал
О мире, дружбе неизменной,
И пел Интернационал
О том, что "новый мир построим",
Где ты товарищ, а не враг,
Скрывал от всех он то, что строем
Ссылал товарищей в Гулаг.

Я в этом вижу неизменно
Без толстых линз и всяких призм
Какой-то не обыкновенный,
Но без сомнения - фашизм!

11.17.2015

О заборах

"You're not being noble;
You're simply respecting borders".
Manis Friedman

Мы сломаем без разбора заборы.
Пусть резвятся наркодилеры-воры.
Чтоб свободой без границ насладиться,
Все отменим КПП и границы.
И доставят нам товар прямо к цели,
Даже строить не придётся тоннели.
И наступит день сплошного веселья –
Мы отметим миром всем новоселье.
Пусть порадуются все глобалисты,
Террористы и контрабандисты.
Мы тогда познаем цену свободы,
И вздохнут облегчённо народы.
И без лишних пустых разговоров
Мир избавим от колючих заборов.
От заборности люди страдают:
Лабиринтами всех разделяют.
Во дворцах, за заборами где-то,
Богачи в своих прячутся гетто.

В этих гетто им так одиноко,
От излишеств одна лишь морока.
А раздать всё – не хватит им духа,
В жизни той зазаборной разруха.
А вот если б разрушить заборы,
То исчезли б упрёки, укоры...
Мир забыл бы о зависти чёрной
И несчастной судьбе подзаборной.
Лишь один здесь вопрос возникает:
А нужна ли нам радость такая?
Все мы знаем, что дом – наша крепость,
А ведь дом без забора – нелепость,
И без стен, знаем мы однозначно,
Жизнь семейная станет прозрачной,
И доступной бесстыдному взгляду.
Нет, такой нам свободы не надо!
Ведь не всё мы вершим без стесненья:
Для любви нужно уединенье.
Вот и прячем наш мир за стеною,
Как в ковчег, уподобившись Ною,
Чтоб, укрывшись от злобной стихии,
Пережить эти годы лихие...
Видно время забыть все раздоры
И построить, где нужно, заборы...

09.09.16

Перекуём мечи на калачи

Наш мир так мил и прост,
И Богу он угоден,
Когда за тостом тост
И всяк чревоугоден.

Как вкусен чебурек,
Фалафель или шварма!
Питайся, человек,
В обжорстве тонны шарма.

Забудь про рознь веков,
Ешь сочные котлеты.
Пусть кровь и страх вендетты
Бараний скроет плов.

Перекуём мечи
В шампуры, сковородки.
Кухарьте у печи,
Чем людям резать глотки!

07.31.16

Не дразните гусей!

Не дразните гусей, не дразните -
В одиночку ль, компанией всей.
Лучше мир, пусть худой, сохраните.
И не стоит тревожить гусей.

Гусь, конечно, не мудрая птица.
Историческим мхом обросли
Те легенды, где память хранится,
Как они Капитолий спасли.

Храм богини Юноны Монеты
Неприступен, и всяк это знал.
Надо всё ж испытать, так ли это,
И на стены полез дерзкий галл.

Тишина и не лают собаки,
Задремал безмятежно конвой.
По плечам, друг на друга, во мраке
Лезли галлы, готовые в бой.

Вот уж близятся башни бойницы,
И, предчувствуя сласть грабежа,
Галлу римская женщина снится,
Как она отдаётся, визжа.

Снятся россыпи звонких сестерций,
И в кровавой агонии враг.
Полно варварской радости сердце -
До победы - всего один шаг!

Но внезапно средь полного мрака
Вдруг почуяв беду и врага,
Шум тревоги – ни страж, ни собака -
Это гуси кричат: Га-Га-Га!

Вмиг к стене подоспели солдаты
И обрушили сверху удар.
Были галлы разбиты и смяты,
И не спасся ни молод, ни стар.

Все убиты, коль верить преданью.
Грифы части тех тел унесли.
Лишь осталось нам всем в назиданье
То, что Рим эти гуси спасли.

Не дразните гусей, не дразните!
В заключенье истории сей,
Умоляю вас, мир сохраните.
И людей, и, конечно, гусей.

04.07.17

Конечно, Крым не наш!

Конечно, Крым не наш!
Имперские павлины
В бойцовый входят раж...
И вспомнились Мальвины.

Полглобуса от них
Проплыть до Альбиона.
Весь мир тогда притих.
Где торжество закона?

Закон - Британский флот.
Он не отдал Фолькленды.
Заткнули миру рот
И фунты, и легенды.

Нам сладок фунтов звон,
И нам легенды милы:
Зовём мы испокон
Закон - законом силы.

Конечно, Крым не наш!
Нам оглянуться надо
И вспомнить антураж
Мифической Эллады.

Чтоб не попутал бес,
Мы освежим все даты
И вспомним Херсонес
И Царство Митридата.

Шестой мы вспомним век
До Рождества Христова,
Когда античный грек
Нёс в Крым Эллады слово.

Остались имена
И древние руины
История юна,
Но где в ней Украина?

Глубок Эвксинский Понт,
И далека Эллада,
И не сдержать ей фронт
Злой кочевой армады.

И Таврии златой
Растерзанное тело
Под Золотой Ордой
Страдало и не пело.
Лишь через тыщу лет,
Меж свор и битв в замесе,
Владимир-князь крещён
Был в крымском Херсонесе.
Христианской стала Русь.
В ней Киев - стольным градом...
А Крым наводит грусть,
Притягивает взгляды
Завистливых пашей,
И королей, и ханов.
Но гонит Русь взашей -
Воров и басурманов.
Ей-богу, Крым не наш!
Принадлежит он туркам-
Вокруг ажиотаж -
И западным придуркам.

А шарик весь? - Он наш!

Хотя и в беспорядке...

Напрасно входим в раж,

Деля весь мир на грядки.

Пора бы отменить

Уклад порочных практик.

Что нас объединит

Против чужих Галактик?

Пришельцев мы не ждём

Из чуждых нам миров.

Но коль нас навестят? -

Наш глобус не готов.

Придут, и всё поймут,

И мы услышим вслед:

Здесь есть вода и свет -

Разумной жизни нет...

05.03.2015

Психология, Психика, Эзотерика

ПЕРЕСМЕШНИК

Мне изнутри смешно. Без внешних
Причин смеюсь, Я - пересмешник.
Все тычут пальцем - вот он, грешник.
Исчезни, сгинь! Ступай в скворечник.

А я, не видя в том греха:
Все хи-хи, да ха-ха-ха.

Мне неудобно и досадно.
Смех без причины- признак...Ладно.
Пытаюсь подавить смешок...
Где птицелов? Готовь мешок!

Друзья, примите в экстраверты!

Я - интроверт. Мне часто снится
Ваш юмор, сдобренный смешком.
Я - интроверт. Не стоит злиться
И пыльным бить меня мешком.

Мне грустно от ужасной доли.
Как разорвать волшебный круг?
Вокруг меня обиды поле:
В обиде даже лучший друг.

И как пройти, не тронув мины,
Что кто-то разбросал шутя?
Я так устал от пантомимы,
Устал. Несносное дитя.

L'enfant terrible. Но это – маска.
Под ней – душа, любви полна.
Как надоела жизни тряска
В седле безумного коня!

Слова бросаю я некстати.
Кому-то даром попадёт...
Да, я – несносный математик
И слов не вычислил полёт.

Я – интроверт. И буду злиться
Лишь на себя, на дурака.
Вокруг обиженные лица.
На сердце горечь и тоска.

Не стану больше препираться
И, разорвав порочный круг,
Признаю: истина, Гораций,
Не так мне дорога, как друг.

Ведь истины никто не знает –
Где продаётся, и по чём.
А друга друг в беде спасает,
Подставив крепкое плечо.

С обидой выбросив конверты,
Я изменю стихов контраст.
Друзья! Примите в экстраверты –
Я быстро научусь, бог даст!

04.09.16

О суициде...

Моё положение скверно:
Полшага - и чёрное дно.
Пространство, что было трёхмерно,
К пологой кривой сведено...
                    Элла Ромм

В любом положении скверном,
Уставившись в чёрное дно,
Свой мир, ощущая нуль-мерным,
Открой поскорее окно.

И свежий поток мирозданья
Сквозь нервы больные впусти -
Архангелов нежных касанье
Спасёт, отогреет, простит.

И мир тебя встретит влюблённо
И строго поставит на вид:
Ведь мир разрушать незаконно,
Готовя ему суицид.

Ведь зреньем твоим уникально
Вселенная чувствует свет.
Умрёшь - и ослепнет фатально:
Глаза мирозданья – поэт.

11.30.2015

В душе моей не слышно од...

В душе моей не слышно од,
А в голове сюжетов нет.
Мне снятся толпы козьих морд –
Какой из этого сюжет?

Вот на плите обед скворчит.
Мне есть не хочется совсем.
Жена под нос себе ворчит,
А поругаться – нет уж тем.

Холодный дождик за окном,
Но в небе видится просвет,
И пишутся стихи о том,
О чём все пишут сотни лет.

О тщетной грусти бытия,
О том, что вспыхнет солнца луч,
Когда устанем, ты и я,
От повседневных серых туч.

01.21.17

О гордости

Гордость и робость - родные сестры,
Над колыбелью, дружные, встали.
"Лоб запрокинув!" - гордость велела.
"Очи потупив!" - робость шепнула.
Так прохожу я - очи потупив -
Лоб запрокинув - Гордость и Робость."

Марина Цветаева

Наша гордость – ум и твёрдость.

На людишек мелких, скверных

Мы, в ущерб расхожих мнений,

Не глядим высокомерно.

И не станем на колени.

Вы не путайте отныне:

В жизни - тетива тугая

Наша гордость - не гордыня!

Смотрим прямо, не мигая.

Драмы, войны и цунами -

И в интиме, и прилюдно

Пусть нам холодно и трудно,

Всё неважно – гордость с нами!

Мир весь полон ерунды –

Нам судей не важны лица,

Мы спокойны и горды.

Есть у нас, чем нам гордиться.

Хоть сейчас готовы в бой мы:

Гордостью полны обоймы!

Но спросите друг у друга:

Гордость есть. А в чём заслуга?

Мало истинных заслуг,

Самолюбие в порядке? –

Горы гордости вокруг,

Наплевать на недостатки!

Не найдёшь в надменности

Мук неполноценности.

Не добры мы, но тверды

Своей гордостью горды.

Но порою лжёт нам скромность,

И под маскою смиренья

Гордость прячет вероломно

За гримасою презренье.

Это – высший пилотаж –

Гордость, прячущая раж.

Верит искренне гордец:

Даже солнечные точки -

Не веснушки - Солнца дочки,

Он - творения венец.

Пусть сияет его лик.

Так он, избранный, велик!

И пигмеи все гордятся -
Мы к земле всех ближе, братцы!
Горд страной и цветом кожи,
Горд, простите за банальность,
За свою национальность,
Если сам не вышел рожей.
И за тех, со шнобелем,
Награждённых Нобелем.
Полон спеси блудный сын,
Православный иль католик,
Абстинент иль алкоголик –
И презренья к остальным.
Ну а если ты не горд,
Ввергнув в искушение,
Не оставит тебя чёрт,
Породит сомнение.
Есть у скромности предел:
В жизни съел лишь тот, кто смел
Это значит, жизнь любя,
Сознавая свою ценность,
Мира временность и тленность -
Гордо драться за себя.

Гордость грех иль добродетель?

Соломон тому свидетель.

Он оставил откровенье:

Гордость не даёт спасенье.

И сестра её, надменность,

Тащит нас сквозь жизни бренность,

Гарантируя паденье...

Оставайся духом строг,

Продолжай гордиться,

Раз тебе позволил Бог

На земле родиться.

August 18-25,2017

In vino veritas, in aqua sanitas

Мы пьём вино не без причины:
Наш мозг в нём ищет эндорфины.
Устав от стрессовой напасти,
Бедняга в зелье видит счастье
И подтвержденье, что он прав,
Всю биохимию поправ.

Подобно воровской отмычке,
Вино выигрывает в стычке
Со здравым смыслом (дань привычке).
И, заглушая нашу боль,
Замок ломает алкоголь,
И, повреждая хитрый код,
"Ты счастлив!" - нагло мозгу врёт.

Мозг, одурманенный молчит,
"In vino veritas" мычит...

11.17.2015

ВИНА

Тема – "Вина". Благодатная тема.
Здесь без усилия выйдет поэма.
В мысль погружаясь, ты в миг просветлений
Вытащишь парочку определений.

Что есть вина? Это - личное чувство,
Где-то в душе спит, укрывшись за бруствер.

Спит обнажённая, без покрывала,
Стыд с неё нагло срывает одеяло...
Спит неспокойно и душу тревожит:
То вдруг поделит, а то приумножит.

Что-то не так - не вернёшь, хоть заплачь,
Совесть напомнит – жестокий палач.

Приговорённый к тревоге и страху,
Душу кладёшь на жестокую плаху
Воспоминаний – стереть бы их всех...
Памяти груз - непрощённый твой грех.

Кто же решил, что ты в чём-то виновен?
Кто без греха? Сам создатель греховен,
Мудро советуя детям своим:
Не осуждай – и не будешь судим!

В этом прекраснейшем из миров
Правит закон, он жесток и суров:
Все едят всех. Возникает вопрос:
Кто сотворил этот биоценоз?

В чём здесь мораль? Для продления жизни
Все мы пируем на чьей-нибудь тризне...

Экзистенциальная гложет вина:
Жизнь и судьба. В чём их смысл и цена?
Стал ли ты тем, для чего был рождён,
Или на ложный маршрут осуждён?

Омут любви...Мы ныряем друг в друга.
Нас заметает любовная вьюга.
Вынырнув, вновь обретаем дыханье
И как прозренье – разочарованье.

Милой лицо, этот грустный овал
Ты ведь любил, только не понимал...

Можно ль назвать это чьей-то виной?

Каждый живёт оградившись стеной,

Глядя на мир через свой перископ.

Вина отчужденья. Незнанья окоп

Ни перепрыгнуть, ни перейти.

Сколько потерь... Ни простить, ни найти.

Совесть – ты мой прокурор, "супер-эго".

Вдруг выползаешь на свет из-под снега

В лютый мороз, средь дождя, и в жару,

Чтобы продлить обвинений игру.

В душу уставшую средь тишины

Снова бросаешь гранату вины,

В клочья взрываешь, причин не тая.

Хватит террора – ведь Я – это Я!

Мне надоел Зигмунд Фрейд с его бредом

Фрейд –просто псих, и как видно, неведом

Смысл всепрощенья, ему психопату,

Раз мою душу направил в палату,

Чтоб примирить супер-Эго и Эго.

Жизнь без вины – вот блаженство и нега!

Лучше бы дал он душе предписанье:

Верный найти аргумент в оправданье

Всех недосмотров, проступков, проколов,

И не хранить тяжкий том протоколов!

07.27.16

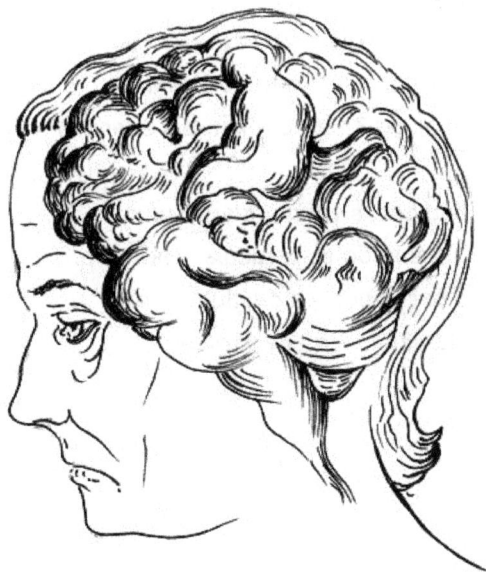

У страха глаза велики...

Блажен, кто приятные сны
Зовёт на заказ по порядку:
Захочет – приснятся слоны,
Русалки, собачки, лошадки.

А мне снилось с давних времён
Как в ритме старинного танго,
Кружась, приходил ко мне сон,
И я в нём летал , словно ангел.

У страха глаза велики,
А в детстве – огромны как блюдца,
Кащеи, Яги, мертвяки,
В безумном канкане трясутся,

Пугают за тёмным углом,
И прячутся в мрачном подвале,
Уходят внезапно со сном,
Который ты вспомнишь едва ли.

Бывает, в плену сладких грёз
Ты в небо взлетаешь, как птица,
Без страха, не слыша угроз,
Не веря, что всё это снится.

Взметнувшись над школьным двором,
Паришь, опираясь на крылья.
Директор с разинутым ртом
Внизу. С ним его камарилья.

А ты, позабыв обо всем,
Несёшься все выше и выше,
И вот уже виден твой дом
И школы кирпичная крыша.

Но вдруг с голубой высоты
Ты падаешь вниз будто камень,
Проснёшься, и нет уж мечты,
И знаешь, что завтра экзамен...

07.03.2015

Детский сон

Однажды приснилось мне в детстве
И я до сих пор не пойму,
Каких ожидание бедствий
Причиной виденью тому.

Мне чудилось, будто я умер,
Звезда покатилась в зенит.
И тихо...Лишь тоненький зуммер
В ушах еле слышно звенит.

И молча, застывшая в горе,
Стоит над кроваткою мать.
Я вижу её из-за моря
И с ней не могу зарыдать.

Я чувствую светлые блики,
Касание ласковых рук.
И канут прощания крики
В волнах океана разлук.

Наутро проснулся дрожащий,
Чужим показался мне дом,
Как будто бы тот, настоящий,
Оставил я в мире другом.

1960

Вещий сон о сказочной феерии

Вещий сон, ах, вещий сон,
Вечные кошмарики.
И во сне я почтальон
На воздушном шарике.

Не пугает высота,
Так легко дыхание,
И рождается мечта
В виде предсказания.

Предвещаю всем успех,
Всем, кто много трудится,
Дом – бездомным, грустным –смех.
Верьте, это сбудется!

Вор не станет воровать.
Под аплодисменты
Станут банки выдавать
Ссуду без процента.

И забудет человек
О привычках скверных,
Поделив людей навек
На "верных" и "неверных".

Жадность, зависть и обман –
Три больших порока -
Испарятся как туман
Вмиг, в мгновенье ока.

Может сбыться этот сон,
Если непременно
Людям всем приснится он
Враз – одновременно.

Жаль, что никогда не быть
Сказочной феерии:
Ведь людей не изменить
Без генной инженерии...

10.31.16

Мы все больны, безумья пленники...

В далёкой юности я был студентом мехмата и на младших курсах жил в общежитии МГУ на Ломоносовском Проспекте. Несмотря на иссушающую рациональность и абстрактность обрушившихся на мою, тогда ещё незрелую, голову математических идей и теорий, я умудрился сохранить (и, надеюсь, сохраняю до сих пор) чисто наивное и сугубо эмоциональное восприятие действительности. Не могу сказать, что мне не везло с друзьями, хотя мехматяне - весьма специфический и странный народ, знаменитый своей интровертностью, иногда доходящей до аутизма.

Я мог бы рассказать целый ряд забавных историй о тех временах: детективных, романтических и других, но сейчас остановлюсь лишь на одной странной особенности: я почему-то часто притягивал к себе людей так сказать психически нестабильных или просто чем-то расстроенных. Мне трудно объяснить, что эти люди искали в общении со мной, но им явно что-то позволяло быть со мной расслабленными и откровенными. Меня же пугали и они сами, и их откровения. Помню одного такого. Его звали Витька. Хрупкий, большеглазый мальчишка. Неплохо учился, а на мехмате- это всегда проблема. Отчисляли безжалостно. За один год курс терял больше одной трети состава. Среди уцелевших было немало и таких, которые спаслись благодаря медицинскому диагнозу. В их числе оказался и Витька. Он исчез внезапно в начале семестра и появился обратно в середине следующего. Его было не узнать. Толстый, с одутловатым прыщавым лицом, он производил болезненно-неприятное впечатление. Как выяснилось, шизофрения. Лечили инсулиновыми шоками. Витька был потерян для общения: отвечал как будто через резиновую подушку - глухо и неразборчиво.

Я был потрясён и кинулся к первоисточникам, чтобы узнать подробнее об этой болезни. Выяснилось, что это - одно из наиболее сложных и загадочных психических расстройств. То, что я прочитал, вызвало у меня чувства страха и протеста, вылившиеся, как обычно, в стихах - в духе обожаемого мной Александра Блока. Первые четыре катрена были написаны почти моментально. Но потом, много лет спустя, уже будучи членом литературного клуба, я вернулся к этому стихотворению и значительно расширил его. В новом варианте вы почувствуете некий излом как формы, так и содержания.

Мы все больны, безумья пленники...

«...Глухие тайны мне поручены,
Мне чьё-то солнце вручено,
И все души моей излучины
Пронзило терпкое вино.
И перья страуса склонённые
В моем качаются мозгу,
И очи синие бездонные
Цветут на дальнем берегу...»

Александр Блок, "Незнакомка"

Мы все больны - безумья пленники.
Вот в тике злом дрожит рука.
Усмешку пряча, шизофреники
Толпою сходят с потолка.

Их тени бледные измучены.
Ни звука в марше их цепей:
Они молчанию научены болезнью
Странною своей.

Никто позвать их не осмелится,
Пустые кладбища вокруг.
Лишь тихо волосы шевелятся,
И цепенеют кисти рук.

Пусть полыхает небо красками!
В пурпурных отблесках зари
Мы все скрываемся под масками,
Мы все безумия творим.

Мы все больны. В плену диагноза:
То ли невроз, то ли психоз.
В пространных записях анамнеза
Никто не видит наших слёз.

Шаманы в тогах психиатров:
Гаданье и камланий пляс.
Психушки всем нам вместо театров-
В них мест достаточно для нас.

Влечёт нас всех к унылой вечности
Эпохи мёртвая река,
В ней нет тепла и человечности,
В ней тонет радость и тоска.

И остывающим сознанием
Мы принимаем без нытья
Тщету борьбы и созидания
И всю нелепость бытия...

1964 - 2016, Москва - Сан Диего.

Йорик, бедный Йорик!

Йорик, бедный Йорик! Что с тобой теперь?

Знать, в тебя вселился хвори злобный зверь.

Он тебе покоя часу не даёт:

Острыми когтями носоглотку рвёт.

То заложит уши, то слезит глаза,

Ни дышать, ни кушать – и вздохнуть нельзя.

Зверь лихим наскоком бронхи залепил,

В грудь каких-то кокков орды напустил.

Флегма в альвеолах – слышен свист и хрип,

Это не эйбола, а сезонный грипп.

Есть такая пытка – в воду опускать

Человек – не рыбка под водой дышать.

В кратком сне подмога. Бред вконец сморил.

Мозг трубит тревогу: сбор иммунных сил.

T-helpers и T-killers – где же ваш ответ?

Видно стал с годами слаб иммунитет

Твой палач со стажем - тих и изощрён,

 Он тебе покажет, что такое сон,

И три ночи сряду ты не будешь спать,

Чистить носоглотку, горло полоскать.

А заснёшь под утро, одолев озноб.

А проснёшься мудрым, почесав свой лоб:

Больше с этим зверем спорить не хочу,

Лучше обращусь я к своему врачу.

Номер аккуратно мой хранит cell-phone.

Вот звоню: приятный отвечает тон.

Вам врача? Он занят. Сможет вас принять

Через три недели. Вам придётся ждать.

Чую, в носоглотке веселится зверь:

Я с тобою, Йорик, разберусь теперь!

Отвечаю хрипло: мне не пережить

Эти три недели – быть или не быть!

Мне б антибиотик, в телефон ору –

Ладно, я найду вам, - только медсестру.

Ах, спасибо, душка, я в ответ кричу

Это даже лучше, чем визит к врачу!

Мне диагноз ясен – доктор не причём,

Мы с сестрой обсудим, что, где и почём.

Мы с женой - в машину. Двадцать быстрых миль.

Вот сестра- милашка. Современный стиль.

Объясняю толком: здесь симптомов гроздь

В лёгких воют волки, в горле острый гвоздь,

Нос зажат тисками, по ночам озноб -

На X-Ray пошлю вас - без ошибки чтоб.

Выпишу лекарства –принимайте в срок.

Победим мы вирус и стафилококк!

Что ж, сестре спасибо – сразу видно - спец:

BS, MS, RN, FN – ну просто молодец.

Вот домой я еду, и со мной жена,

Как всегда, заботы ласковой полна.

Солнце ль ярко светит, дождик моросит-

А она со мною рядом колесит.

И как в доброй сказке, сгинет страшный зверь,

Но если вы без маски – не открою дверь!

01.15.16

Искушение и Десятая заповедь

Кто поддался искушенью, впал в бесславие-

Вспомните царя Давида и Вирсавию.

Вот и мне грозит, похоже, искушение:

Жизнь прожить, пустившись в прегрешения.

Только раз живём на этом свете ведь,

А кругом, как ни крути, мораль и заповедь.

И ведь заповедей этих целых десять есть,

А других запретов строгих вовсе и не счесть!

Предо мной соблазн заманчиво колышется,

Но в душе мне прокурорский голос слышится:

Страсть, любовь – отнюдь не оправдание,

Коль другим они несут страдания.

Что же делать мне, когда сама она

Намекала, обольщала, – не моя жена -

Под столом мне руку жала ласково

Соблазнительно в меня стреляя глазками.

В коридоре прижималась нежно грудками,

И глаза её светились незабудками.

И под властью сил волшебно-гипнотических

Мне во снах она являлась эротических.

Зазвенело моё сердце словно колокол.

От её адреналиновых уколов тех,

Стал я пьян совсем от сладкого предчувствия

Что отвечу ей тотчас своими чувствами...

И пускай весь мир к чертям тогда покатится-

Искушеньем я сражён, в душе сумятица.

Я ведь против воровства, другим сочувствую.

Что с моими, подскажите, делать чувствами?

Я укушен ядовитым искушением,

Дайте, братцы, антидот, для воскрешения.

Знаю я – потом наступит отрезвление,

Муки совести, стыда и сожаление.

И вопрос мне дан совсем не в утешение:

Как мне жизнь мою прожить без искушения?

Был наказан царь. Молил он о прощении.

Сожалел о плотском угощении.

Где же грех? И где благодеяние?

Соломон у них родился – в наказание?

Если б царь Давид одними жил законами,

Мы б не знали притчей Соломоновых...

01.09.17

Басни и Притчи

Встреча с Эзопом

Раз, блуждая среди скал ,
Я Эзопа повстречал.
Был тот сед и одинок
И сказал: "Привет, сынок!
Не напрасно я гуляю,
Время зря я не теряю:
Мне прогулки эти впрок:
Для тебя ж готов урок.

У меня немало басен,

Слог мой прост и очень ясен

Басни тыщи лет читают

И друг другу объясняют.

Но, признаться, я не рад -

Стиль мой, в общем, суховат.

Мне подсказывает сердце:

В изложении нету перца,

А наука нам диктует:

Люди помнят, что волнует.

Я ж, как видишь, старым стал -

В психологии отстал.

Потрудись, добавь здесь чувства,

Приложи своё искусство:

Сохраняя мысли суть.

Нужно жизнь в неё вдохнуть.

Для сего я слаб и стар -

Мы ж поделим гонорар!

Я почти лишился речи:

Бог с тобою, человече!

Не сочти, что это лесть.

Для меня заданье- честь.

Я его исполню даром,

Не тревожься гонораром!

Старик и Смерть

Старик тащил вязанку дров,
Тащил и изнемог:
Совсем я выбился из сил,
Ну кто бы мне помог?

И Смерть позвал. Она пришла:
Чем я могу помочь?
Такие просьбы и дела
Я исполняю в точь.

Я так устал, устал - не вру,
Прошу тебя всерьёз...
Но что потом, когда умру?
Ответь на мой вопрос!

А что потом? Ведь ты не глуп,
Поняв, не будешь рад:
Вязанка дров и рядом - труп.
Таков весь твой расклад.

Старик наморщил туго лоб,
И из последних сил,
Вздохнув, вязанку крепко сгрёб
И снова потащил.

Не все услышаны мольбы,
И благо в том для нас:
Не всё, что просим у судьбы
Сбывается тотчас.

11.15.2015

Яблоко Раздора

Шёл по дороге Геркулес,
Шагов ведя подсчёт.
И вдруг откуда-то с небес
К ногам скатился плод.

И этот плод по форме был
На яблоко похож...
На плод тотчас же наступил
Наш путник - хрясь! И что ж?

Фрукт от давленья уцелел,
Выдерживая груз,
А Геркулес оцепенел:
Плод вздулся как арбуз!

Наш супермен рассвирепел
И гневных полон сил
Дубинкой гадкий плод огрел,
И снова повторил.

Но что за чудо? Мерзкий плод
Раздулся как гора,
Загородив собой проход.
Что это за игра?

Застыл сомненьями томим
Весь в страхе Геркулес...
И вдруг Минерва перед ним -
Сошла к нему с небес.

Сошла и молвит: Нет чудес!
Ты сам всё сотворил!
Зачем ты в эту свару влез
И яблоко побил?

Раздора Яблоко сей плод -
Попробуй обойти -
Натерпишься ты с ним невзгод,
Коль станет на пути.

И если тронешь ты его,
То сам не будешь рад.
Оно растёт из ничего
И каждый раз - стократ!

10. 12, 2015.

Астролог

Астролог как-то вышел в ночь
И зашагал скорей
От освещённых окон прочь
И света фонарей.

Туда, где тьма, мерцанье звёзд,
Он брёл и вверх глядел.
И вдруг, в плену небесных грёз,
Споткнувшись, полетел

Куда-то вниз, в холодный мрак,
И там, в прохладной мгле,
Кряхтя, очнулся кое-как,
В колодце - на земле.

Он стал о помощи просить.
На крик сосед пришёл
И стал тянуть, и стал тащить
(Астролог был тяжёл).

И вытащив, он дал совет:
Ушиб ты свой потри,
И в небе видя божий свет,
Всё ж под ноги смотри!

Тебя обидеть не хочу я,
Но мне смешно до слёз,
Что ты живёшь, земли не чуя
В плену далёких звёзд.

Чудак колодец обошёл,
Прихрамывая чуть,
И странно, но свой дом нашёл,
Смотря на Млечный Путь...

09.01.2015

Старый Дед и Внучек
(по мотивам притчи Л.Н. Толстого)

Муж с женою мирно жили:
В церковь в праздники ходили,
А когда вдвоём гуляли,
Сына с дедом оставляли.

Вскоре дед стал стар и вял.
Он еду с трудом жевал,
И его несчастный вид
Только портил аппетит.

Раз такой плохой едок -
Пусть за печкой ест дедок.
Но и суп, который в чашке,
Удержать не мог, бедняжка.

И невестка стала зла:
Дал Бог старого козла!
Кто ж с тобой возиться станет?
Жри уж лучше из лохани!

Смотрят, сын в углу сидит,
Что-то тихо мастерит:
Рядом с дедушкой, у печки,
Собирает он дощечки.

Что ты делаешь, сынок?
- Я лохань готовлю впрок,
Как состаритесь - вам честь:
Будете отсюда есть!

11.15.15

197

Эзоп и Сочинитель
(по мотивам басни Федра)

Что слаще в мире для поэта,
Чем похвала его сонета?
Любой писатель рад без меры,
Коль скажут: превзошёл Гомера!
Был сочинитель без сомнений
Уверен в ценности творений,
Которые представил миру –
Воздайте должное кумиру.
А что бы мне сказал Эзоп? -
Спрошу я баснописца в лоб.
И вот спросил, без промедлений,
Скажи: —ведь правда, виден гений
В любой строке моих работ!
Тот, прочитав, промолвил: Вот
Себя ты не напрасно хвалишь,
Других, мой друг, ведь не заставишь!
Поэтому ты не молчи,
Погромче о себе кричи...
Пусть каждый голос твой услышит –
Тот, кто читает, и кто пишет.

Учёный сын

(по мотивам притчи Л.Н. Толстого)

Из города учёный сын
Раз навестил отца.
Отец был рад: подправишь тын,
Ступеньки у крыльца.
И сено, грабли взяв, сгрести
Поможешь в сенокос.
А сын заметно загрустил:
Есть у меня вопрос.
Я от таких работ отвык,
Давно я не косил.
К тому ж, мне странен ваш язык,
Что грабли? - я забыл!
И тотчас, выскочив во двор,
На грабли наступил...
В досаде парень лоб потёр,
Но память освежил.
Какой дурак тут бросил их? –
Мне поделом урок!
И стал трудолюбив, и тих
И враз отцу помог.

Делёж наследства

(по мотивам притчи Л.Н.Толстого)

Жил отец и с ним два сына.
"Дети, близится кончина" -
Как-то им старик сказал, -
"Всё, что есть, я завещал
Разделить вам в равной доле,
Без проблем и лишней боли".
Умер он. Забыв о горе,
Братья вмиг схлестнулись в споре:
Как же нам с наследством быть,
Как имущество делить?
Спор, делёжка - тяжкий труд.
Лучше обратиться в суд.
Ведь судья не согрешит,
Всё по совести решит.
Был судья в сужденьях скор,
Вмиг решал он трудный спор.

Вот моё решенье вам:

Всё разрежьте пополам,

Платье, простыни, скотину.

Каждый схватит половину.

Братья, следуя совету,

Взялись за работу эту:

Вот, разрезав платьев груду,

Стали разбивать посуду.

Каждый брал своё упрямо.

Что им досталось? – Куча хлама!

Завет отца был соблюдён,

Но вряд ли счастлив был бы он...

Видать, старик без объясненья

Учил их правилам деленья.

Беднягам было невдомёк,

Но жизнь преподнесла урок:

Буквальный смысл приносит крах,

Всех оставляя в дураках.

10.30.2015

Краб-Сынок и Мама-Краб

Сказала сыну Мама-Краб:
Послушай-ка, сынок,
Не будь плохой привычки раб.
Зачем ты ходишь "в бок"?

И не смотри в ответ упрямо:
Ходить, как все, ты должен прямо!
Малышка-краб послушен был
И маму больше всех любил.

И, зная вежливости меру,

Ответил: следую примеру,

Который мне покажет мама,

За ней я зашагаю прямо.

Но как мамаша не старалась,

В песок клешнями упиралась,

Всё ж не пускал её песок,

Могла ползти лишь только "в бок".

Что можем мы сказать про это?

Пример всегда сильней совета.

Меркурий и Скульптор

Тщеславье ведомо Богам.
Как мы, они блажат от дури...
"Ведь я могу проверить сам
Свой статус", - раз решил Меркурий -

"Мильон произвожу услуг
В торговых сделках, в интернете,
Любой поэт - мой лучший друг,
Мне нет цены на этом свете!

Среди богов я - чемпион,
За мной весь Римский Пантеон.
И всё ж проверить не мешает,
Каким народ меня считает."

Решил - и человеком стал.
И чтоб никто не распознал,
В простую обернулся тогу,
В сандалиях на босу ногу.

Зашёл он в студию и в миг
Спросил владельца напрямик:
"Желаю статую купить.
И сколько должен я платить

За эти две? Скажи без звона.
Это - Юпитер и Юнона."
Услышал цену - "Вот загнул!",
Игриво скульптору мигнул:

"Взгляни-ка на мою фигуру.
Ты сколько взял бы за скульптуру?
Конечно, ты попросишь много -
Ведь у меня фигура Бога,

С которым каждый в мире связан,
Доходами ему обязан..."
Но Скульптор молвил: "Вот удача,
Коль две возьмёшь, твоя - в придачу!"

Её бесплатно я дарю –
Меркурия благодарю!
Исчез мгновенно покупатель.
Распалась сделка. А ваятель

Остался в думу погружён:
Кто ж возглавляет Пантеон?
Зато избавился от дури
Разочарованный Меркурий...

Ворона и Кувшин

Ворону жажда одолела.

Бедняга чуть не околела

Жаль гибнуть из-за ерунды,

Но ей не выжить без воды.

Как вдруг, отчаянья полна,

Кувшин заметила она,

И в нём вода - её спасенье.

Достать, добыть! - Вот невезенье:

Она свой клюв в кувшин суёт,

Но воду им не достаёт.

На дне вода - как это мило!

Вдруг мысль ворону осенила

(Коль хочешь выжить - будь умней!):

Что если набросать камней,

Закон припомнив Архимеда?

Вода поднимется - победа!

По плану действует ворона
Вода поднялась - власть закона,
Ворона напилась вполне,
Мораль нам прочитав вдвойне:

Если ты знаешь "Почему",
Доверься своему уму.
И даже если ты простак,
Твой ум тебе подскажет "Как".

Саламандра

(по притче Леонардо Да Винчи)

Беда! Горит крестьянский дом,
Пожар – страшней вора,
И все зверьки, что жили в нём,
Сбежали со двора.

Огонь безжалостно пожрал
Бревенчатый настил,
И брёвна стен, и сеновал,
И крышу обвалил.

Сбежали куры, индюки
И стая голубей,
Лошадки, свиньи, мотыльки,
Собака, кошка с ней.

Стоят в сторонке. Мир застыл,
Всех охватил гипноз,
А ветер раздувает пыл,
Дым ест глаза до слёз.

В сторонке стой. Беду не тронь,
Глазей, пока не лень.
Вдруг видят: саламандры тень
Несётся впрямь в огонь.

Все в ужасе сказали: «Ух!»,
Потом сказали: «Ох!».
Всё объяснил знаток-петух :
В геройстве есть подвох...

Для саламандры огонёк,
Как всем нам нежный ветерок.
Есть у неё волшебный дар:
Помолодеть, пройдя пожар.

И, подрумянившись слегка,
Гибка, подвижна и легка,
Вся в новой коже, щеголять
Кокетка примется опять!

А если кто-нибудь из нас
Рискнёт сплясать кадриль
И в пламя прыгнет - в тот же час,
Он превратится в гриль...

Увы, не каждому дано
Пройти живым сквозь печь.
Нырнуть в огонь не мудрено,
Трудней – себя не сжечь...

Волк и Пастух

Почуяв мяса сладкий дух,
Волк к шалашу поспел.
Там в тишине сидел пастух,
Баранью ножку ел.

И Волк, досады не тая,
От зависти угрюм,
Сказал: сожри барашка я,
Вот это был бы шум!

Мораль проста: возьмите в толк,
Живите без греха:
Ведь то, что есть у пастуха,
Иметь не может волк.

Больной и Доктор

Приятель как-то занемог
И к доктору пошёл.
"Ну, как дела? Скажи дружок, -
На вид всё хорошо!"

"Да, милый доктор, всё "тип-топ",
Не стал бы зря я ныть,
Да вот в испарине мой лоб,
Как это объяснить?"

Я слабость чувствую в ногах,
И двигаюсь с трудом..."-
"Потливость? - неплохой симптом,
И твой напрасен страх.

Твой организм как бык силён,
Он с хворью бой ведёт,
Убив микробов легион,
Их сбрасывает в пот."

И вмиг с души скатился ком,
Ведь доктор был так мил!
Он всё чудесно объяснил
Про слабость и симптом.

И всё ж болезнь не отстаёт,
Беднягу бьёт озноб.
Он снова к доктору идёт
И спрашивает в лоб:

"Откуда, доктор, эта дрожь?"
- "Симптома лучше нет!
"Себя ты, братец, не тревожь,
Жить будешь сотню лет.

Готов я объяснить опять:
Проходит твой недуг,
И должен организм дрожать,
Чтоб хворь взять на испуг".

Домой отправился больной.
Его бросает в жар.
Звонит врачу. Тот: "Милый мой,
В твоей крови пожар.

Симптом чудесный! Очень рад,
И близится момент
Когда микробы все сгорят.
Будь счастлив, пациент!

Звоню я другу: "Не таи,
Что доктор твой решил?"
-"Я умираю, но мои
Симптомы хороши..."

Человек и Верблюд

Чудак верблюда повстречал,
От страха онемев:
Какой чудовищный оскал,
Огромен, словно лев.

Любой, увидев, струсил бы:
Вот ведь, неровен час,
Сожрёт и спрячет в те горбы
Останки про запас.

Проходит час, за часом день.
Зверь ухом не ведёт,
Колючки жрёт и воду пьёт
И то ему не лень.

И осмелеть решил чудак
И к зверю подступил:
К чему пустая трата сил
Живёт он просто так?

Он кроток, тих - не просит жрать.
За небольшую мзду
Накину я на пасть узду,
Что б легче управлять.

Мораль сей сказки такова:
Не прячься зря в кустах,
Верблюда не держи за льва -
Твой опыт сломит страх.

02.12.2015

Два путника и медведь.

(по мотивам басен Эзопа)

Шли два путника по лесу

Просто так, без интереса,

По грибы иль поглазеть.

Вдруг на встречу им медведь.

Что же делать, где спасенье

Им найти без промедленья?

Трус, чтоб не попутал бес,

Вмиг на дерево залез

И на ветке затаился,

Хоть немного обмочился.

А второй на землю лёг,

Словно мёртвый, и молчок.

Мишка видом был сконфужен:

Мертвецов не ел на ужин,

На сосну он не полез,

Хмыкнул, рыкнул и исчез.

Вот, оправившись от страха,

Хоть мокра ещё рубаха,

Трус с сосны не без испуга

Слез и спрашивает друга:

Как ты замертво лежал

И нисколько не дрожал?

Уловил я тонким слухом,

Что-то там тебе на ухо

Этот мишка прошептал

Перед тем, как убежал?

-Он сказал, в глаза мне глядя,

С трусом в лес не ходят, дядя!

Этот трус тебе не нужен,

Приводи ко мне на ужин.

10.15.2015

О поющей Сове

Любила распевать Сова,
Горланя разные слова.
Взмолился, наконец, народ:
Закрой, хотя б на время, рот.
Имей ты хоть чуть-чуть таланта,
Нас бы не мучало бельканто.
Сова обиделась тотчас:
Я пела только ради вас,
И вам старалась угодить
Чтоб ваши уши усладить.
И пела я, собрав терпенье,
Хотя и ненавижу пенье!
Ведь вас не сердит соловей,
Который тоже не Орфей...

***

Я против критиков Совы:
Они по сути не правы.
Все мы, когда поём и пишем,
Внутри себя Орфея слышим.
И жаль, когда "Орфея" звуки
Несут не радость нам, а муки.

01.21.2018

Иронические стихи

Муза и Муз

Ах, эта Муза на кобыле...

Сегодня - там, а завтра - здесь.

Всегда в делах, от бега в мыле,

Пора б освоить Мерседес -

Куда как было бы сподручней,

И жизнь бы не казалась скучной.

А может вместо Музы - "Муз"?

Благословен любой союз!

Муз навещает поэтесс,

У них к нему свой интерес,

А Муза пристаёт к поэтам:

Подай мне то, нет, лучше - это!

У Муза стресса вовсе нет:

После объятий съест котлет,

Эмоций пушечный заряд

Отдаст бедняжке: сыт и рад.

Она же счастлива безмерно -

Вновь ждёт свиданья суеверно.

Совсем другое дело - Муза!

Здесь трудно избежать конфуза.

Всегда каприз: чего-то хочет,

Бедняге голову морочит.

Поэт уж взмок от вожделенья,

Приди ко мне, о вдохновенье!

И вот оно пришло, а Муза

Вся в вечных поисках экскьюза:

Прости, мой милый, в этот день

Меня замучила мигрень,

Болит ужасно голова -

Ты сам найдёшь любви слова!

23.11.2015

Сон Маргариты

Я бродила, я летала,
Оседлав свою метлу,
И безумно хохотала,
Из печи достав золу.
Вся покрытая золою
Золушкой мечтала стать –
Обернулась ведьмой злою,
Но меня вам не достать.
Где любовь? Мечта забыта,
Тает в дымке голубой.
Где ты, Мастер? Маргарита
Вновь оставлена тобой...
Буду я летать бесстрашно,
Пряча страсть и боль души.
После выпивки вчерашней
Сны ужасно хороши!
07.25.16

О рептилиях

Писать о змеях я не дюж,
Одно лишь исключенье - уж.
С ужами жизнь не так ужасна –
И, все мы верим, - безопасна.
Все знают: змеи знамениты
Тем. что смертельно ядовиты.
Но на верху зловещей славы –
Глотать готовые удавы.
Ведь тем удав и славится –
Проглотит - не подавится!

12.07.16

О Пифагоре и дедушке Егоре

Из-за леса, из-за гор

Вышел дедушка Егор.

И хоть он не Пифагор,

Треугольник всё же спёр,

По традиции Союза –

Всем нужна гипотенуза.

Раз уж жизнь совсем не катит,

Пригодится даже катет.

Взять квадрат гипотенузы

И намылить из Союза,

Плюс по катету на брата,

Возведя их все в квадраты.

Прав великий Пифагор:

Всех смышлёных – за бугор!

Избавляясь от испуга,

Мы прямой получим угол.

 Времени поветрие –

Польза Геометрии!

10.02.16

Любовь зла...

Ах козочка, ах козочка,
Пушистый мой дружок!
Душистая, как розочка,
Поскачем на лужок.

Но козочка ответила:
Отстань, тебя молю.
Несчастлива на свете я
И лишь козла люблю!

Такая вот история,
Такая пастораль,
Не просто аллегория,
А грустная мораль...

Зачем ты плачешь у окна?

Зачем ты плачешь у окна,

Грустишь о чём?

Сто тысяч лет живёшь одна

В мечте о нём.

А он, нечуткий, не идёт:

В науку влез.

И жизнь ему предъявит счёт,

Не кайф, а стресс.

Ему кричишь: притормози!

Но диск уж стёрт.

Вираж. Занос. И хлам грузи.

Попутал чёрт.

Он любопытства жертвой стал.

Впал в аутизм.

Был человек. Учёным стал.

Вот мазохизм!

Инфернальное...

Закружилась я в рапсодии,
Мне мешают псевдоподия
И рождают псевдостишия,
От которых прыгну с крыши я.
И от обморочной строчности
Я близка к пределу прочности.
Разорвусь в клочки на части я
Без сочувствия, участия.
Остаются многоточия
Так, для ясности, и прочее...
Звуков нет, одни согласные.
Меня душат вопли страстные,
Мысли прячутся сакральные
За молитвы инфернальные...

12.08.16

Поле чудес

Ели пили, что же боле?
Голова трещит от боли.
Пустота. В карманах дули.
Лучше умереть от пули,
Чем пускаться в эти дали...
Чувствуем: мозги украли.
Мы остались в чистом поле
Без мозгов - при алкоголе.
Печень... Жаль её до слёз.
В перспективе ждёт цирроз.
Ели, пили, трали-вали.
Все сквозь это проходили.
Отрезвеем мы? Едва ли!
Вот рассольчик на похмелье
Чтоб отпраздновать веселье...
В этом поле нету доли –
Не ходите в это поле...

Лесной промискуитет

Втрескалась берёза в ёлку,
Сев на ёлкины иголки.

Ёлке ж эта страсть не люба:
Снятся ей объятья дуба.

Дуб был молод и прекрасен,
Только дубу снился ясень.

Ясень тоже был влюблён,
Но его избранник – клён.

Клён известный был поэт,
Возглавлял лесной совет.

Не мечтал он ни о ком,
Лишь себя любил тайком:

Строен, мил, умён – нарцисс,
И смотрел он сверху вниз.

Вот у речки от кручины
Плачет бедная осина,

Льёт свои, бедняжка, слёзки
По изменщице – берёзке...

Лишь на круче одинокой
Неприступной и высокой

Гордая растёт сосна:
Ждёт, когда придёт весна.

Лес тогда закуролесит,

Но её сей факт не бесит:

Коль с ума сошли все виды,

Пусть в лесу живут гибриды!

Здесь, в лесу, морали нет:

Только промискуитет,

Или просто свальный грех –

Наслаждайся без помех!

Пресловутый треугольник

Здесь не пляшет: каждый школьник

Скажет: нужен полигон,

N углов и N сторон,

А, точнее, нужен граф.

Он, неточности поправ,

Суть опишет топологий

И хитросплетенье оргий,

Кто и с кем соединён,

И в какой он цикл включён ,

И кому он сим обязан.

Связан граф или не связан,

Всё равно, один ответ:

Это – промискуитет!

Песня Мальвины

Пьеро, Арлекин, Буратино!
Утешьте меня шутовством.
Я - бедная крошка-Мальвина,
И мне опостылел мой дом.
Хочу на траву, на лужайку,
К весенним цветочкам хочу,
Где скачут пушистые зайки –
Я с ними тогда поскачу.
Не нужен ни принц мне, ни рыцарь!
И я отвергаю дворец.
Хочу я росою умыться...
Напиться хочу, наконец!

Мне в жизни нужна перемена.

Поможет ли мне Арлекин?

А ты, Буратино, полено –

Поможешь? Иль брошу в камин!

А счастье казалось так близко,

Судьба расстилалась ковром...

И вот я одна - одалиска,

И хнычет в постели Пьеро.

05.04.2016

О "лайках" в Фейсбуке

Все мы очень любим "лайки" -
И скромняги, и зазнайки.
Всякий раз, как попрошайки,
Ждём признанья верный знак.
По Фейсбуку грустно бродим,
Ждём и часто не находим:
Ну куда же делись "лайки"? -
Жизнь пошла совсем не так!
Никому не скажешь громко,
Что у нас без "лайков" ломка -
Ты молчишь, и я молчу...
Чтоб уменьшить напряженье,
Нужно доктора нам мненье,
Потому без промедленья
Мы запишемся к врачу.

Доктор нам заглянет в ротик,

Наш пощупает животик,

Выпишет антибиотик.

Чтобы стресса снять накал,

Скажет ласковое слово,

MRI назначит снова,

И прикажет нам сурово:

"Сдайте кровь, мочу и кал!"

Мы ж готовы сдать всё тело,

Лишь бы сердце не болело:

Это, право же, не дело,

Чтоб без "лайков" сдох талант.

Всею силою науки

Остановим наши муки

И объявим мы в Фейсбуке:

"Лайки" - антидепрессант!

20.11.2015

Шути, мой шут!

Шути, мой шут! И будь таков,
Весь мир тебе под стать.
Румянец - признак простаков,
Не пробуй умным стать!
Ведь начитавшись умных книг,
Ты бледность обретёшь.
Тоска от мудрости, и в них
Ты лишь печаль найдёшь.
Будь свеж и пышен, как бисквит.
Хвала тебе и честь!
Ты возбуждаешь аппетит...
Но бойся – могут съесть!

07.26.16

Мне нужно время для оценки...

Ах, буйство красок, буйство жизни –
Калифорнийский фейерверк.
Но нем и мрачен, как на тризне,
Я грустно акварель отверг.
Смотрю растерянно-печально,
Тебе мне нечем возразить.
Хочу я образом наскальным
Другой пейзаж изобразить:
В пещере ты. Я на охоте –
Летит копьё – а зверь не ждёт-
И в баллистическом полёте
Возможно в цель не попадёт.
Коль попадёт, так будем живы.
Мильоны лет накопят стаж,
Тогда я красок переливы
Пойму и оценю пейзаж.
Пока в пещере я, у стенки –
Мне нужно время для оценки...

07.02.16

Жили-были...

Жили-были старик со старухой.
Был старик от горилки под мухой,
А старуха на жизнь не роптала
И борщом старика угощала.
Сколько счастья на этой картинке –
Как галушек в сметане из кринки!
И любовь, и достаток, и нежность –
Всё с Майданом ушло в незалежність...

Говорим по русски "скушно"

Говорим по-русски: "скушно".
Нам от "скучно" просто душно,
И когда вокруг всё точно,
То становится нам тошно...
Есть ошибки "понарочку",
Для редактора - в рассрочку.
Ну а если "понарошку" -
Приготовь из них окрошку:
"Ч" и "Ш" перемежаются,
Хоть нечасто так случается.
Вот тогда уж наш редактор
Оседлает мощный трактор,
Пустит гусеницы в ход
"Ш" злорадно разотрёт:
Умирай народ тряпичный,
Будет здесь завод кирпичный,
Вы живете очень кучно
И поэтому вам скучно!

19.11.2015

О любви членистоногих

Апофеоз любовных мук –

Всё ж паучиха и паук:

Оргазм милашку содрогает

Когда любовника съедает..

Трагичность сей любви не впрок-

Над пауком извечный рок,

Фатальных не предвидя мук,

Мечтает о любви паук.

Таков жестокий сей закон.

Ему подвластен скорпион,

И ряд других существ убогих-

Но, в основном, членистоногих.

Так, написав любви некролог,

Решил загадку энтомолог:

Разряд любовных ласк бодрит,

У самки страшный аппетит,

И на любви поставив крест,

Она с восторгом мужа ест!

Мораль проста и постижима,
Она и к людям приложима.
Учти, себя ввергая в страсть,
Любви трагическую власть:
Ведь путь её нам всем не ведом.
Люби, но бойся стать обедом!

06.29.2016

О том, что любят дамы

Однажды я прекрасной даме

Читал о мужестве сонет.

И дама мне сказала прямо:

Банально - куража в нём нет.

Ей- богу, я помру от скуки!

Герой твой вежлив и не пьёт,

Всегда в смущении прячет руки,

Когда пустить их надо в ход.

Его объятья мне не сладки -

Меня волнуют недостатки,
Которые в мужчине скрыты:
Задор воришки и джигита.

Насильники, убийцы, воры,
Перверты всяческих мастей
Сулят нам приключений горы
И взрыв невиданных страстей.

Адреналин и феромоны!

Как мотыльки на адский свет,

Летят к ним женщины влюблённо,

И ничего прекрасней нет!

03.14.17

Грустная эротика

Post coitum omne animal triste est.

Ах, эротика, эротика -

Нет приятнее наркотика.

И успеть бы насладиться

Раз уж в лес по ягодицы...

А в повторах много скорби:

Жизнь течёт сквозь дырки в торбе.

В пароксизмах наслаждения –

Смерть таланта, гибель гения.

Ой, щедра ты, мать-природа

С репродукцией народа

И добра к эротоманам,

Что воруют сласть обманом..

Эротические сцены

Кодом встроила ты в гены,

И ведь в этом нет открытия:

Грустен зверь после соития...

В грусти нет большого бедствия:

"После" ведь не значит "вследствие".

05.23.16

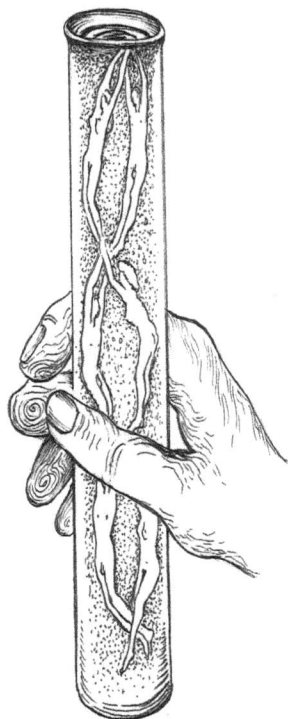

В плену у déjà vu

Не входя в чрезмерный раж,
Утверждаю: жизнь – коллаж.
То ль во сне, то ль наяву
Мы в плену у déjà vu .

Если новый персонаж
Ввергнет нас в ажиотаж
Поначалу, то уныло
Скажем мы потом: всё было!

Было всё. Какая жалость!
Может то – души усталость.
Неспособность различать
Возвращает чувства вспять.

К сочетанью новых черт
Каждый дока и эксперт
Извлечёт из подсознанья
Алгоритм распознаванья.

Применив, он даст ответ:
Déjà vu! Сомнений нет.
Где же ты, неповторимость?
Времени необратимость?

Нет в сюжетах перемены.
Все мы - кони на арене.
Даже в цирковом кульбите
Остаёмся на орбите.

Так куда нас привела
Энтропийная стрела?
В прошлое попасть обратно
Наяву - невероятно.

А во сне проблемы нет,
Хоть сейчас бери билет
До начала мирозданья -
Всё в подвалах подсознанья!

02.22.17

В душе моей не слышно од...

В душе моей не слышно од,
А в голове сюжетов нет.
Мне снятся толпы козьих морд –
Какой из этого сюжет?

Вот на плите обед скворчит.
Мне есть не хочется совсем.
Жена под нос себе ворчит,
А поругаться – нет уж тем.

Холодный дождик за окном,
Но в небе видится просвет,
И пишутся стихи о том,
О чём все пишут сотни лет.

О тщетной грусти бытия,
О том, что вспыхнет солнца луч,
Когда устанем, ты и я,
От повседневных серых туч.

01.21.17

Пародии и Подражания

Ни стыда, ни угрызенья

Ни стыда, ни состраданья,

Кудри в мелких завитках,

Стан, волнующийся гибко,

И на чувственных губах

Сладострастная улыбка.

Николай Некрасов.

Ни стыда, ни угрызенья,
Совесть женская молчит.
Что ж мне делать с вожделеньем
От девических ланит?

Кудри вьются. Ноет тело.
Стан, как юркая юла...
Если б только захотела,
Пожалела, снизошла...

Не снисходит, не жалеет-
В женской совести изъян.
Только зря улыбка млеет,
Зря волнует гибкий стан!

Сжалься надо мной немного
И не будь так холодна:
Жизнь без ласки так убога –
В этом всём твоя вина!

Старик гуляет одинокий...

Белеет парус одинокой
В тумане моря голубом!..
Что ищет он в стране далёкой?
Что кинул он в краю родном?..
М.Ю. Лермонтов, Парус.

Старик гуляет одинокий

В снегах, в сиянье голубом.

Что ищет он в глуши далёкой,

Зачем покинул тёплый дом?

Мороз крепчает, вьюга свищет

Отмёрзли уши, красен нос.

Что ж он в лесу, бедняга, ищет,

Кой чёрт сюда его принёс?

Сидел бы на печи, балдея,

И с пирогом чаи гонял.

Да вот старуха стужи злее,

И от неё он в лес сбежал.

Его совсем сковала нега,

Он ног не чует под собой,

И всё, мятежный, просит снега,

Как будто в снеге есть покой!

По мотивам русской поэзии...

Мне чудилось, вы заболели мной.
Казалось мне, что заболел я вами,
И что чудесный этот шар земной
Поплыл, кружась под нашими ногами.

Мне виделись прекрасные черты
И помнилось мне чудное мгновенье,
Явились вы как гений красоты,
А я стоял, застыв как привиденье.

Казалось мне, я в этот мир рождён
Пророком быть, ступая на подмостки.
И люди шли, глазеть со всех сторон,
Какой болван стоит на перекрёстке.

Мечталось мне ту истину найти,
Что осчастливит всех без исключенья.
Да, жизнь прожить – не поле перейти -
Большой заплыв, и всё против теченья.

Кого, скажите, мне благодарить
За счастье плыть по речке этой длинной,
И песни петь и радостно скулить,
Пока мне рот мой не забили глиной?

11.23.16

Навет на Завет Поэта

(пародия не перевод стихотворения Р. Киплинга))

Пусть час не пробил, жди не уставая,

Пусть лгут лжецы - не снисходи до них.

Умей прощать и не кажись, прощая,

Великодушней и умней других...

Умей принудить нервы, сердце, тело

Тебе служить, когда в твоей груди

Уже всё пусто, всё сгорело,

И только воля говорит: иди.

"IF" by Rudyard Kipling

Куда идти? Стоишь на пепелище
Великодушный, волевой, пустой.
Богатый волей, только духом нищий,
Наморщив лоб над мыслью непростой.

Зачем же ждать, коль ясно: час не пробил,
Зачем же отбиваться от лжецов?
И почему ты сам их не угробил,
Тех невеликодушных молодцов?

Ах, жалко нервы, сердце, печень, тело...
Хоть плачь, хоть вой, кричи ку-ка-ре-ку!
И голова болит - ей надоело
Принадлежать такому чудаку.

Москва, 1989

По мотивам Саши Чёрного

На блюдце киснет одинокий рыжик,
Но водка выпита до капельки вчера.
Дочурка под кроватью ставит кошке клизму,
В наплыве счастья полуоткрывши рот,
И кошка, мрачному предавшись пессимизму,
Трагичным голосом взволнованно орёт.
                          Саша Чёрный.

Саша Чёрный, Саша Чёрный -

Эпатажа образец.

Озорной и беспризорный,

Где начало - там конец.

Белошвейка...Керосиновой

Лампы красноватый свет.

Кто кого там изнасиловал -

Потерялся мрачный след.

Лишь один рояль измученный

Среди комнаты стоит.

Клизма кошкой замяученной

Укоризненно глядит.

Водки нет, закуска съедена.

Одинокий таракан

Лишь глядит послеобеденно

В замусоленный стакан...

Был на Иматре. Так надо.

Где-то есть там водопад.

Что за толк от водопада?

Он, озлясь, пошёл назад.

Налегке пошёл, лесочком.

И устал - ни трезв, ни пьян.

Вот бы водочки с грибочком

В замусоленный стакан...

Мальвина на баррикадах

В руках революции знамя
И грудь нараспашку – не трожь!
И кто не поёт – тот не с нами,
Но с нами мальчишка Гаврош.

Сметая любые преграды,
Свободе клянясь на крови,
Мы строим свои баррикады
Меж рабством и царством любви.

Героика этой картины
Вам вывернет, братцы нутро:
Шагает с ружьём Буратино,
За ним – Арлекин и Пьеро.

Со знаменем наша Мальвина –
В постель ты её не зови –
И если не трус, а мужчина,
То с песнею в бой: c'est la vie!

Наши нежные ушки...

Наши нежные ушки
Знают всё понаслышке,
Мы милашки и душки,
Мы – не то, что мальчишки.
Мы слова подбираем
Как мэйкап для мордашки.
И от слов замираем,
А по коже мурашки.
В этом мире ужасном,
Средь казарменных шуток,
Мы милы и прекрасны,
Мир же груб и не чуток.
Он привык осязать...
Но откажетесь слушать,
Можем так заорать,
Что закроете уши!

И что мне в имени твоём...

Я при Оле – козёл на приколе,
А со Светой мешает мне свет.
Помню, с Фирой расстался в ОВИРе:
Ей – в Израиль, а мне – в Новый Свет.
Помню, жутко намаявшись с Маей,
Я на Жене жениться решил.
Но в день свадьбы, судьбе изменяя,
К Дусе с Люсей сбежать поспешил.
Меня Маня нисколько не манит –
Сил не трать и меня не зови.
Нету Мани, и пусто в кармане.
Нету Веры, Надежды, Любви.
Так живу, пустоту созерцая,
И по жизни угрюмо бреду.
Где же рай, что обещан мне Раей?
Знать судьба, быть мне с Адой в аду.
И мечтать я не смею о Кате.
Знаю: катится жизнь под уклон.
Снятся сны мне о юной простате,
Утомлённой потоком имён.

У рояля сидела ...

У рояля сидела
Под окном у ворот
И в окошко глядела:
Он придёт – не придёт.

Только пёсик твой верный
Грустно хвост свой поджал,
В настроении скверном
Под рояль убежал.

Ты сказала со вздохом:
Знать напрасно мы ждём.
А ведь вовсе неплохо
Нам с тобою вдвоём.

Ну а коль не увижу
Или не разгляжу,
Я тебя не обижу:
На цепь не посажу.

Слушать музыку станешь
В свете тихого дня,
И в глаза мне заглянешь,
Обожая меня.

Твою душу собачью
Без труда я пойму
И от чувства заплачу
И в ответ обниму.

Пусть цветёт у окошка
Тот миндалевый цвет
Всё ж ты лучше, чем кошка –
Друга преданней нет!

Об антабусе и поэзии

Коль от водки тебя уж рвёт,
Изо рта перегаром прёт,
Не клянись никому в любви –
Вытрезвитель зови!

Там в холодный запустят душ
Среди родственно-близких душ.
Пусть антабус в тебя вошьют –
Далеко не пошлют.

Ты поэт – это видно всем.
В поллитровках – избыток тем.
Лишь бы печень снесла удар,
Сохранив твой дар!

И, войдя в компромисс с тоской,
Ты дрожащей нальёшь рукой,
Выпьешь с нами за упокой –
Все поймут, кто такой!

02.18.17

Стихи на тему «СЛОВА»
(пояснение к теме)

Стихи похожи на привычную игру:

С набором слов рифмуйте милую муру.

И в простоте, свой языковый спрятав дар,

Включите: квас, луна, девица и гусар.

А чтобы антураж не подкачал,

Пусть будут в нём амбар и сеновал.

Тогда легко составится сюжет:

Гусар весь выпил квас, а кайфа нет.

На сеновале грустная одна

Лежит девица, и полна луна.

Расквашенный гусар уныл и пуст:

Не наполняет квас приливом чувств.

Он крутит ус и, проклиная сбой,

Мечтает о таблетке голубой.

И помнится мне: сам я там бывал.

Луна, амбар, девица, сеновал...

И было всё: не помешал мне квас,

Чем и хочу порадовать я вас.

Задачка на «слова» мной решена -

А помогла мне полная луна.

Еврейские мотивы

Я верю в еврейское счастье!

Я верю в еврейское счастье!
Я верю без шуток, всерьёз:
Сквозь все испытанья, напасти
Пройдём и восстанем без слёз.

Собраться у главной мечети
Всем праведным дан будет срок.
И вы соберётесь, как дети,
Пред вами предстанет Пророк.

В песках Аравийской пустыни
Услышит он Б-га совет:
Столица ислама в Медине
И в Мекке - святее их нет.

Забудьте захватов интриги,
Ведь Б-га завет неделим.
Народу известной вам Книги
Завещан был Иерусалим.

"Эль Кудс" не найдёте в Коране.
Оставьте абсурдность идей,
Что ваши враги – христиане,
И главный ваш враг- иудей.

Потомки мы все Авраама
И нам завещал праотец:
В преддверии Божьего Храма
Не резать людей как овец.

Враги ваши – зависть, интриги.
Невежество – главный порок.
Читайте священные книги,
Как вам завещал ваш Пророк.

Я каплю священного масла
Свечам ханукальным отдам.
То масло веками не гасло,
И вновь осветится наш Храм!

Декабрь, 2017

Я написал это стихотворение по поводу не только физического, но и культурного геноцида, которому подвергся целый этнос - европейское еврейство (в основном ашкенази) в XX веке. Результатом фашизма и сталинских преследований еврейского культурного наследия и стало почти полное исчезновение языка Идиш, а также связанных с ним литературы, театра, музыки и т.д. К сожалению, этот аспект Холокоста и сталинизма остался незамеченным "гуманистами" Европы и Америки.

Об Идише и еврейских именах

Исчез навеки Идиш
И нет былых имён.
Народ сей, как подкидыш,
По миру распылён.

Тысячелетний странник,
Банкир, пророк, купец,
Чужих миров посланник -
Сионский наш мудрец.

В Руси жидом зовётся,
В Америке он kike.
И сколько он ни бьётся,
Всё ж не получит like.

Несносная привычка -
Совать повсюду нос.
В любой дыре затычка,
Он жив - и с ним вопрос.

Причудливым искусом
Наш выбор наделён:
Йешуа стал Иисусом,
Йоханан – тот же Джон.

Хоть назови Иваном,
И каждый будет рад,
И пропоёт "Осанна",
Забыв про плагиат.

Исчез навеки Идиш,
И возрождён Иврит,
Но в нём ты не увидишь
Местечек старых быт

Но вот скрипач на крыше
На фрейлехс позовёт,
И вновь Шагал напишет
Влюблённых пар полёт.

11.18.17

Баллада о Богатыре Изе

Пейсы под ермолкой вьются,
Ослик мчит через пустырь,
Все народы к краю жмутся,
Скачет Изя, богатырь!

В упоении галопа
Он забыл гешефт и страх.
Плачет по нему Европа,
И в России дело - швах.

Никуда теперь без Изи,
Бог его благословил,
И в отеческом капризе
Средь народов распылил.

А народы диковаты,
Божий смысл им невдомёк,
Бьют его, и виноватый,
Изя учит свой урок.

С толстым томиком под мышкой,
Называемым Талмуд,
Мудрость Изя ищет в книжке -
Книжки никогда не врут!

Пусть любой его гонитель
Знает, тыщи лет подряд,
Изя ждёт - придёт Спаситель,
Долгожданный старший брат,

Называемый Мессия,
И тогда, держись Иран:
Не помогут ни Россия,
Ни Аль Кайда, ни Коран!

Что ж, скачи, и плачь, и смейся,
Здравый смысл с мольбой мешай.
На Мессию ты надейся,
Да и сам-то не плошай!

06.18.08

Евреи — ничто иное, как невежественный, презираемый и варварский народ, который издревле соединяет грязнейшее корыстолюбие с отвратительнейшим суеверием и непреодолимейшей ненавистью ко всем народам, среди которых они терпимы и за счёт которых они обогащаются. Они самый злобный и самый скандальный из малых народов. Маленькая еврейская нация смеет показывать непримиримую ненависть к собственности других народов; они пресмыкаются, когда их постигает неудача, и высокомерничают при процветании дел.

ЖАН ФРАНСУА ВОЛЬТЕР /1694-1778/ французский писатель,

мыслитель, Философ-просветитель

Стихи мальчика из галута

Нет, я не здешний. Под южной звездой

Жил моих предков народ молодой.

Где же, народ мой, твоя колыбель?

Славен ты был среди многих земель,

Горд красотой своих дочерей,

Мудростью старцев, здоровьем детей,

Всюду известен богатством своим.

Где твоя слава?- развеялась в дым

Где твоя гордость? - Рассыпалась в прах.

Радость? - Растаяла в горьких слезах...

Кто твоих песен весёлый мотив

Плачем назвал, скорбью их напоив?

Царь твой небесный наметил тот путь,

Ловко позволив тебя обмануть.

Греков, развратных язычников рать,

Книгу твою вдохновил переврать.

Мигом смекнул переводчиков сброд

Как оболгать ненавистный народ.

Где ж твой Мессия? Не тот ли, с креста

Снятый с божественной славой Христа?

Был тот Йешуа еврейских кровей.
Знай, Иудея, своих сыновей.
Пророк и мечтатель учил, врачевал,
Хитрость и жадность в речах бичевал,
И умолчал о мандате Отца
Вплоть до ужасного жизни конца.
Послана Риму Пилата печать:
В пасху бродягу-мессию распять.
Властью имперской Веспасиан
Тита направил. Урок будет дан
Всем иудеям: разрушить их храм!
Кто же тут проклят? Кому отвечать? –
Прячущим христоубийства печать.
Мир лицемерный признать не готов
Шесть миллионов распятых Христов!
Тысячи лет мы ведём счёт годам,
Но и сожжённый не падает храм.
Древний народ иудейский всё жив,
Книгой народы вокруг распалив.
Где твоя тайна, в какой глубине? –
Пусть мне приснится в пророческом сне.
Мертвого моря тугая волна
Тайны все скрыла в извилинах дна...
Стёрты легенды. Чёрный гранит
С тенью моих праотцов говорит.
Но и сейчас, через бездну веков,
Слышится плач мне без звуков и слов.
Плачь, Иудея, прощальной слезой.
Вот он я, сын, позабытый тобой.

1961 - 2012

Зачем жалеть евреев?

Современным либералам посвящается
В Международный День Памяти
Жертв Холокоста.

Зачем жалеть евреев?
Вопрос наивно прост.
Они назло сумели
Устроить Холокост.

К расстрельным рвам готовясь,
Они ведь неспроста
Украли нашу совесть
Став жертвой за Христа.

Вот ведь народ упрямый,
Коварный, хитрый, злой!
Ложились дружно в ямы
Рядком, за слоем слой.

И принимали в душе
Приятный газ циклон,
Когда играл им в уши
Прощальный Мендельсон.

И беженцы топили
У Хайфы корабли –
Британцы их любили
И сгинуть помогли.

Ах до чего ж упрямый,
Заносчивый народ -
Кораблик самозванный
По имени "Исход".

И даже в Новом Свете
Закрыт беднягам вход.
Пусть погибают дети-
Вернули теплоход.

Забыта Лига Наций,
Лорд Бальфур погребён.
Текст новых Деклараций
Диктует нам ООН.

Есть у Европы совесть?
А в целом мире есть?
Живём мы, беспокоясь,
Как сохранить нам честь.

В либерализме рьяном
Грехи хотим отмыть
Откроем мусульманам
Все двери, так и быть.

Ей-богу, мы не звери,
Евреи здесь не в счёт.
Христос нам всем поверит,
Простит нас и спасёт!

02.04.17

Апостол Иуда

Красавец и прелюбодей,
С кривой улыбкой вороватой,
Сребролюбивый иудей,
Сошедший с Геббельса плакатов.
Таков Иуда, ученик.
Средь всех отмеченный. Привык
Стоять в тени, не выделяясь
И, каждым словом вдохновляясь,
Внимать Учителя язык.

Йешуа, знаньем осенённый
Обманут не был. Озарённый
Умением читать сердца,
Он воле следовал Отца.
Кто может Бога обмануть?
Его всевидящее око
Сидит в душе у нас глубоко
И наставляет нас на путь.

Он сделал выбор без ошибки.
Обняв Иуду, прошептал,
Сказав серьёзно, без улыбки:
Пора, мой друг. Твой час настал.
Лишь ты один понять способен
Ученья суть. И потому
Собой пожертвуй. Мне подобен,
Доверься сердцу, не уму.

Сакральный план предельно прост:
Ты должен донести в гестапо
Что я, Йешуа, враг сатрапа,
Который изверг и прохвост.

Давая знак шпикам средь люда,
Как будто бы в приливе чувств,
Меня отметишь, ты, Иуда,
Твой поцелуй коснётся уст.

Тебя одарят серебром.
И ты за стук свой примешь плату,
От гауляйтера Пилата.
Но мы с тобою не умрём.
Ты будешь проклят на века
На сто грядущих поколений.
Они пройдут сквозь ад мучений
И плата эта велика.

Но знает Бог. Он правду знает.
И замысел Его не прост.
Иуды жертву принимает:
Тысячелетний Холокост.
Отмечен будешь ты судьбою.
По истечению времён
Ты сядешь царствовать со мною,
И мы с тобой поделим трон.

Заплакал праведный Иуда:
-Я не могу тебя предать...
-Ты должен, друг. Свершится чудо.
Спасёт нас Божья благодать
Ушёл он. Так велел Учитель.
Не станет мир о нём рыдать.
Но даровал ему Спаситель
Благословения печать.

07.23.2017

ПЕРЕВОДЫ

Псалом жизни

(перевод)

"A Psalm of Life"

by Henry Wadsworth Longfellow

(Что сердце молодого человека
поведало псалмопевцу)

Не докажешь в скорбном счёте
Лет, что жизнь – лишь шутка, дым.
Если спит душа, в дремоте,
Мир ей кажется пустым.

Жизнь – не сон! Её движенье
Побеждает смерти страх,
Отрицая откровенье:
«Прахом был – вернёшься в прах».

Ни печаль, ни наслажденье
В суете мирских утех,
Наш удел - вперёд движенье
С верой в завтрашний успех.

Жизнь кратка, искусство вечно.
Наши пылкие сердца
Отбивают безупречно
Ритм, с рожденья до конца.

Отдых ли, работы бремя,
Ты, с судьбой вступая в спор,
Жить спеши, покуда время
Свой исполнит приговор.

Завтра – лишь мираж манящий.
Прошлых дней не воскресив,
Действуй ныне – в настоящем,
В помощь Бог, покуда жив.

Судьбы гениев живущим
В назиданье. Их завет:
В битве с временем грядущим,
Уходя, оставь свой след.

И, быть может, в час тревоги
Путник, сбившийся с пути,
Отыскав твой след в дороге,
Сможет до конца дойти.

Не надеясь на удачу,
Повернув к судьбе сердца,
Будем жить, борясь, не плача.
Жить и верить до конца!

1960 - 2017

СОН

A Dream

by Edgar Allan Poe

Настала ночь, и счастья нет.
Растаяла мечта.
Вот снова утро, жизнь и свет.
Но в сердце пустота.

Ах, недоступна нипочём
Мечта, коль скован взгляд
Одним магическим лучом
Что вас влечёт назад.

Святой мечты волшебный луч
Через враждебный мир
Ведёт меня средь мрачных туч,
И он мой поводырь.

Он светит в бурю, светит в ночь,
Сверкает мне вослед.
Что лучше сможет мне помочь,
Чем Правды яркий свет?

04.08.2017

Баснописцы

(по мотивам стихотворения
Р. Киплинга "The Fabulists", 1914 - 1918)

Толпа, все знают, с Правдой не дружна.

Эзоп особый сотворил язык,

Чтоб всё сказать, упрятав имена,

И мир к иносказанию привык.

Мы тонко шутим, чтоб никто вокруг

Догадками наш не тревожил слух.

Когда старается отчаянная Чушь

Запутать в хаос мира круговерть,

И, Лень, сковав Свободу наших душ,

Нас свяжет Страхом, приготовив Смерть,

Мы даже в этот наш последний час

Молчим, чтоб слух не потревожил нас.

Нас угнетает прихотью нужда,

Где прихоть, где нужда – нам невдомёк.

Мы платим дань, не смея подождать

Когда все радости свой соберут оброк.

И подсчитав побед – потерь итог,

Скрываем боль, затаивая вздох.

Мы на губах храним замка печать

И рабски следуем движениям узды,

Забыв о благе, что могли нам дать

Судьба и возраст, не взымая мзды.

И, боль гася в привычной суете,

Не слышим о несбывшейся мечте.

Что слышит человек в стрельбе сквозь пушек рёв?

И что он сохранит, запомнив каждый миг,

Когда вся жизнь его потоком быстрых снов

Мелькнёт в последний раз в глазах уж неживых?

Мы жили, чтоб упасть. Упали, чтоб пропасть.

И промолчит наш дух, чтоб не тревожить слух.

05.05.17

Когда мне за шестьдесят...

"When you're 64"

by <u>Paul Mccartney</u>, <u>John Lennon</u>

Когда я состарюсь с течением лет
И лысина станет видна,
Пришлёшь ли мне в День Валентина привет
И в мой день рожденья вина?

А коль притащусь я за полночь домой,
Надеясь, что всё мне простят,
Простишь ли тогда ты меня, ангел мой,.
В мои с небольшим шестьдесят?

Ты тоже состаришься... Как ни тужи,
Морщинки отметят года,
Тебя не оставлю, лишь слово скажи,
Останусь с тобой навсегда.

Погаснет ли свет – знаю толк я в щитках,
И лампочка вспыхнет опять,
И ты у камина с вязаньем в руках,
Успеешь мне свитер связать.

В заботах по дому, сажая цветы,
Содержишь ты дом свой, и сад...
И всё ж, обо мне не забудешь ли ты,
Когда мне за шестьдесят?

И каждое лето на острове том,
Что зовётся, кажется, Уайт,
Мы будем рыбачить, И наполнится дом
Смехом наших внучат.

Пришли мне открытку с парою строк,
Идею свою мне открой,
Без тебя пропадаю, совсем одинок,
Как обычно, искренне твой...

Ответь по всей форме и я буду рад,
Коль правду не станешь скрывать,
Что ты меня любишь, и вновь приголубишь,
Когда мне за шестьдесят.

11.20.2015

Мужская сила

The Strength of a Man
(by Jacqueline Marie Griffiths)

Чем вас мужчина впечатлит:
размахом рук и мощью плеч,
Иль тем, как ими окружит
он вас, чтоб от беды сберечь?
Что привлечёт в мужчине вас:
высокий голос, низкий бас?
Иль всё забудете, едва
услышав нежные слова?
Всмотритесь лучше: кто же он?
Всегда друзьями окружён.
Но будет ли в толпе гостей
он лучшим другом для детей?
На службе он слывёт героем.
В его семье все ходят строем,
Хоть нежность любящей руки
Куда важней, чем кулаки.
И мужества, поверьте, суть
Не в том сколь волосата грудь,
А много ль сердца в той груди,
Для дней, что ждут вас впереди.
Не тот мужчина, кто свой пыл
На сотню женщин разделил,
А тот, кто счастлив был вполне
Отдав свою любовь жене.
И ведь не в том мужская стать,
Как много груза смог поднять,
А в том, как он весь груз забот
По целой жизни пронесёт.

My bonny lies over the ocean

Шотландская народная песня

Мой милый далёко-далёко,
За синью безбрежных морей.
Не будь же, судьба, так жестока,
Верни мне его поскорей.
В моей одинокой постели
Любимого образ не стёрт,
Хотя эти злые метели
Поют, что давно уж он мёртв.
О ветры, что дули и выли,
Там где-то в далёкой стране
Пройдя бесконечные мили,
Найдите вы милого мне!
Живёт он, не ведая даже,
Как долго о встрече молю.
И пусть ему ветер расскажет,
Как жду я его и люблю.
Послушались добрые ветры,
Прошлись по чужой стороне,
Пройдя эти все километры,
Вернули любимого мне!

05.09.15

" Датские" стихи (Стихи к датам)

Ане в день рожденья, 2014

Я по сусекам подметал
И в этом рвении
Для рифмы верный слог искал
И вдохновение.

Но муза-бестия назло
Куда-то делась...
Мне почему-то не везло,
Совсем не пелось.

Пожалуйста, не принимай
Ты к сердцу близко,
Ласкай меня и обнимай,
Как одалиска.

Одна любимая жена
В моем гареме,
Ты мне навек судьбой дана,
А не на время.

Когда я болью боль душил,
Стоя у кромки,
Ты осветила мрак души,
Её потёмки.

И с этих пор я отмечал
Твой день рожденья
Как день начала всех начал
И вдохновенья.

Ане в День Рожденья, 2015

Сегодня я пою легко

Все рифмы рядом.

Твой день - особенный такой,

Он мне в награду.

Стучат часы, мой милый друг,

Считают время...

Но мы не опускаем рук

И держим стремя.

Сквозь жизнь несётся экипаж

Не спит возница

Не входят кони в пьяный раж,

Но нам не спится...

Любовь нам дарит этот шанс

И наудачу

Выкладывает свой пасьянс,

И мы не плачем.

Устали кони, и вокруг

Погасли лица.

Не слышен прежний звон подпруг

У колесницы.

Но мы летим, рука в руке,

Чтоб там ни пели.

Звезда нам светит вдалеке -

В конце туннеля.

И отмечать я не устал

Твой День Рожденья

Как день начала всех начал

И вдохновенья.

Ане в День её Рождения, 2016

Пишу я, милый мой дружок,
Признанье: ты моя отрада!
А День Рожденья – лишь предлог,
Хотя предлога мне не надо.

Будь счастлива. Ведь мы живём
Счастливой памятью, стихами
И сказками – их целый том.
Даст Бог, опубликуем сами.

Ты в День Рожденья мне позволь
Воспоминаньем поделиться.
Надеюсь, ты не станешь злиться –
Ведь память причиняет боль.

На Royal Crown был наш дом
С фонтаном маленьким и садом.
Мы наслаждались жизнью в нём,
А нам ведь большего не надо.

Под сенью пальмовых ресниц
Пылали розы за оградой.
Клевали клювы райских птиц.
Был рай – и лучшего не надо.

Мы с Эмкой бегали трусцой
Туманным утром вкруг фонтана.
А ты, едва умыв лицо,
Цветы рассаживала рьяно.

Друзья ходили к нам толпой.
Наш холл служил для них эстрадой.
Шли люди, как на водопой –
Другого счастья нам не надо.

Четыре года – целый век.
Беседка в тишине бэкъярда...
Прощай наш дом, прощай навек,
И с ним – ландшафт Rancho Bernardo.

Ты помнишь предотъездный раж?
Как пирамида вырастает
Коробок. Весь забит гараж.
А дом нас всё не отпускает.

Вот шлют нам венчики цветов
Салют прощальный из бэкъярда.
Прощай наш дом, и будь таков,
И ты – ландшафт Rancho Bernardo.

Мы пережили переезд
И страх кочевника-мигранта.
Теперь у нас другой подъезд,
Ландшафт с названьем Tierra Santa.

Святая вроде бы земля.
Вот складки гор, а в них – прохлада.
Балкон, как мостик корабля.
А нам другого и не надо.

Будь счастлива, мой друг, всегда.
Здоровье, радость – вот награда.
Пусть вместе сложатся года –
Другого нам с тобой не надо!

Август 13, 2016.

Many Happy Returns, Элла!

Елле Ромм

Ну что такое юбилей?

Ты стала старше и мудрей.

И за тобой эскорт пажей,

Друзей, вздыхателей, мужей,

И свита преданных подруг,

Привычный и приятный круг,

Готовых мудро замечать,

Что дата – дважды двадцать пять.

Крепись. Пройдёт и юбилей,

Вина игристого налей

И знай – простятся все грехи

За твои чудные стихи!

Хочу напомнить я опять,

Что раньше довелось писать

Тому уж год, а может два,

В твой День Рождения слова:

Вот сердца трепетного струны,

Стихов волшебный звукоряд,

Где чувства так свежи и юны.

Твой дар – ценнее всех наград.

Что пожелать? – Не блекнут чары,

Весь мир в стихи твои влюблён.

Волшебный звук твоей гитары

Звучит для нас как камертон.

Ну что такое юбилей?

Вина налей, и пой, и пей!

12.19.16

Ане Полонской в День Рождения

Как вы, друзья, нырнув в античность,
В страну тимпанов и кифар,
Живёте? Есть ли необычность
В том, что Земля – не диск а шар?

Вот вы полмира облетели
И в том для вас проблемы нет,
Раз вы вернуться захотели
Из Нового в тот Старый Свет.

А мы остались в Новом Свете,
Порой сомнения полны.
Хоть шар – не диск, и знают дети:
В нём нет обратной стороны.

И тесен мир, и на экране
Мы рядом все – рукой подать,
Но остаётся нам в обмане
Вас виртуально обнимать.

И Анечке мы в День Рожденья
Шлём поцелуй и наш привет,
В душе желая возвращенья
Обратно с Витей в Новый Свет.

11.27.16

С Новым Годом, Литклуб!

Год прошедший был нам люб
Тем уж, что под Роммов крышей
Был зачат успешно Клуб,
Был открыт и был услышан.
Поэтической чете -
Наши пламенные оды!
К финишной придя черте,
 В прошлое уходят годы.
Новый год спешит на старт,
Вот уже готов к забегу.
Распирает грудь азарт
 Мчать по временному снегу.
Мы не ведаем, что ждёт,
 И куда упряжка скачет,
И встречаем Новый Год
С верой в счастье и удачу.
Правда, выбора здесь нет,
Но и оптимизм - не мало.
Выпьем, други, за дует,
За новеллу и сонет
Сдвинув полные бокалы!

2015-2016

Сэму Белкину, радиоинженеру, в День Шестидесятилетия, 10.24.08

Настроив фильтр узкополосный,
Ты отфильтруешь грусть-печаль.
Хоть год, и вправду, високосный,
Ты смотришь вглубь и видишь вдаль.

Тебя судьба не обсчитала:
Талант, душа, и острый ум,
Жена, и дочь, и внук - немало,
А остальное - белый шум!

Как бы Фортуна ни шалила,
Ты не играешь наобум.
Расчёт, анализ - в этом сила,
А остальное - белый шум.

А коль нехватка эндорфина,
И грудь теснит от разных дум,
Тебе жена дана - Марина,
С ней остальное - белый шум.

Я сам был в тоге юбиляра,
Свой лучший нарядив костюм.
Как "с Новым годом!" -"с лёгким паром".
"С седьмым десятком!"- белый шум...

Но ты, Семён, моряк бывалый.
Когда штормит, не лезешь в трюм.
И различаешь, где сигналы,
А где всего лишь белый шум.

Так веселись, и пей, и смейся,
Забыв про круглость дат и сум.
На Mazl Tov, мой друг, надейся,
А остальное - белый шум!

Феликсу Узилевскому
в Юбилейный День Рождения

Мы все пространства одолеем

И перепутья всех дорог,

Не предвкушая юбилеев

И не жалея наших ног.

Не жмут походные ботинки,

Рюкзак навьюченный подстать,

Чтобы "Былинки и пылинки"

Удобно было собирать.

Судьбы приливы и отливы

Наш грозный помечали век.

Но Феликс – значит, быть счастливым,

Рождён для счастья человек!

И с этой справиться задачей

Увы – не каждому дано.

Но Феликс справился – удача,

Талант, и труд – всё заодно.

И дружелюбие, и тонкость

Души - где шутка, где намёк

И прозы юношеской звонкость –

Для всех писателей урок.

Спасибо, Феликс, наш дружище.

Бокалы полные налей.

И выпьем, чтоб лет через тыщу

Ты вновь отметил юбилей!

Сестричке Лене в День Рождения

Апрель нежаркий на исходе.

И, чтоб не маялось дитя,

До Мая закажу я роды –

Решила мама не шутя.

И всё сбылось. Родилась Ленка,

Сестричка с парой серых глаз.

Косички. Битые коленки,

И детства долгого рассказ.

Какие мы смешные были!

На фото – в бантах и чулках.

Ругали нас, но редко били,

И нас не мучил детский страх.

Родительской заботы кокон

Нас окружал и защищал:

Жизнь не казалась нам жестокой,

Нас миновал девятый вал.

А помнишь наше соглашенье

Среди обыденных рутин? –

Я накатаю сочиненье,

А ты сгоняешь в магазин.

Сбылось всё то, что маме снилось.

Хоть времена уже не те.

Проходит жизнь и Божья милость

Повсюду с нами в суете

Рутинных дел. Иное племя -

Внучат весёлая гурьба -

Бегут года, торопит время,

И так свершается судьба.

Сказать: тебе желаю счастья, -

И половины не сказать!

Всё сохраним, что в нашей власти,

Чтоб нашим детям передать.

Предадим им нашу память.

Пусть оживут картинки вновь:

Живой отец, живая мама,

И наше детство и любовь.

04.29.16.

Моей сестричке 04.29.17

Моей сестричке, другу детства,
Хранительнице детских тайн.
Стихи – единственное средство,
Чтоб описать судьбы дизайн.

Мы оба были малышами.
Превозмогая детский страх,
И оба жались к нашей маме,
Мир находя в её руках.

Вот мы на Пушкинской, в Одессе.
И снится мне наш летний рай
Тебе лет шесть, а мне уж десять
Восьмая станция. Трамвай.

Объедешь целый мир, Европу,
Весь Старый Свет и Новый Свет,
Но есть на свете Севастополь,
Один - другого больше нет.

И вспоминать ей-богу жалко
Батилиман и Херсонес
Песок Учкуевки, Хрусталку,
И море с синевой небес.

Бежали в школу год за годом.
Был дом тот сер. В нём дни текли.
А школьники тюрьмой народов
Его в насмешку нарекли.

Несправедливость тех названий
Признаем, вглядываясь в даль,
Дала нам школа много знаний
И в подтверждение – медаль.

Мелькают дни своим порядком,
И с ними годы чередой.
Мы смотрим в зеркало украдкой,
Морщинки превратились в складки.
Проблемы стали ерундой.

Пусть прозвучит сегодня звонко
Мой голос в этот юбилей:
Ты для меня всегда девчонка,
И потому не дрейфь, сестрёнка,
Подружка юности моей!

Что пожелать? Сама ведь знаешь,
И мне не трудно угадать,
Чего сама себе желаешь.
Как бабушка, жена и мать.

Пускай минуют все напасти
И всё исполнится в свой срок,
Здоровья, радости и счастья.
И в том тебе поможет Бог!

Элле Ромм к юбилейной дате

Эти строки я вам пишу,

Не уверен, что хватит отваги,

Вновь доверившись карандашу,

Отразить мой порыв на бумаге.

Вам ведь выразить легче себя,

Отдавая отчёт себе,

Струны пальцами теребя,

Песни складывать о судьбе.

А судьба как сонет:

То гусар, то корнет.

Жизнь летит, бубенцами звеня.

И выводит душа

Свою летопись лет

В мраке ночи и ясности дня.

Чудо ваши стихи!

Так свежи и легки,

Без мистического тумана.

Ну а кто опоздал,

Тот героем не стал

Ни стихов, и увы, ни романа.

Разве важен герой

В постановке такой?

Вы ведь – главная героиня,

Вся в стихах и цветах.

А призы – это прах

С лёгкой примесью героина.

Заморочены мы в толчее, в суете

И не спрятаться нам, не скрыться.

И ни в сказке сказать,

Ни пером описать.

Нас преследуют прошлого лица.

Не пишу я сонет

В духе датских стихов

И помпезности трудной для слуха.

Так позвольте же мне,

Я озвучить готов

И сказать в микрофон, не на ухо.

Под гипноз ваших чар

Как и все, я попал.

Звуки песен свежи так и юны.

В них не меркнет огонь,

И не гаснет запал.

В них души вашей вечные струны.

И, влюблённый в стихи,

Замирает весь мир,

Когда в нём прозвучит ваша лира.

Стал язычником я,

Да простятся грехи

Мне за то, что создал я кумира.

Александру Цанку в День Рождения

Пусть волны славы и признанья

Тебя, наш друг, не захлестнут.

Осуществляются желанья

Не волшебством – за этим труд

И твой талант, его не мало,

И лёгкость профессионала,

И опыта завидный лист –

Всё в этом слове - сценарист,

Сатирик, юморист от Бога

И поэтичен будто Гоголь.

Хохляцкий милый говорок

И хохмы радостный намёк

Уносят нас от будней прочь:

Тиха украинская ночь.

Все от неё мы обалдели,

Хотя и вышли из "Шинели".

Нам трудно за тобой стремиться,

Ведь ты – та редкостная птица,

Которая, придёт пора,

Пересечёт всю ширь Днепра.

Дерзай, прозаик и сатирик!

Мы знаем, в сущности ты – лирик.

Открой простор своей души,

И потому - пиши, пиши!

11 Ноября 2017 года.

Мой Отец

"Сынок, нас не просто вышибить из седла,-
Такая уж поговорка у майора была."
Константин Симонов.

Я помню всё: и мощь отцовских рук,

Как я взлетал, касаясь потолка,

И мой восторг, и тихий мой испуг,

Небритость щёк его, и запах табака.

Я вижу дверь, и в ней, высокий, он!

Я утыкаюсь в длинную шинель.

Знакомый китель, золото погон...

Пусть поздний час, я не хочу в постель.

Кровавый бог войны его не проглотил:

Жив памятью боёв, жив радостью побед,

Он мечен был судьбой, он верил в жизнь и жил,

Нося свой сувенир - осколка рваный след.

Пройдя сквозь горький дым и пекло оборон

(Сказались ли удача иль выживать талант),

Был без бравады храбр, расчётлив и умён

Мальчишка двадцати, тот младший лейтенант.

Мне помнится иной, других времён, рассвет.

Заплаканная мать, в костюме штатском он.

И я шепчу сестре: не плачь, открой буфет,

У нас есть дома хлеб - нетронутый батон!

Он всё преодолел - был хлеб и тёплый дом,

Болезнь - переболел и позабыл о том.

Азартный, как пацан, он в шахматы играл,

Всерьёз, не в поддавки, и мне не уступал.

И, снова, победив, так радовался он -

Безжалостен в игре, расчётлив и умён...

Я восхищался им, и получив карт-бланш,

Мечтал я отомстить, в итоге взять реванш.

И вновь - судьба зовёт. Жизнь пишет свой рассказ.

Отец - среди болот, в глуши ракетных баз.

А я уж выпускник, смотрю с надеждой вдаль -

Подмышкой - стопка книг, с отличием медаль.

И вот - уж я студент в престижном МГУ,

И ждёт меня мехмат на новом берегу.

Устала вся семья в разлуке жить и ждать.

Полковник мчит домой всё заново начать.

Что ж, пропущу года. Жизнь пишет свой рассказ.

А мой отец - он здесь, герой мой - среди нас.

Я в шахматной игре не преуспел ничуть,

Но и не проиграл - согласен на ничью.

Спасибо, мой отец, за помощь и совет.

Будь бодр и радуй нас, как прежде, много лет.

Как говорил майор, нас не лишить седла,

Куда б ни мчалась жизнь, куда б нас ни вела!

Мамин секрет

Поверьте мне, Бог чудо сотворил:
Он дал мне мать, что вечно молода.
Энергией её добра укрыл
От всех невзгод на долгие года.
Откуда столько знаний, столько сил,
Чтоб всё успеть и всё преодолеть?
Учила мама нас готовить, шить,
Уроки делать, танцевать и петь.
И, не сдаваясь натиску судьбы,
Всё претерпев, себя не потерять.
Без чёрной магии и тайной ворожбы
Умела нас, как ангел, охранять.
Учила нас трудиться и любить.
Любить других - потом себя жалеть.
Учила нас, что жить – ведь значит быть,
Уметь – важнее в жизни, чем иметь.
Я, наконец-то, разгадал секрет,
Чем наполняется источник вновь.
Да, впрочем, все вы знаете ответ:
Источник силы – мамина любовь!
И, как Антей, я набираюсь сил,
Обняв её, могу мечтать, творить.
И вечно Бога буду я благодарить,
За то, что мне такую маму подарил.

04.12.08.

To My Youngest Daughter on her 18th Birthday.

I like your face with shining eyes
I cannot stop to stare.
It's real fun to recognize
How much, my girl, we share.
Not only the way you look!
I feel the hidden link
In everything you gently took,
The way you speak and think.
You look like me, but what a joke –
Here is a great improvement
In every feature, every stroke,
In all your grace and movement!
You are eighteen... I'm feeling blue.
I'm happy, lonely, sad...
Your road ahead is calling you,
I stay behind - your dad.
But I believe, whereas you leave,
We always stay best friends –
Until the Sun would stop to shine,
Until the World ends.

Моей младшей дочери (в день её 18-летия.)

Перевод с английского

Люблю сиянье твоих глаз,
Смотрю в них без конца
И поражаюсь каждый раз
Похожести лица.
И дело вовсе не в чертах,
Хоть столько сходства в них.
В твоих движеньях и речах
Знаком мне каждый штрих.
В тебе себя узнать я рад,
Но мастерской рукой
Проект улучшен во сто крат.
Я – ты, но не такой!
Прекрасна ты. Я не грущу.
Я счастлив – грусти нет.
Тебя в дорогу отпущу,
Коль восемнадцать лет.
Останусь я, а ты в пути
Не позабудь отца.
Вернее друга не найти
До самого конца.

Саше в День Рождения . Октябрь, 2017

Арбатская площадь. Известный роддом.

И мы с твоей мамой втроём, не вдвоём!

Октябрьский вечер, и память не стёрта:

Я нежно несу лентой схваченный свёрток.

А в свёртке – ты сам - драгоценным подарком.

И вот Мерзляковский. Проходим под арку.

Вот дом – в нём начало большого пути,

Что нам посчастливилось вместе пройти.

Начало всех радостей, бед и побед.

Конечно, ты помнишь тот велосипед.

А позже- маршрут регулярных прогулок

По Хлебному в Скатертный, наш переулок,

И в школу, известную всем на Арбате...

И жизнь в коммуналке - недолгую, кстати.

Рожденье сестрички. И в памяти детской

Хранится, конечно, наш дом на Елецкой.

И ваше с Наташкой "посланье в ЦК",

В нём жалоба, как ваша жизнь нелегка,

Поскольку у вас ни кота, ни собаки...

Как стало мне стыдно от этой атаки,

И в доме у нас появился котёнок –

Сиамский бандит, настоящий тигрёнок.

Играть вы, конечно, и были бы рады,

Но всех раздирал он в прыжке из засады.

Расстались мы с Максом, боролись с ленцой
И занялись утренним бегом трусцой.
А в зимнюю пору – мы в ближний лесок,
На лыжи ставали и был в этом прок,
Выносливость – вещь, не последняя в дружбе,
И свойство - полезное в воинской службе.
Маячил Афган и нас сковывал страх.
Тебе повезло. В белорусских лесах
Служил ты, и мёрз, и на танке "катался",
 И всё же мальчишкой всегда оставался-
Смешным, неуклюжим, лохматым ребёнком
В обнимку с подарочным медвежонком –
Таков этот снимок, застрявший в сознанье,
Часть жизни, не просто, воспоминанье.
Я мог бы продолжить просмотр кино.
В нём кадры, которые стёрты давно,
И память не хочет показывать снова
То, что переснять мы бы были готовы,
Увы, жизнь не знает подобной цензуры -
Чем и отличается от литературы.
И всё-таки жизнь – замечательный дар -
Душа не стареет - не будешь ты стар!
Будь счастлив и молод ещё пятьдесят
И память храни больше всяких наград!

Октябрь, 2017

С Днём Рождения, Сонечка!

С Днём Рождения, Сонечка!

Ты и лучик, и солнышко,

Согреваешь и светишь

Всем – и взрослым и детям,

Чтоб светились их лица,

Отрицая границы,

Отрицая законов тупую жестокость.

Когда все мы в семье,

То не так одиноко!

Когда чувствуешь руку

И пожатие друга,

Исчезает печаль,

Места нет для испуга,

Нет расчёта тогда

Лишь на божию милость.

Если рядом есть ты –

Значит, есть справедливость!

Мы желаем тебе

Одолеть все напасти,

И успеха в борьбе,

И семейного счастья!

11.03.2017

О любви и разлуке

Наполни, скорей, виночерпий...

Наполни скорей, виночерпий,
Бокал золотистою влагой!
Тому, кто от жажды так терпит,
Пощаду даруй и отвагу.

И сердцу, что ноет без ласки,
Любви оглушительно просит,
Поведай амурную сказку,
Весной опалив жизни осень.

Пусть пламя твоё, виночерпий,
Зажжёт побледневшие губы.
Луны покачнувшийся серпик
Моргнёт: полнолуние будет.

И будешь ты бегать по крышам,
Лунатик, весной опьянённый,
Планеты и звёзды услышат
Твой топот и лепет влюблённый...

Тайна в конверте

Ане

Любимая, я как всегда грущу.

И вспоминаю тихо, понемногу

Твоих зеленоватых глаз тревогу

И их, чуть вопросительный прищур.

Вот в суете, от первых дней до смерти,

Познать пытаемся мы тайну бытия.

Но тайну ту хранит Господь в конверте.

Как распечатать - знаем ты и я...

Весна Осенью

Разве осенью случается весна?
Рифмы глупые из головы торчат...
В эротических являешься мне снах,
Мне, тинэйджеру, в мои-то шестьдесят.

И, быть может, не во сне, а наяву,
Я ласкаю грудь, вдыхая аромат
Рук твоих, и губ, и вновь живу –
Мне шестнадцать, а не шестьдесят!

Всё ж меня пронизывает дрожь...
То ли ветер, то ли листопад,
Толь с небес нетёплый этот дождь
Шлёт намёк, что всё же шестьдесят.

А возможно, это – страсти дрожь,
Мёд из всех твоих сочится сот...
Мы летим, и сразу не поймёшь,
Где земля, а где – наоборот.

Мы летим сквозь дождь и листьев медь,
И вдвоём не страшно ничего,
Я лечу с тобой, чтоб умереть
В сладких сотах тела твоего.

10.12.2006

Я подозрителен и болен...

Я подозрителен и болен
Тобой, безлунием, луной.
Ты засмеёшься - я доволен,
Ты загрустишь - и я смурной.
А коль не звонкий и неясный,
Одетый в тусклый обертон,
Твой голос в трубке - миг несчастный,
И мой мучитель, телефон,
Внушает мне - она устала...
А где душа её витала?
В каких заманчивых садах
Какие птицы песни пели,
Что утомить её успели?
Вот я один, один в слезах,
Терзаем мукой беспричинной,
Твержу себе - так будь мужчиной,
Гони сомненья, с ними - страх,
И помни, принцип Мандельштама
Проблему разрешает прямо
(Всё доказательство - строка):
"Нам ли, брошенным в пространстве,
Обречённым умереть,
О прекрасном постоянстве
И о верности жалеть!"
Вот мой email. Пиши. Пока.

04.12.2008

Мы рядышком с тобою были...

Мы рядышком с тобою были,
Не разнимали рук.
Галактики над нами плыли,
Верша свой вечный круг.

И в этой звёздной круговерти,
Будто сверхновой взрыв,
Любили мы, забыв о смерти,
О времени забыв.

Свет остывающих гигантов
Нас тускло освещал,
Потерю денег и талантов
Нам мрачно предвещал.

И блеском карликов тщеславных,
Нагретых добела,
Напоминал о целях главных,
В чём жизни суть была.

Но мы, забыв о здравом смысле,
Обнявшись - не разнять -,
Несли любовь на коромысле,
Боясь не расплескать...

Март, 2007

Ане

Беззвучно, на краю обрыва
Библейских синих гор,
Так одиноко, сиротливо
Сидишь ты - мне в укор.

Но, глобус крутанув игриво
Всего π радиан,
Найдёшь меня в песке отлива,
Меня, и океан.

Тот самый, Тихий иль Великий,
Волной шуршит, дыша,
Дробятся в пене солнца блики,
И в них моя душа...

Душа в ином парит пространстве,
Где чисел строгий ряд
Не упрекнёшь в непостоянстве,
Там нет обид, досад...

Там тени гениев угрюмых
Ведут с бессмертьем спор.
Смелы слова, безумны думы,
Невнятен разговор...

Но, боже мой, какое счастье
Что где-то, в сини гор,
Есть ты, и вроде в нашей власти,
Преодолеть простор.

И рядом сесть, и руку тронуть,
И молча, не дыша,
Вдруг ощутить – в твоей ладони
Живёт моя душа...

Давай договоримся...

Нам ли, брошенным в пространстве,
Обречённым умереть,
О прекрасном постоянстве
И о верности жалеть!

О. Мандельштам

Коль простишь мне, как страстно тебя я желал,
Я твоё безразличье прощу.
Коль простишь, как я ждал, и молил, и искал,
Я тебе все грехи отпущу.

Коль простишь, как метался в пылу и бреду,
Погибая, терзаясь, любя,
Я по льду твоего безразличья пройду,
И, бесспорно, прощу я тебя.

Коль простишь моё сердце за бешеный стук,
В страхе, будто иду по мосту,
Я прощу тебе вялую холодность рук,
И твою слепоту, глухоту.

Ты прости мне те игры, в которых играл,
Роль болвана, придурка, шута,
Я был счастлив лишь тем, что тебя забавлял,
Твои ноты читая с листа.

Коль простишь мне ты мой неуёмный восторг
Пред тобой как богиней любви,
Ты поймёшь, как бессмысленно я одинок...
Ты уже прощена, не зови.

Коль простишь мне навязчивость странной мечты
Будто ты мне судьбою дана
Быть навечно со мной - прощена будешь ты,
И свободна, и снова одна.

Или с кем-то другим, но уже без меня.
Всё друг другу простим. С этих пор
Мир в душе. Я его на тебя разменял.
Что ж, подписывай наш договор!

02.07.2006

НИКТО

Меня проинформировала ex- ,
Найдя удобный для сего момент,
Что я - "никто" и, завершая текст,
Что вовсе даже «не интеллигент».

Не скрою, кровь мне бросилась в лицо,
И в миокарде нож обид застрял,
И в безымянный врезалось кольцо –
Фальшивый знак, что нас соединял...

Мне трудно спорить. Ловкое жульё,
Библейским змеем дав вкусить ей плод,
Соблазном пошлым увлекло её,
И изменился нашей жизни ход.

Французской лёгкости во мне возможно нет.
Но есть брезгливость, совесть есть и честь,
И не готов я промискуитет
В разряд интеллигентности зачесть.

Забыты клятвы как наивный вздор.
Пускай привыкнет к этому душа,
И выслушав без страха приговор,
Уйдёт, обид и клятв не вороша.

Прости ей, Бог! Лишь жалостью томим
И разорвав вражды порочный круг,
Желаю ей любимой быть другим,
Как я любил, никто, ex-муж и друг.

10.27.2006

Ушла жена...

Ушла жена, пришла свобода,
Освобожденье от оков.
И пустота - такого рода,
К которой вовсе не готов...

Не спит, бедняга, и рыдает,
Уткнув в подушку мокрый нос,
Из памяти не выпадает
Пьянящий шёлк её волос...

Один в супружеской постели,
На не согретой простыне
Он привыкает к канители
С эрекцией наедине...

Дурак, не сотвори кумира -
Твердит себе - навек забудь!
И всё ж отдал бы он полмира
Чтобы жену домой вернуть.

Пускай не стираны рубашки
Пускай не ждёт его обед,
Но лучше милой чебурашки
На целом белом свете нет...

Ушла жена. Весь мир распался.
Туман растаял сладких грёз.
Свободен он. Ему остался
Лишь аромат её волос.

Мне, правда, жаль, что у людей
любовь не как у лебедей...

"Лебеди, как уже было сказано, птицы моногамные. То есть выбрав себе партнёра, проживают с ним всю жизнь. Орнитологи подтверждают - именно так всё и обстоит. Причём живут лебеди довольно долго: есть свидетельства об особях, доживших и до 100 лет". (Википедия)

Мне, правда, жаль, что у людей
Любовь не как у лебедей -
Совместный   длится   их полёт,
Покуда смерть не разведёт.

Мы не боимся перемен -
Всегда готовы на размен,
Нам не грозит потерь испуг:
Меняем жён, мужей, подруг.

У нас, людей, другой кураж.
Старик влюбляется в мираж,
Опасный выбирает путь,
Пытаясь время обмануть.

Он страсти отворяет дверь,
А на ловца приходит зверь,
И юности природный дар
В постель приносит, как товар.

Недолог этих ласк восторг.
Одышка. Приступ сердца. Морг.
Старик - несчастный мотылёк,
Безумцем прыгнул в огонёк.

Ввергаясь в страсти круговерть,
Он встретил не любовь, а смерть.
Пусть кто-то скажет: смерть героя,
Не то что муки геморроя.

Но всё ж, молвою осуждён,
Для всех он жалок и смешон.
И грустно мне, что средь людей
Так мало верных лебедей...

12.10.17

Пигмалион и Галатея

Ах Галатея, Галатея,
Лежит себе как истукан.
Пигмалион вдохнуть не смеет,
Боясь, рассеется дурман.

И он увидит, рот разинув,
Не понимая, что к чему,
Что душу вкладывал он в глину,
Не отвечавшую ему.

И эта жуткая картина
Застрянет в нём, как в горле кость.
И стук услышав, сам застынет:
К ней Каменный стучится Гость!

О любви и предательстве

Любовь - негласный договор,
Без подписей и без печати.
В нём клятвы верности некстати,
И нет условий скучный вздор.
Любовь жива, пока горит
Неутолимым жаром чувство
Она наивна как искусство ,
И согревает и творит.
Творит кумиров безотчётно,
Так аморально беззаботна,
Глупа, трагична и печальна
И беззаботно аморальна.
Предательство – всегда удар
Под дых - под рёбра и в сплетенье.
Любви конец, надежд крушенье,
Цикуты роковой отвар.
Любовь ведь не тотчас мертва.
И, скорчившись в предсмертном стоне,
Она в конвульсиях агоний
Прощенья выдавит слова.
Но не последует проклятье -
Предавших к казне не готовь.
Ей не к лицу Фемиды платье.
Иначе это – не любовь.

02.19.16

Смотрите женщине в глаза...

Смотрите женщине в глаза,
Хотя бы пять минут.
И если влюбитесь, назад
Для вас заказан путь.
Нырнув в озёра чудных глаз,
Ваш здравый смысл замрёт,
Ослепните. В сияньи страз
Возникнет контур тот:
Таинственный изгиб бедра,
Волной волшебной грудь...
И начинается игра,
В которой вам тонуть.
И дай вам бог, не протрезвев,
Любовь испить до дна.
И верить, средь прекрасных дев
Прекрасней всех – одна.
Но вот рассеется туман,
Поймёте, чувства лгут.
И нет любви, а есть дурман.
И вы на берегу
В болотной тине, в камышах,
Лежите, не дыша.
С похмелья контур снится вам
Другой. Как хороша
В нём свежесть линий и овал
Прекрасного лица!
Вот то, что я всю жизнь искал –
Нет поискам конца...

Август, 2017

323

Я звонил тебе три раза...

Не умирай, сопротивляйся, ползай!
Существовать не интересно с пользой.
Иосиф Броцкий.

Я звонил тебе три раза -
Ни ответа, ни привета...
Это занятость, иль дальность,
Или, так сказать, ментальность?
Вот упрёки и догадки:
Дескать, цель - горизонтальность!
Да, признаюсь, цель - слиянье
Душ, и в чём душа сокрыта.
В этом. так сказать, фатальность
Неустроенного быта.

Если хочешь, наш дуэт
В струнах дней, забыв про числа,
Вновь исполнит тот сонет
Без мелодии и смысла...
Как завещал один поэт,
Доказывая посторонним,
"Что жизнь - синоним
Небытия и нарушенья правил".
Здесь я бы многоточие поставил...

О личном опыте в женском исполнении

Вот какая я была лихая!

Хороша была, или плохая?

Жертва переменных настроений...

А в душе вопросы не стихают,

Порождая миллион сомнений.

Все вокруг то ахают, то хают,

Кувыркаясь в пене слухов, мнений.

Нет, не предавай огласке тайны,

Исповедей избегай случайных,

Оставайся сказкой и секретом –

Для мужчин, признательных за это.

Оставайся чистой, первозданной,

Не зализывай при всех былые раны.

Саламандрой стань, прошедшей пламя.

Будь собой! Не в прошлом будь, а с нами.

Женская судьба полна историй –

Мы на это ставим мораторий!

Я обожжён касаньем нежным...

Я обожжён касаньем нежным
Твоей щеки, твоей руки,
Движеньем лёгким и небрежным -
Оно, как мастера мазки,

Своей палитрою нежданной
Вмиг заполняет холст пустой,
И мир в нём оживает странной
И чувственною красотой.

Случайной нежности открыты,
Судьбу спешим мы испытать.
Все клятвы прежние забыты,
Как будто нечего терять...

Прикосновенье - просто шутка,
Хоть от него вскипела кровь,
Игры весёлая минутка -
В ней нет намёка на любовь.

Игра закончена. Уныло
На мир смотрю без грёз и шор,
Макая кисточкой в белила,
Чтоб забелить любви узор.

И всё ж меня сомненье гложет,
Звучит в ушах любви романс,
Догадкой робкою тревожит:
Быть может, у меня был шанс...

Наши пирамиды

Сбывается...считаем дни,
И не считаем лет.
Как будто в мире мы одни,
Лишь мы с тобой - и нет
Долгов, нет памяти, нет слёз.
Забыт реестр обид.
Начнём шутя, начнём всерьёз
Постройку пирамид.
В основе - равенство углов,
И в центре - высота.
Критерий правды - краткость слов,
Любовь и красота.
И мы используем опять
Прямоугольный код:
Это 4, 3 и 5,
Или наоборот.
И мы построим наш квадрат,
Как Пифагор велел,
И блок за блоком станет ряд
Свершённых нами дел.
Так будем строить мы и жить,
Пока не пробил час,
Мечтать, надеяться, любить...
И Бог полюбит нас!

Бабье лето

Бабье лето, бабье лето.
Покраснел смущённо клён.
Шлёт листочками приветы,
Запоздалый почтальон.
 Не дождавшись адресата,
То ль во сне, то ль наяву,
Прячет письма виновато
В пожелтевшую траву.
Перепутались тропинки,
Так конверт и не донёс...
Паучок соткал морщинки
И седые паутинки
Вплёл он в прядь твоих волос.
Ранней осени приметы –
Счастья прежнего печать.
Не грусти. Ведь в бабье лето,
Всем известно (есть примета)
Баба – ягодка опять.

08.21.16

О межвидовой любви

и скрещивании

> «Когда-нибудь напьюсь я в дупель,
> И мне приснится страшный сон
> О том, что полюбила Дуб Ель,
> А Дуб в Берёзу был влюблён.
> Берёза же любила Кедра.
> Мораль сей басни такова:
> Любовь, хоть одаряет щедро,
> Но ей взаимность - трын-трава.»
> Миша и Элла Ромм

Решить деревьев драму можно:
Не опыленье, так подвой.
А нам, животным, ох как сложно –
Ведь нет любви межвидовой!
И невозможно тут скрещенье:
Не совместится генов код,
Когда в собачку - невезенье! –
Вдруг влюбится соседский кот.
Пусть смело скачут недотроги
В своих саваннах и степях,
Ведь смесь бульдога с носорогом
Не встретишь даже в страшных снах...
Игра природных сил законна:
Повсюду выбор и отбор.
Она ведёт нас неуклонно,
Бракуя всех фантазий вздор.
Совет любителям новаций
И экзотических страстей:
Не выходи за ранг мутаций
Своих пород, своих мастей!

Восточный роман

1.

Жена, любовница, аул,
И, чтоб читатель не уснул,
Роман средь живописных гор -
Таков с Лит. Клубом договор.
Востока сладкая отрада -
Приди ко мне, Шахерезада,
С гипнозом огненных очей
И тыщей сказочных ночей...
Восток горит в моей крови,
Готов писать я о любви,
Пытаясь изложить не грубо
Сюжет в стихах на тему Клуба.
Будь снисходителен, читатель!
Я начинающий писатель,
И баснописец и поэт -
Ни в чём лихой сноровки нет.
То там , то здесь, стихом убогим
Пишу под Божьим оком строгим.
Я восхищенья не ищу
И вашу критику прощу.

2.

Как-то сел я, братцы в поезд,
Ни о чём не беспокоясь,
И под стук колёс заснул.
А приснился мне аул.
В том ауле под чинарой
Я сижу - совсем не старый,
Стройный, как багдадский вор,
И веду я разговор
Тет-а-тет. Сидит девица,
Шамаханская царица,
Первая звезда гарема -
Слепит очи диадема,
Тонкий стан, округлый зад
(как у всех Шахерезад)
И глаза, как у газели -
Вы бы просто обалдели.
Обалдел и я тотчас,
Не сводя с красотки глаз.

3.

Кровь бурлит, а ноги стынут.
Грудь, как две медовых дыни,
Прижимается ко мне...
Сладко, будто я во сне,
И боюсь, друзья, проснуться -
Страшно даже шевельнуться.
Ручку мне на лоб кладёт,
Разговор со мной ведёт:
Милый юноша, скажи,
Без утайки доложи -
Ты ведь. слушая, не слышишь
И прерывисто так дышишь...
Или мой рассказ не люб?
Глаз не сводишь с моих губ,
В них, я вижу, хочешь впиться,
Взглядом молишь: дай напиться!
Что ж, бери волшебный дар -
Для тебя весь мой нектар,
И упругий твой задор
Пусть войдёт меж этих гор
В мои влажные долины,
И пусть путь твой будет длинным.
Отправляйся хоть сейчас.
Впереди вся ночь у нас -
Или тысяча ночей,
Если хватит нам речей.
Я отбросил вмиг халат,
В ожидании наград,
И под эти тары-бары,
Руку запустил в шальвары,
Предвкушая то блаженство,
Что нам дарит совершенство.

4.

Вдруг над ухом грубый крик:
Ты с ума сошёл, мужик!
Знать тебя попутал бес,
Что под юбку мне залез!
Предъяви скорей билет,
Не то выброшу в кювет! -
Что ж вы, женщина молчали,
Мою ласку не прервали?!
Я не стал бы, обнаглев,
Ваш исследовать рельеф.
 Ох, ребята, горе мне,
Что теперь скажу жене?
Спит она на верхней полке.
Мой билет - в её кошёлке.
Контролёрша, отпусти,
Дурь мою со сна прости.

5.

Тайна вся в волшебной книге,
В ней начало всей интриги,
В ней игра: и мат и шах.
Я себя, как падишах,
Ощутил на пять минут.
Чтоб избавиться от пут
Жизни скучной и примерной,
Стал я вдруг мальчишка скверный,
И отправился во сне
На Восток, в аул, к весне,
Где ждала меня, страдая,
Чаровница молодая
С пьяной терпкостью смоковниц-
Символ потайных любовниц.
Виноват во всём Восток -
Он меня в сей грех вовлёк.

И аул, и антураж,
И красотка - всё мираж!
В мире правда лишь одна:
Контролёрша и жена...

Куда ушла былая стать?

Куда ушла былая стать?
Нам только бабушки подстать...
Хотя без молодецкой стати
Нам даже бабушки некстати.
Лишь снятся юные голубки,
Соблазн, искус и мини-юбки,
И вот она, судьбы изнанка:
Диван, TV, и валерьянка.
Отбросив тёплые халаты,
Признаем: сами виноваты!
От неподвижности убогой
Сбежим – не то, протянем ноги.
Жить надо смело, без оглядки!
Мы славу воспоём зарядке
И потрусим, напялив кеды
К беде навстречу иль к победе.

12.18.15

ЛИРИКА

Мне б хотелось летать...

Мне б хотелось писать
Так легко, так нескучно!
Где ты прежняя стать,
Что была мне послушна?

Мне б хотелось обнять
Так, чтоб жарко и сладко.
Где ты прежняя стать?
Вместо мускулов – складки.

Кожи дряблый мешок
И мешки под глазами.
За спиною смешок,
И снежок под ногами.

Мне б ступить, не боясь,
Что могу оступиться –
Лучше б снег, а не в грязь.
И куда торопиться?

Мне б хотелось летать,
И мечтать, и влюбиться.
Где ты прежняя стать,
Где вода, чтоб напиться?

Где живая вода,
Та, чем мама поила?
Всё ушло в никуда...
Разве это всё было?

Мне б хотелось не ныть,
И весёлым мотивом
Всех вокруг удивить,
И казаться счастливым.

Рано ль, поздно ль, поймёт
Эту истину каждый:
Время выставит счёт
Нашей жизни однажды.

Там долгов целый том,
Заработанных потом.
Оплачу их потом,
Даже сдохнув банкротом.

02.19.17

Птичка

У нас на балконе, не ведая страха,
Гнездо сотворила какая-то птаха.
Как принято у добросовестных птичек,
Снесла в том гнезде она пару яичек.
И долг материнский святой исполняя,
Уселась на них, на судьбу не пеняя.
Под солнцем палящим, в прохладе ночной
Бессменно сидит на часах часовой.
Лишь изредка гостем, устав от подруг,
Её навещает гуляка-супруг.
Приносит ей корм и обратно спешит
По зову своей донжуанской души.
И то хорошо, только тянется долго.
Она не спешит с исполнением долга.
Всё реже с визитом приходит папаша,
Сидит в одиночестве пленница наша.
А сколько положено, бедной сидеть?
Открою я Google, чтобы там посмотреть.
И как нам помочь этой преданной крошке?
Дадим ей водички и зёрнышек в плошке.

Я дверь на балкон открываю без стука
Ступаю тихонько , почти что без звука,
Но как ни стараюсь я двигаться ловко,
Мгновенно её возникает головка
И смотрит как будто в упор, не мигая,
Наверно мой вид бедолагу пугает:
Мы, люди, страшны для пичуг, словно боги,
Источники бед иль нежданной подмоги.
Со временем птахе становится ясно:
Не стоит бояться, со мной не опасно.
И, честно, мне льстит этой птахи доверье.
Я тихо скрываюсь, не хлопая дверью.

Дай, Боже, нам счастье в тиши наших гнёзд,
Чтоб мы любовались сиянием звёзд,
И дай бог мамашам супругов-отцов,
Чтоб вырастить стайку детишек-птенцов...

28 июня, 2016

УТРО

Я надеюсь, весеннее утро
Принесёт мне хорошую весть:
Лучик солнца штрихом перламутра
Осветил неба серую жесть.
Распахнулись долины с приветом.
Изумрудная зелень холмов
В розовеющей кромке рассвета
Предлагает покой мне и кров.
Я пойду и росою умоюсь
И вдохну полной грудью простор.
Растворюсь, затеряюсь и скроюсь
В синем кружеве утренних гор.
04.10.16

О ПОЭЗИИ И ПОЭТАХ

Вешайте стихи, а не поэтов!

Поэты, вешайте стихи!
Не ждите радостных приветов.
Неточность слов и рифм грехи –
Вина повешенных поэтов.

Не бойтесь свой пропеть мотив
В потоке чувств и слов едином
Не опасайтесь, что порыв
Вас приведёт на гильотину.

Идей безумных мотовство
Ты не удержишь и не спрячешь,
И строк случайных колдовство
Твой лист наполнит на удачу.

Ведь даже твёрдый атеист,
Который в чудеса не верит,
И, алгоритм включив, проверит
Твоих порывов каждый лист,

Подсчитывая строф число,
Влюблённый в трезвую реальность,
Рациональность и формальность,
Не станет отрицать сакральность:
Поэзия – не ремесло!

И мы простим его за это
Неверие в приход чудес -
На фоне мраморных небес
И тел повешенных поэтов.

11.08.17

Об изящной словесности

Изящная словесность -
Затоптанная местность.
По ней изящно ходят
И в ней себя находят
Поэты-графоманы,
Стихов полны карманы.

Гонясь за славой в муке,
С тоски или от скуки
Они слагают звуки
В причудливые ритмы,
Как математик пишет
Для компов алгоритмы.

Никто их не читает,
По ним ворон считают,
В них мысли - на копейку,
Но их понять сумей-ка...
Здесь дело не в идеях.
К ним не придёшь, балдея.

Здесь суть иного сорта.
У Бога иль у чёрта
Мы все в долгу немного
(И лучше бы у Бога).
Взрывая криком уши,
Орём, вонзая в души,

Слова, слова - пусть свыше
Их кто-нибудь услышит!
Тише, мыши, кот на крыше.
Он поэт. Поэмы пишет.

Поэзия должна быть глуповата...

"Твои стихи к Мнимой Красавице (ах, извини: Счастливице) слишком умны. — А поэзия, прости господи, должна быть глуповата."

А.С. Пушкин. Из письма к П.А. Вяземскому.

Поэзия должна быть глуповата -
Нравоучительно изрёк Поэт когда-то.
И мы с тех пор, без всяких извинений,
Рифмуем чушь, как завещал нам гений.

И глупостью насытив книг страницы,
Мы склонны рифмами и ритмами гордиться.
Мне возразят: а если в "дури" - чувства?
Не это ли священный долг искусства

Восторженностью глупой поделиться?
Читателю такое только снится -
Уверен он, что не глупей поэта,
Безумно радует его идея эта.

В волнах случайных слов,
Крикливых, пошлых, шумных,
Плескаться он готов –
Долой поэтов умных!

345

Нам даром не нужны
Учёных слов шарады,
Нам мысли не важны,
Мы лишь инстинктам рады.

Стихи – души бальзам,
Без всякой хитрой схемы
Они понятны нам –
Не то, что теоремы.

Храни вас Бог от дум!
Средь стихотворных строчек
Пусть прячется ваш ум
Средь милых заморочек...

Пишите, как во сне,
Чтоб смысл не разглядели.
Так птички по весне
Свои выводят трели.

04.07.17

Об Энтропии и Поэзии

Энтропия нарастает
И повсюду ухудшает
Жизни качество, культуру
И, увы, литературу.
Напечатав ассигнаций,
Мир ввергает в вихрь инфляций,
Девальваций и стагнаций.
Лбами сталкивает страны,
Как матросов в драке пьяной.
И, презрев любовь мужчин,
Женщинам букет морщин
Беззастенчиво вручает,
Точит, портит, расточает.
Нагло врёт, друзей тасует,
И ворует, и блефует.
Зря в борьбе титаны мрут,
Драться с ней - Сизифов труд.
Лишь стихов упругих строчки –
Средство в этой заморочке:
Ритм и рифм стальные кладки
Держат нашу мысль в порядке!
Потому прошу: поэты,
Написав про то и это,
Убирайте сор с тетрадок!
Энтропия - беспорядок.
Будьте бдительны к стихии
Ненасытной энтропии!

Ничего я не пишу...

Ничего я не пишу. Где моя отвага?
Дам покой карандашу. Сохраню бумагу.
За забором гадкий чёрт злобно скалит зубы:
Ни ландшафт, ни натюрморт. И штрихи так грубы.
Краска в тюбике густа и на холст не хочет.
Этот чёрт меня достал. Пляшет и хохочет:
Ты, художник, погоди, сбереги бумагу,
Не бери талант в кредит. Вновь забродит брага.
Будешь снова жизнью пьян и, как Моцарт, весел.
Не тужи, поставь стакан. Ты дождёшься песен.
Не сердись на белый свет и не бей посуду –
В ком живых эмоций нет, тот рисует худо.
Видишь, сколько нас вокруг. Всех сомненье гложет:
Хороводов водим круг, а писать не можем!
Мы глядим через плечо, прячась за мольбертом,
Ненавидим горячо всяких интровертов.
Вот бумага и перо. Нарисуй картину:
Обаятельный Пьеро, милая Мальвина.
В воскресенье, в месяц раз, встречи на Парнасе.
Привечает пара нас в общем мастер-классе.
Вот Иван. Он персонаж вроде симпатичный,
Выступая, входит в раж - часто неэтичный.
Он на вид щеголеват, выглядит былинно.
Не всегда рифмует в склад, зато пишет длинно.
Прозу Гоголь нам прочтёт и притихнет зритель.
Весь дрожа, свой ус жуёт бедный сочинитель.
Он затюкан лет до ста: как тут счастлив будешь?
Тема вовсе непроста: маленькие люди.
И людишек тех гнетут мелкие заботы,
Описать их – тяжкий труд , на века работы.
Чтоб добраться до конца мало и недели:
Все мы, с бледностью лица, вышли из "Шинели ".

Вот ещё один субъект, может быть, философ .
У него ответов нет, только тьма вопросов.
Теоретик среди нас, вовсе не прагматик.
Как взобрался на Парнас этот математик?
Он обидчив. Так нельзя. Рассуждай с размахом:
Жертвуй пешкой за ферзя и не стой под шахом.
Никудышный дипломат (что к лицу поэту)
Он в душе скрывает мат, следуя совету
Быть корректным, не грубить. Подставляет щёки.
Значит, быть или не быть – вот вопрос жестокий.
Проще: бить или не бить – вечная дилемма.
И зачем гусей дразнить? Такова проблема.
В сей компашке нет чужих: брат стоит за брата.
Проза ль то, иль белый стих, скажет модератор -
Страстный проводник любви, грозная царица.
Кто не любит – тех дави, несмотря на лица!
Не испытывай свой шанс и лови моменты.
Если кто уходит в транс – выдай комплименты.
В каждой сказке есть морковь и своя капуста:
Нам расскажут про любовь кобры и мангуста.
В атмосфере той любви - им что смех, что слёзы.
Ритм стихами оживи в сказке в стиле прозы.
Так стараются они и пыхтят натужно.
И за днём проходят дни. А кому всё нужно?
Тут сказал, грустя, Пьеро: это всё - халтура
Чувствует моё нутро: не литература!
Что же тратим мы слова? Ведь ясна картина:
Здесь поэтов только два – это я с Мальвиной!
Поставляйте материал. Подавляйте страхи.
Где ж истории финал? Ждите в Альманахе!

Что-то поэту не можется

Что-то куда-то движется.
Кто-то куда-то катится.
Жизни открыта книжица
В книжице той сумятица.
Элла Ромм

Что-то поэту не можется.
Горько скривилась рожица.
Что-то ему недужится:
Слёз непролитых лужица.

Рифма за рифмой носится,
Быть "отглагольной" просится,
Строчка за строчкой движется.
Смотришь - и вышла книжица.

А в голове сумятица,
Круглая - вот и катится.
Буква о букву щёлкает,
Жаль только
В щёлканье толку нет...

Сбудется иль не сбудется
Тайная ворожба,
Слюбится иль не слюбится,
Если уж не судьба...

Верится иль не верится,
Но календарь не врёт.
Крутится шарик, вертится
И выставляет счёт...

Советы Поэтам

(Графоманам не читать!)

Друг поэт иль поэтесса!
Нам хвала без интереса.
Люди разных конгрегаций
Ценят блеск аллитераций.

Скучен всем сюжет историй
Без игривых аллегорий.
Но всего важнее - чувство,
И зажечь его - искусство.

В почву брось добра зерно,
Вскоре прорастёт оно:
То ль крапивой, то ли древом -
Всё зависит от посева,

От ухода и полива...
Не пишите торопливо!
Часто делайте прополку –
В сорняках немного толку.

Коль уж оседлал Пегаса,
Джигитовки нет без класса.
Звук неточный в нежной лире,
Лишь усилится в эфире.

Мы не верим в шквал оваций
Из-за блеска декораций...
Платьем дама ль нас прельщает,
Иль что в нём, нас обольщает?

Хотя подход слегка фриволен,
Прутков учил нас: "Зрите в корень".

Поэтам в поисках рифмы

Наш корабль несёт на риф. Мы
Сбились с курса: ищем рифмы.
Шлёт морзянку математик,
Теоретик и прагматик:
"Посчитайте логарифмы,
Вам они подскажут рифмы".
Логарифмы мы считали,
Зря: все рифмы вдруг пропали.
Спрыгнуть с борта мы успели
И теперь в морской купели
Рядом с рифом мы, у кромки,
Там, где корабля обломки.
Сей истории урок:
Запасайтесь рифмой впрок!

Таков поэт, невольник чести...

Погиб поэт, не сдюжив веса:
Он был обжора и повеса.
Не выдержал, объевшись лести.
Садитесь есть с поэтом вместе.
Блюдите скромность в похвалах,
Чтоб не призвал его аллах
К себе до времени, до срока –
С поэтами одна морока.
Так, сохранив его фигуру,
Спасёте вы литературу.
Жратвою наполняя дом,
Делитесь с другом за столом.
Полезна творчеству диета,
Но сдержанность - не суть поэта.
Он не снижает аппетит,
И этим всюду знаменит.
Он будет пить, любить и жрать,
Стихи писать - и умирать,
И наслаждаться лживой славой,
Как наркотической отравой...
Пишу из зависти, не мести:
Таков поэт, невольник чести...

Что нужно поэту?

Поэзия - греч. поэзос, «творчество, сотворение» (Википедия).

Что нужно поэту? – Искусный язык.
Но критик сказал – вдохновения миг!
Что нужно поэту? – Оваций толпа,
Но критик ответил – толпа так глупа!
Что нужно поэту? – Стальное стило.
Но критик заметил – Пегас и седло!
Что критику нужно? – Конечно, стихи.
Поэт возразил – чтоб найти в них грехи!
Что критику нужно? - Нужен поэт.
Поэту? – весь мир, в коем критика нет!
Что нужно толпе? – Вдохновенный Пророк,
Который толпу за собою увлёк.
Пророк же ответил – а мне нужен Бог,
Без Бога я стать бы пророком не смог!
А что нужно Богу? – Пророк и Поэт,
Несущие миру божественный свет.
В таком триединстве исчезнет порок,
Когда заодно Бог, Поэт и Пророк.

Поединок поэтов

Скрестились рифмами рапиры.
Вокруг болельщики-вампиры
Визжат, вкушая запах крови...
Поэт поэта жалит в слове.

Все ждут. Носилки наготове.

Слова ведут к смертельной фразе.
Дуреет публика в экстазе.
Косноязычным полиглотам
Экспромт в диковинку. По нотам
Они поют. А вот без нот
Никто открыть не смеет рот.

Кому сегодня повезёт?

Удар. Отскок. И поворот.
И рифма рифму рифмой бьёт.
Глаза сверкают из-под маски,
Пощады нет в безумной пляске.
Каков исход кровавой сказки?

В борьбе амбициозных мнений
Кто победит?- Словесный гений.
А истина? Она не внемлет.
На приставном сиденье дремлет,
Восторгов наших не приемлет.

Господь создал в начале Слово -
Чтобы использовать толково.
Мы их размножили без толку,
Болтая всуе без умолку.

Пора слова сложить на полку!

Пора бы взяться всем за дело.
Как быть с поэтом? - Вынос тела,
Коль он погиб в словесной битве...
Мы помянем его в молитве:

Глаголом истины владей,
И словом жги сердца людей!

04.04.2015

Заветы поэту

Уж раз решил в игру вступить,
Как все, ты правилами связан:
Поэтом можешь ты не быть,
Но рифму соблюдать обязан.

А если рифма не идёт,
То ритму следуя там-тама,
Веди слогам ударным счёт,
Шагая твёрдо и упрямо.

И коль не дашь себя увлечь
Потоком безудержной прозы,
Стихами вспыхнет твоя речь.
Сквозь тернии проглянут розы.

Рецепт не сложен, помни суть:
Скупая мысль откроет дверцу,
Где искры чувств отметят путь,
И факелом зажжётся сердце.

09.29.16.

СТИХИ ДЛЯ ДЕТЕЙ

Моей усталой лошадке

Я люблю мою лошадку,
Расчешу ей шёрстку гладко,
Гребешком приглажу хвостик,
И возьму с собою в гости.

Даже если я устану,
Ездить я верхом не стану,
Буду холить и беречь,
И от злых воров стеречь.

По утрам, без всяких слёз,
Будем с ней мы есть овёс.
Буду холить и ласкать,
Чтоб могли вдвоём скакать!

May 22, 2008

Приручил – так отвечай!

Жил-был Сент-Экзюпери,
Храбрый лётчик - просто асс.
Могу спорить на пари-
Он оставил нам наказ.

Чтоб потом не отвечать,
Подвергая совесть муке,
Избегайте приручать -
Для игры или от скуки.

Лётчик был, конечно, прав.
Как-то, приручив слона,
Проглотил его удав
Вместе с хоботом, сполна.

Оказался слон растяпой:
Прятался удав под шляпой.
Но теперь, конечно, дети
Этот змей за всё в ответе!

Если скажет нам писатель,
Что в ответе приручатель,
Знай: в страданья вовлечённый
Виноват и приручённый.

Так случается и с нами,
Будь ты в шляпе, иль в панаме.
Приручай - ни приручай,
Раз связался - отвечай!

Марш мурашек

(перевод)

Мурашек движется отряд – ура! ура!
В затылок все идут подряд - ура! ура!
Один мурашек захромал,
Зачем-то палец почесал.

И в лужу весь отряд упал - Бум! Бум! Бум!

Мурашек движется отряд – ура! ура!
Идут они по двое в ряд– ура! ура!
У одного ботинок спал,
И он шнурок свой завязал.

И снова весь отряд упал - Бум! Бум! Бум!

Мурашек движется отряд – ура! ура!
Идут они по трое в ряд– ура! ура!
Вдруг в одного вселился бес
И он на дерево полез,

А весь отряд в болото влез. - Бум! Бум! Бум!

Мурашек движется отряд – ура! ура!
Четвёркой маршируют в ряд– ура! ура!
Но вот приспичило теперь
Вдруг одному захлопнуть дверь.

И им не сосчитать потерь. Бум! Бум! Бум!

Мурашек движется отряд – ура! ура!

Пятёркой маршируют в ряд– ура! ура!

За строем строй все держат путь,

Вдруг захотел один нырнуть,

И всем пришлось воды хлебнуть. Бум! Бум! Бум!

Мурашек движется отряд – ура! ура!

Шестёркой маршируют в ряд– ура! ура!

И вдруг в шеренге из шести

Один решил бревно нести,

Но всем им груз не унести. Бум! Бум! Бум!

Мурашек движется отряд – ура! ура!

По семеро шагают в ряд– ура! ура!

И тут один из семерых

Стал вслух читать молитвы стих

И в воду весь отряд– бултых! Бум! Бум! Бум!

Мурашек движется отряд – ура! ура!

По восемь их шагают в ряд– ура! ура!

И вдруг один, кто был в тоске,

Решил проехать на доске,

За ним отряд увяз в песке. Бум! Бум! Бум!

Мурашек движется отряд – ура! ура!

По девять их шагают в ряд– ура! ура!

Один, кто больше всех вспотел,

В часы на время посмотрел,

А весь отряд с горы слетел. Бум! Бум! Бум!

Мурашек движется отряд – ура! ура!

По десять их шагают в ряд– ура! ура!

Но вдруг один из них, герой,

Скомандовал отряду "Стой!"

Отряд нырнул в зелёный лес и там исчез.

Бум! Бум! Бум!

Пять маленьких утят
(перевод)

Как-то пятеро утят
Вслед за мамой стали в ряд
И поплыли по пруду,
Все у мамы на виду.

Плыли дружно малыши
И заплыли в камыши
Мама-утка кряк, да кряк –
Не отыщет их никак.

А утята, сделав круг,
Вчетвером вернулись вдруг.

Снова четверо утят
Вслед за мамой стали в ряд
И поплыли по пруду
Все у мамы на виду.

И расплылись понемногу,
Вызвав мамину тревогу.
Утка снова кряк, да кряк! –
Не отыщет их никак.

Что утятам водоём!
Возвращаются втроём.

Трое маленьких утят
Вновь за мамой стали в ряд
И поплыли по пруду,
Все у мамы на виду.

Вот ныряли, баловались
И вдвоём они остались.
Плачет утка: кряк, да кряк!
Не могу я больше так!
Снова парочка утят
Вслед за мамой стала в ряд
И поплыли по пруду
Все у мамы на виду.
Лишь один послушен был
К маме-утке он приплыл.
Мама-утка снова в горе.
Кряк, да кряк! Хоть пруд – не море.
Испугалась мама-утка:
Пруд, ребята, вам не шутка
Всех пока не отыщу,
Я тебя не отпущу!
Ты один – утёнок мой,
Плавать будешь ты со мной!
А малыш, не тратя слов,
Вдруг нырнул, и был таков!

Стала утка горевать
И утят обратно звать.
Вот они плывут опять.
Кря, кря, кря! –
Их ровно пять!

03.02.17

Хочу на Рождество гиппопотама

(перевод)

"I want a Hippopotamus For Christmas")

By Gretchen Wilson

Хочу на Рождество гиппопотама,

Мне нужен лишь один гиппопотам.

Я не хочу игрушку,

Ни куклу, ни зверюшку.

Мне нужен лишь гиппопотам,

Чтоб я играл с ним сам.

Хочу на Рождество гиппопотама,

И Дед Мороза попрошу я прямо.

Пусть он его мне принесёт

Ни через чёрный дымоход,

А на порог поставит у ворот.

А утром, в Рождество, когда я встану,

По лестнице спустившись тихо вниз,

Увижу, наконец гиппопотама.

Глаза увидят не во сне,

И это не приснится мне,

Вот гиппо – мой герой, большой сюрприз.

Хочу на Рождество гиппопотама,

Мне нужен лишь один гиппопотам.

Ведь я прошу немного,

Не нужно носорога,

А крокодила вам

Задаром я отдам.

Конечно зря меня пугала мама,

Что стану я едой гиппопотама

Ведь нас учили в школе:

Он ест траву на воле.

 Гиппо не кровожадный,

Он просто травоядный.

Найду я место для гиппопотама

Я присмотрел его давно уже,

И если мне позволит моя мама,

Помою, сделаю массаж

И отведу его в гараж.

Ведь жить он будет в нашем гараже.

Хочу на Рождество гиппопотама,

Я без него не проживу ни дня.

И я скажу вам прямо:

Люблю гиппопотамов.

Ведь гиппо тоже любят все меня.

Про Осень, Герасима и Муму

Грусть на всех наводит осень:
Дождик, ветер, листопад.
И мы классиков попросим
Не сгущать минорный лад.

Мир ужасен и прекрасен!
Объясняю, почему:
Утопился сам Герасим -
Стало жаль ему Муму.

Часть II. Проза

Философия и Религия

АУМ

Рассвет. Над чёрным абрисом гор зарделась заря. Она золотит их склоны. Контур, только что тонувший во тьме ночи, чётко прорисовался, пока я медитировал. Я сижу уже четвёртый час в позе лотоса, но мне это не трудно. Мой учитель Лобсанг Дзюмба раньше ставил мне на голову масляную лампу, которая горела шестнадцать часов, и всё это время я сидел неподвижно! Так я учился медитировать. Поэтому четыре часа просто не составляют труда.

Напротив сидит чёрная кошка. Она смотрит на меня немигающими глазами. В утренней полутьме нашего наскального Храма её голубые глаза, как два ярких огонька. Я смотрю на неё, но мысли мои не с ней: "Я Пуст. Я Чистый Лист. Я Ветерок... Мне хорошо – Я с Миром в Гармонии..."

Мне 14 лет. Я служка в храме Буды Шакьямуни. Мою кошку зовут Бешмет – мы вместе служим в этом храме. Здесь есть ещё такие же чёрные сиамские кошки, их не видно в темноте храма, но голубые огоньки глаз, скользящие между колонн, выдают их присутствие. Они в два раза больше обычных кошек, и горе тому, кто захочет тронуть сокровища подношений Будде Шакьямуни! Кошачья стража вцепится вору в горло, и тут уж никто не поможет!

Меня здесь все знают. Я убираю в храме и кормлю моих друзей кошек. Кошки же знают всех монахов нашего монастыря и часто садятся, как моя Бешмет, возле медитирующих. Конечно же, кошки не сидят в позе лотоса, но я легко могу себе представить это зрелище! Они так ловки и грациозны!

Сейчас, после утренней медитации, я сменю масло в лампадницах, выброшу высохшие цветы, заменю их на свежие и накормлю кошек. А затем – моё любимое занятие: я гуляю по нашему городку, по окрестным горам, карабкаюсь по скалам на высоте кондора.

Мой город обнесён высокими белыми стенами, и я могу его обойти пять раз за один час! Но больше всего я люблю собирать звёзды! Папа говорил, что это камни метеоритного дождя, но для меня это звёзды. Метеориты на нашей высоте не сгорают, а летят яркими огоньками с длинным сверкающим шлейфом, а я бегу им навстречу, загадывая будущее.

Конечно же, я люблю бродить по скалам, по узеньким тропкам, где иногда я встречаю чьи-то тени из прошлых жизней, особенно там, где в скалах множество пещер – пустых глазниц времени.

Вот я иду, карабкаюсь – надо мной величественные, остроконечные соборы гор, их шпили нанизывают ожерелья пушистых облаков на фоне синего-пресинего неба. Брожу над пропастями, где далеко-далеко внизу, примерно в одном дне пути, серебрится наша бурная речка Яала, проходя через лабиринты гор и извиваясь точно дракон.

С моей высоты видно долины, наполненные бродячими букашками яков и уж совсем малюсеньких сверху коз. А деревушки с их белыми домиками и терракотовыми чортенами** выглядят, как игрушечные.

Наше Королевство Ло Мустанг, или просто Ло, запретное.

Сюда редко кого допускают. Каждый, кого проверяют и дают разрешение, должен иметь чистые помыслы.

Это восхождение – паломничество, а в системе Мироздания – путь к самому себе. Так говорил мой учитель Лобсанг Дзюмба. А ещё говорил он: "Ничего не бойся! Страха нет! Страх только в твоей голове!"

Я теперь точно знаю, что когда вырасту, буду помогать людям идти по пути совершенства – как мой отец Ияца. Несколько лет назад он ушёл от нас в Сияющую Пустоту Нирваны. Он учил меня: "Люди говорят, что время течёт, а Время считает, что люди проходят".

Я люблю окунаться в колодец времени – нашу монастырскую библиотеку, ведь я ещё так мало знаю. Мне разрешено читать древнюю мудрость старинных манускриптов. А сейчас я читаю священную книгу Молли, где описано, как Ами Пал, наш основатель, правил страной Ло Мустанг. В те давние-предавние времена демоны и люди жили вместе. Ами Пал построил крепость, обнёс её белыми стенами и поставил пять чортенов, посвящённых пяти магическим элементам: Огню, Воде, Земле, Воздуху и Эфирному Пространству, Акаши. И он выкупил нашу землю у демона Чёрной Обезьяны. С тех пор так и стоят белые стены, и у нас есть наша страна Ло Мустанг. Ами Пал говорил: "Если не делать зло и не думать о нём, оно само исчезнет".

С детства я мечтал вырасти и подняться на Анапурну, на Котеджангу, а главное – на Джомолунгму. В этом году я хочу пойти в школу альпинизма. Мне шерпы рассказывали за тарелкой цампы** много страшных и смешных историй. Они хорошо помнят Тенцинга Норгея*** и Хари Алувалиа*** - ведь они первые поднялись на Джомолунгму без кислорода и в одиночку. Затаив дыхание, я слушал о покорении, нет, не вершин, а своего страха, своих возможностей. Вершины нельзя покорить – они строптивые! Кого хотят, примут, а кого не хотят, бросят в пропасть.

Но были и смешные рассказы, особенно про последнюю экспедицию. Это было весной. Приехали туристы. Те, что посмелее, решили идти в горы. Но горы знают, кому идти к вершине, а человек должен знать, зачем ему горы. Заплатили туристы шерпам, проводнику, повару, купили одежду, провизию, снаряжение и стали подниматься. Первый лагерь был на двух тысячах, заночевали благополучно. Горы впустили. А когда поднялись на трёх тысячник, началась вьюга. Ветер снёс палатки, по воздуху полетели вещи, рюкзаки, документы и отхожее ведро, полное! Накопленное добро из ведра расплескалось по лицам застывших от ужаса туристов, и дальше они не пошли. А шерпам досталась работа! День ушёл на поиски документов и вещей. Смех и грех, да и только! Мой учитель Лобсанг всегда говорил: "Не спеши! Впереди вечность. Тут ход моих мыслей прервался окриком:

- Эй, Эверест! Тебя зовут! Пойдёшь за диким мёдом?

- Нет, не хочу, крикнул я. У меня с прошлого раза руки от укусов ещё не прошли.

Эверест - это не кличка, это моё имя. Мне его дал мой отец Ияца. Он был учителем, медиком, шаманом, астрологом, музыкантом и писателем. А своим именем я обязан прадеду - сэру Джорджу Эвересту. А дело было так: в 1824 году сэр Джордж Эверест работал в наших краях. Он занимался вопросами геодезической службы Индии. Именно он составил карту всех высочайших горных вершин Гималаев, но без измерений высоты. Их всего четырнадцать, самых высоких гор Мира! Из них восемь находятся в Непале, а мой Ло Мустанг, или как его назвали англичане, Мустанг, - часть Непала.

И вот, проработав несколько лет, сэр Джордж заболел и уехал лечиться в далёкое королевство Англию. Да видно тянуло его сюда, к вершинам, и через 2 года он вернулся к своей службе. Здесь он стал начальником геодезической службы Гималаев. Да только болезнь его не отступила. И вот стала за ним ухаживать одна добрая тибетская женщина по имени Лхаце, что значит "красивая, как богиня". Лхаце усердно служила Джорджу Эвересту, а он служил Гималаям. Так вместе они прожили 13 лет, и у них родился сын - мальчик по имени Нима, что значит солнце и воскресенье.

Когда сэр Джордж Эверест закончил службу и навсегда покинул Гималаи, он взял с собой Ниму. Нима учился в Королевском колледже в Лондоне, но так случилось, что когда Нима чуть подрос, сэр Эверест женился, семья разрослась детьми и стало неудобно держать в доме Ниму вместе с семьёй.

И Нима улетел к себе на Родину в Непал. Он стал работать в том самом Геодезическом обществе, и ему удалось измерить высоту всех легендарных высоток новым измерительным прибором, теодолитом, которого не было у сэра Эвереста. Члены Геодезического общества решили увековечить имя человека, посвятившего свою жизнь Гималаям и назвали самую высокую гору- восьмитысячник, Джомолунгму, -Эверестом!

Мой прадед был против и писал не раз об этом, но название, словно прилипло к высотке и закрепилось навсегда. С тех пор Джомолунгма стала называться Эверестом.

Сын Нимы Ияца - мой отец, поднялся в Ло Мустанг и здесь нашёл своё предназначение- посвятить себя людям. Стал врачевателем, учителем, шаманом, астрологом и впервые описал жизнь королевства Ло со всеми его легендами, рассказами монахов о нашем житие.

А затем, закончив свой труд, он, как истинный Архат, ну святой, превратил своё тело в энергетическую субстанцию и исчез. Остались только его волосы и одежда.

А я перешёл в обучение к своему учителю Лобсангу Дзюмбе и учусь здесь, при монастыре.

Я получил от отца имя моего прадеда и великой горы – Эверест. И потому я обязан дойти до вершины. И когда-нибудь я встану на край камня, завершающего вершину Мира, и в восторге, раскинув руки, как кондор, исторгну слово, подобное дыханию – Эверест!

Но потом я спущусь и буду лечить людей, как мой отец, и буду считать звёзды и собирать звёздную пыль, чтобы показать и рассказать людям об их предках.

Нужно достичь другой вершины – вершины совершенства. Нужно идти таким путём. Мой учитель говорил: "Жизнь – это иллюзия! Всё – в твоём сознании, и в этом лабиринте ты будешь проходить долго-долго через прошлое и будущее, пока не дойдёшь до совершенства! И после этого ты уйдёшь в Сияющую Пустоту Нирваны".

"Время, – говорил он, – течёт по-другому – не так, как мы представляем, и зачастую оно течёт вспять".

Внезапно словно ветром подняло песок у входа в Храм. Последний луч скользнул по лику Будды Шакьямуни. Я сижу в позе лотоса - моя вечерняя молитва подошла к концу. Я вновь одно целое с Гималаями.

Меня не коснётся Сансара - круговорот рождений и смертей, смертей и рождений чувственного мира!

И я вознёс Мантру Сочувствия и Любви к Миру – АУМ-М-М!

---

*/ Шерпа- муж, мужчина —народ на востоке Непала. Исповедуют Буддизм. Проводники альпинистов.

**/ Чортен-ступа (макушка) - Либо реликварий, либо маленький храмик, колоколообразной или ступенчатой формы со шпилем. Часто посвящался 5-ти магическим элементам: земле, воздуху, воде, огню и эфирному пространству.

***/Тенцинг Норгей—шерп. Был проводником, а затем в 1953 году , первым достиг вершины Эвереста. Написал книгу: "Тигр снегов"

****/Хари Алувалиа—альпинист, достигший вершины Эверест в 1965.

Непальские письма

Москва, ул. Щёлковская 18. Кв. 3, Алёне Смирновой.

Лёшик, привет! Знаю, ты на меня здорово обиделась. Имеешь право! Всё-таки 2 месяца я тебе ничего не писал. Ты тысячу раз права, Лёшик! Я тебе давно говорил, что ты должна найти себе нормального мужика, а не человека подневольного. Я солдат, Лёшик. Но ты не обижайся на меня. Ты ушла на работу, и я услышал про землетрясение в Непале и тут же записался в волонтёры, но не знал, что отправка через час. Всё было в спешке, и я боялся твоей реакции на моё решение, поэтому ничего не написал. Сожалею.

Лёшик, я попал в самое пекло. Кругом неописуемая красота- горы до небес! Но горы безмолвно смотрят на жуткие беды, которые творятся на земле. Земля поглотила людей в свою бездну. Из-под земли стоны, плачь, моления о помощи, тысячи раненых. А те, что наверху- обездолены, обескровлены, ранены, или убиты...

Многие под землёй лежат, тихо смирившись со своей участью, и только чуткие собаки верят в их освобождение. Они всякий раз радуются при нахождении людей и пытаются оказать им помощь. Местный народ верит, что их покарала судьба и нельзя роптать. Лёшик, люди придумали сердцу ограничения и считают, что сердце -дела сердечные, амурные.

Здесь я понял: сердце вмещает столько боли и столько радости! Это целый микрокосм, и в нём всё сущее! Суровые горы и условия этих мест помогают человеку обрести мужество. Я поражён их стойкостью и силой духа этих людей! Они не ропщут и принимают свою судьбу, как должное. А благородство этих нищих, необразованных людей, не отягощаемых нашими условностями и гигиеной, сравнимо только с благородством людей передовых в своих духовных познаниях.

Здесь можно навсегда забыть всю грязь людских отношений. Особенно это касается армии. Ты знаешь, Лешик, я солдат и привык к жестокости и боли, привык к грубости и невзгодам в условиях военной жизни... Но здесь, глядя в глаза страдающих людей, но при этом сострадающих тебе, благодарных тебе за внимание к себе, покорных судьбе...я хочу забыть и забываю о так называемой цивилизации и я понимаю и принимаю эту простую жизнь.

Можно забыть всё, чем мы жили: забыть об идиотских приказах начальников, забыть радости и промахи футбольных команд и о футболе вообще, забыть все новости мира, все эти прыжки в длину и высоту политики! Потому что единственный прыжок в высоту-это твой собственный -к самому себе, к самосовершенствованию.

Здесь горы возвышают самых отупелых, которые невольно карабкаясь вверх и вверх, вдруг видят звёзды.

Пиши мне, Лёшик.

Прилагаю адрес: Александру Бойко. Непал, Катманду, Полевая почта 2337 К90.

Александру Бойко. Непал, Катманду, Полевая почта 2337К90

Саша, привет! Только из уважения к нашим трём совместным годам, заставило меня ответить. Ты пишешь мне из далёкого Непала, после двух месяцев полного молчания.

Ты обязательный солдат- это правда. Но и человек, который говорил, что любит. И вот, внезапно ты уходишь, испаряешься, не оставив ни строчки. Ты должно быть не представляешь, какой удар нанёс, так вдруг исчезнув. Что я должна была себе представить?

Ты действительно солдат, который, видимо, должен был быть женат на танках! Я свыклась с мыслью, что ты в горячих точках. Но не так далеко. Не так таинственно. И не так горячо, чёрт возьми. Я слышала, что толчки и сейчас продолжаются, а землетрясение не пощадило святые храмы. С чего ты взял, что ты святее их храмов?! И почему ты онемел на целых два месяца? Я думала, ты умер!

Но это хорошо, что ты жив, потому что я наконец могу отвести душу. А если бы ты умер, я бы не смогла тебе выразить всё то, что переполняло меня эти два месяца. Ты говоришь только о горах и благородстве, но к близким людям ты отнёсся, как жалкий трус и предатель, потому что сбежал. Может быть там, далеко от дома, ты поймёшь, что такое семья.

Мне кажется, что ты поверил, будто каждый, кто сидит со скрещёнными ногами - уже Будда и ты готов на него молиться.

Жду тебя дома. Алёна.

Москва, Щёлковская 18, кв3, Алёне Смирновой.

Лёшик, дорогая моя, я себя чувствую очень виноватым, а вернее, я себя не чувствую вообще, а только боль- за тебя и за всех этих несчастных. Я долго думал о нашей жизни, о своей. Ты права, я женат на танке, если вспомнить, как ты утюжила меня по утрам и только вечером, после работы, после еженедельной йоги, на которую ты бегала два раза в неделю, ты притихала от усталости. В эти минуты затишья я из благодарности к йоге, веданте и джайнизму, валился рядом с тобой, и мы ласкались на 220 вольт.

Но наступало утро, начинала вращаться пугающая башня танка - где что не так: Сашка ты сделай то, сделай это, ты не сделал то, не сделал это... И я уходил, уничтоженный врагом. Но всё равно, я очень скучаю по тебе, потому что помню каждое включение в 220 вольт и потому что во всём этом Армагеддоне, я всё ещё храню твоё тепло. Сейчас, когда работы по спасению уже закончены, я хочу узнать эту страну поближе. Со всей этой болью и муками, которые я здесь увидел и испытал, она стала мне близкой и родной. Спасая людей, борясь за них, я ощутил острую потребность узнать об этих людях, об этой стране. И знаешь, Лёшик, я никогда тебе не говорил, но в детстве я любил рисовать, и вот сейчас на меня нашло- я снова рисую. Здесь такой свет, такое могущество красок! Такое интенсивное чувство слияния с природой, что я не могу противиться. Это могущество притяжения природы, людей, философии их жизни. С одной стороны, можно найти изысканный способ мышления, на основе древней мудрости, дружественность отношений, с другой стороны, невежество, примитивность и даже знаки вырождения из-за полного отсутствия пополнения знаниями и хотя бы каких-то мало-мальских условий для жизни и труда. Я думал, что ужасно отсутствие воды и электричества, но нет ничего страшнее отсутствия твёрдой почвы под ногами. (Во всех смыслах понятия). Впрочем, это только мои страхи. Местный судья предложил мне и ещё двум волонтёрам из Москвы переселиться в его дом. Он отвёл для нас верхний этаж своего когда-то великолепного шестиэтажного дворца на скале. Умопомрачительный вид на горы и городок внизу! Но сам дворец в таком состоянии, что мы боялись войти в эту скворечню, да и выйти из неё. Когда втроём мы всё же поднялись на наш этаж, куда давно не ступала нога человека, левая часть этой скворечни отвалилась, медленно заскользив по скале вниз, словно лодка на спуске в открытое море...

Мы быстро сбежали по шатким ступенькам, но это лишь насмешило хозяина. Он сказал: «Случилось, что должно было случиться, и не случилось, что не должно случиться. Так зачем волноваться!» Всё-таки мы поднялись по одному в левое крыло дома и эти мелкие неудобства на фоне кошмара внизу искупились потрясающим видом на горы, освещённые солнцем. Ладно. Бегу. Мы решили выйти в горы. Потом напишу. Целую. Сашка.

Александру Бойко. Непал, Катманду, 2337К90

Саш привет!

Я пересмотрела всю нашу жизнь. Есть много обидного из того, что ты обо мне сказал. Но всё правда. Я глубоко сожалею, что я была так нетерпима к тебе. Но, честное слово, я исправлюсь. Всё -таки мы прожили три совместных года довольно счастливо. Я помню, как на эту фразу ты как-то сказал: "Это ты довольна, я - нет". Но сейчас совсем другое дело - я горжусь тобой и очень хочу всё бросить и поехать помогать тебе. Я перечитала много о Непале, об Индии, о Востоке - меня это спасло от яда раздражения.

Я не знала, что ты когда-то рисовал и мне захотелось пересмотреть живопись Рериха. Наверно ты видишь сейчас то, что и он когда-то! Действительно поражает магия его картин и могущество света, о котором ты писал. Я нашла его стихи о беспредельности мира, и они меня поразили соразмерностью с твоими чувствами:

Небесный свод, горящий славой звёздной,

Таинственно глядит из глубины-

И мы плывём, пылающею бездной

Со всех сторон окружены.

Правда, здорово! Я это вижу, а ты тем более.

Ты всегда шутил, иногда твои шутки были очень злыми, но я знаю, что под непроницаемостью шутки, скрывается твоё мужественное и доброе сердце.

И я люблю тебя сильнее.

Целую. Жду. Алёна.

Москва. Щёлковская 18, кв. 3, Алене Смирновой.

Привет, дорогая!

Я постарался наполнить чашу своих находок и открытий в этой удивительной стране. Очень бедной стране, возможно, самой нищей, но с самыми чистыми помыслами. Я прошёл через гибельные пропасти, гремящие потоки вековых ледников и головокружительные спуски, чтобы вновь подняться выше прежнего. Зачастую было голодно и холодно, а зачастую - жар и волнения земной коры. Было довольно страшно ощущать себя частью пыли на крутых тропинках горных ущелий.

Но вот мы повстречали древний храм на пути. Мы были бы рады встрече с монахами. Храм и монастырь стояли в ложбине между гор, на высоте примерно пять тысяч метров. Ветерок кружил песок, словно в миксере, разматывая скорость кружения. Мы быстро вошли в храм и всякий звук исчез.

Бездонные глаза Будды воззрились на нас- непрошенных гостей. Вдруг до нас донёсся протяжный звук трубы и повтор, ещё повтор, затем всё стихло, словно и не было. Я включил фонарик- мы в длинном, длинном коридоре, мы идём, идём, и вот мы выходим во дворик. Во дворике сидят, словно статуи, девятнадцать монахов в оранжевых буддистских тогах. Они замерли в медитации. И внезапно мне непреодолимо захотелось сесть рядом с ними, и я понял двадцатое место - это моё!

И я сказал ребятам, что были со мной —я остаюсь.

Они уйдут с этим письмом. А я останусь. Не жди меня и пойми. Видимо меня сюда направил кто-то свыше. Я люблю тебя, Алёна, будь счастлива, прости!

Алекс, ищущий путь.

2015 г.

Всё в твоих руках, Господи

Лил дождь, как из ведра. Василий тихо вышел из дома, осторожно прикрыв дверь, чтобы не разбудить жену. Сквозь яростные струи он побежал к сараю. Сарай - сонное царство курей и гусей. Они было открыли сонные глаза, но признав Василия, вновь впали в спячку. Василий взял в сарае хомут, что лежал десятилетиями ещё от батьки. Думал, пригодится для лошади, но так и не завёл. Он деловито обвязал хомут вокруг руки и полез на верхотуру сарая.

Удивлённые квочки и гуси приоткрыли едва глаза - чего там хозяин чудит, да и вновь заснули. А Василий долез до верхней балки, что удерживает крышу, закинул хомут с петлёй, поймав петлю, затянул на шее, а затем прыгнул вниз. Но ветхий хомут не выдержал и вместо того, чтобы тихо повиснуть, даже не разбудив несушек и так сравнять свои счёты с жизнью, Василий полетел прямо на спящих хохлаток! Они заорали, заквохкали и взлетели впервые за свою куриную жизнь, сравнявшись с летающими в дискретном движении гусями. Сквозь сумасшедшее квохтанье и гаканье гусей, то и дело проносящихся мимо и над ним, Василий постарался подняться. Охая и ругаясь, тем самым добавляя в эту какофонию свои музыкальные нотки, он, держась за бока и массируя спину, на шатающихся ногах вышел из сарая. За дверью всё ещё метались в броуновском движении жутко орущие птицы, а Василий остановился и глянул на себя. К мокрой одежде Василия повсюду прилипли перья и помёт, а сам он стал неким неизвестным науке пернатым.

- Ну как теперь показаться Марусе в таком-то виде! Надо зайти к Степану помыться, - подумал Василий. Но по дороге решил забежать в забегаловку и дёрнуть для сугреву.

В это время в забегаловке под названием "Три мертвеца", уже были прихожане, пришедшие с утречка опохмелиться. Зависнув сонными мухами над стопариками, ещё в полудрёме, они стояли у стойки, когда дверь отворилась и перед ними предстало нечто огромное, в перьях - очень странного вида! Братки оторопело воззрились на это чудище и перекрестились. Поневоле у них вырвалось нечто похожее на "чур не меня!", "чур не меня!", но тут они услышали вполне человеческую речь:

-То ж я - Василий! Не узнаёте что ли?!

-Василий , правда, ты?

Да я, я , не сумлевайтесь! И Василий вытер рукой лицо, размазав грязь и сплёвывая перья. Дядя Федя, налей мне 100 граммов, я потом расплачусь . Сейчас ничего с собой не взял, видишь, не до того було!

- Да уж, по тебе видать, шо не до того!

- А шо то за галстук у тебя на шее?- спросили братки.

-Да то хомут чёртов! И Василий сбросил с шеи оторванную часть хомута, а затем сбивчиво, то и дело отплёвывая перья , сквозь чёрные бульки грязи, стал вкратце рассказывать.

- Я же грешник страшный. И что только эти поганые руки не рисовали, кого только не выделывали. И сколько же в душу мне плевали, а сколько я терпел и на себя плевал! Вот через это всё нет мне прощения перед Господом. И порешил я, что хватит небо мутить. И вот не вытерпел! Сегодня схотел я, братки мои, тихо, мирно уйти в мир иной, чистенько дождиком обмытый.

Да чёртов хомут порвался в самый мой напряжённый час! Значит, не схотел меня Господь призвать к себе! Только курей насмешил - всё ещё носятся, небось, по сараю.

-Ну ты ж устроил себе сольный апокалипсис! Да, Василий! Выглядишь ты неважно! А что если мы тебе работёнку найдём? Во в таком интересном виде ты мог бы чучелом на огороде поработать!

Ну хватит, братцы! - вступился дядя Федя-продавец. Человек душу открыл, а вы, пьянь лохматая – никакого уважения и сочувствия! Иди сюда Василий, хочь лицо умой. Василий - человек известный на селе! Художник! Что, не знаете?! А вы только у стопариков дежурные. Ну-ка быстро собирайтесь! Проводите человека с почётом до дома!

Василий хлебнул 100 граммов водки - для сугреву и улыбнулся сквозь перья и грязь глиняной улыбкой необожжённой статуи.

Братки довели его до хаты. А один из них зашёл до Маруси- жены Василия, подготовить её. И говорит ей:

- Ты, Маруся, не волнуйся! Но видно, ты Василя сильно достала, шо он, бедный, схотел повеситься!

-А шобы он уже повесился!

-Так он уже повесился!

-Да шо ты такое говоришь, Грицко! Васенька, солнышко моё! Да как же так! А-А-А-ааааа-завыла, зарыдала Маруся

- Но неудачно, Маруся, неудачно! Живой он, но его нужно трошки помыть, пожалети...

- Я его помою, я его так пожалею...я ему задам! Вот сволочь ! Людынам в глаза не даст посмотреть! Умереть не мог по-людски!

Но, вот Маруся увидела Василия, густо обмазанного грязью и перьями. На голове и лице уже высохшая глина превратила лицо в маску, кое-где всё ещё торчало оперенье индейских вождей. Вот он еле стоит на дрожащих ногах в проёме калитки - совсем разнесчастный. Тут уж Маруся сменила гнев на милость. Она молча перекинула Василия себе на плечо и они поплелись к дому, оставляя за собой кружащийся перьевой след.

А братки молча постояли у калитки и понуро пошли восвояси.

А всё начиналось ещё в двадцатые годы двадцатого века. В те смутные времена в стране, принявшей на себя бремя больших перемен, неподалёку от города Одессы, в селе Будаки-Картон, словно в театре, но на сцене истории, бегали политические актёры: красные, белые, зелёные. Сначала их все боялись, но устав от страха, махнули рукой. В деревушке даже церковь не сломали, но сделали всё как полагалось - никакого Бога! Был и нету! Упразднён приказом_потому, что отсталый элемент этот Господь и его сотоварищи апостолы!

Вызвали художника, что до семнадцатого года рисовал образа.

По высоким ступеням церкви по красной дорожке, сжимая шапку, шёл не зная зачем и куда, художник Василий Суббота. Жена Маруся уже сготовила вещи - на всякий случай - может, на совсем беруть.

Василий боялся поднять голову, но тут решительный голос вывел его из страшной тишины:

- Художник?

- Ага, - виновато сказал Василий и голос его потух.

- Слухай сюда, художник! Тую церковь, где ты мазал образа, - будем переделывать у Дом Культуры и Отдыха! Ты теперь не только Василий-художник, ты теперь Борец Невидимого Фронта! Помни об этом! Понял?

-Да какой же я художник, если невидимый! - заикнулся было Василий...

-Отставить разговорчики!

- Ага!

- Завтра же кисти в руки, вёдра с краской и, чтобы ни одной церковной морды!

-Ага! - уже вытянувшись в струнку и переводя дыхание, ответил Василий.

В алтарной части у окон поставили знамёна красные. Посредине, где купель стояла - стол, накрытый зелёной скатертью, а по стенам, сказали, будут портреты. Вечером Василию, мастерившему скворешник в сарае, принесли фотокарточки:

- Вот, - сказали они,- рисуй, как здесь! Это тебе не хухры- мухры! А это товарищи наши - Маркс и Энгельс, а вот это - показали вторую карточку - Ленин и Сталин. И чтобы точно нарисовал! Чтоб похоже было - мы не шутки шуткуем, если что не так, пустим тебя в расход.

Так и сказали! И при всём при этом дали неделю времени! Глянул Василий на лохматого Маркса и ахнул! Это ж сколько времени на такую причёску с бородой! А что поделаешь? Один он на всех этих товарищей!

Василий не спал, не ел. День и ночь рисовал товарищей. А тут, как назло, сквозь Марксову голову проглядывает Николай Угодник! Доска старая, иконная, краску же дали плакатную, а Николай -то маслом был писан, вот и проступает Угодник! Иоанн- Креститель под Сталиным и Лениным скрылся - и ни гугу, а Николай-то -всё угодничает, помочь хочет, значит! Но не тут -то было! Что ему знать о Советской Власти!

Но вот Дело Жизни закончено! А хорошо получилось! Так любовно прилипли щёчками друг к другу, як на фото со свадьбы - Маркс с Энгельсом, да Ленин со Сталиным!

- Марусь, ты глянь! Смотри, як они улыбаются, даже лучше, чем на карточке!

- Вась, ты бы лучше улыбки-то - закрасил! А то не понравится начальству!

Начальству и впрямь не понравилось:

-Закрасить басурманские улыбки! Коммунизм - дело серьёзное!

Василий в тот же вечер затянул коммунистам ротики, сжал губки:

- Смотри, Марусь! Як серьёзно смотрят до мэни те коммуняки!

- Тс, Василий! Шо ты такое говоришь! Они же наше руководство – там в Москве! Вишь, как они о нас думают, заботятся - даже побриться некогда!

На открытии Дома Культуры начальство очень хвалило Василия. А потом там же, у церкви, были танцы.

И всё больше и больше добавлялось товарищей, удостоенных кисти Василия. Добавлялись портреты, на которых Василий изобразил дедушку Калинина и какого-то Молотова и ещё, и ещё...

Василий был уважаемым человеком на селе, но если раньше он рисовал сельскую публику, то после столь высокого руководства портреты простых людей он уже не успевал рисовать.

Долго ли, коротко ли, но грянула война. Все уходили на фронт. Василий был хром на левую ногу, да и в селе он нужный человек. Он пишет агитки, плакаты - словом, он человек при деле.

Пришёл момент, когда война подступила к порогу. И она не остановилась у калитки. В одно солнечное утро два фашистских офицера вошли в сарай, где Василий что-то мастерил.

- Ти - со мной!

Маруся зарыдала. Василий под штыком пошел вперёд - с оглядкой на Марусю - прямёхонько до той же церкви. Там выносили лохматого Маркса и всех коммунистических товарищей - прямо в полыхающее в церковном дворе пламя.

А за зелёным столом сидел главный фашист. Эти двое, что привели Василия, так хлопком вытянули руки, шо у Василия ухо заложило.

- Ти есть художник? - сказал один на ломанном языке.

-Ага, - сказал Василий, расставаясь с жизнью.

- Ти дольжен рисовать нашь общий Батька, что есть Адольф Гитлер.

Тут вся их братия щёлкнула сапогами и с гиком протянула руки, шо хоть верёвки с бельём вешай!

- Ти дольжен мазать стены и тут рисовать большой Адольф Гитлер, ферштейн?

- Ага, - тихо сказал Василий, поняв одно: он ещё будет жить!

- Дать карточка, - сказал главный из фашистов.

Василий хотел идти домой, но его не выпустили. Все его краски уже стояли у дверей. Немцы ушли, а Василий на большом картоне начал рисовать это странное лицо с мелкими , буржуйскими усиками.

- Господи! Помолился Василий в душе . Неужели ты это стерпишь? Это же срам какой, а слышишь ли ты меня, Господи?! Но на всё воля Божия!

Василий начал рисовать и вспомнил, как он однажды ездил в Одессу и там, на Дерибасовской улице, трактирщик был ну точь-в-точь, как эта фашистская морда.

- Господи, прости меня, причитал он, тщательно выводя бесовские глаза и дурацкую чёлку злого пони.

Портрет фашистам понравился . Заказали ещё Гиммлера и такого очень толстого добродушного гада - Геринга!

- И шо у них такие морды не русские! - переживал Василий, выводя пушистые щёки, похожие на свежие булки.

- И где тут глаза? Ну свинья свиньёй, - подумал Василий и оглянулся: не слышит ли кто его мыслей.

И вот в церкви, где Василий рисовал образа, а потом Карлов Марксов и Ленинов, теперь висит этот срам!

Василия отпустили до поры, и они с Марусею тихо выпили горилки, шо Василий сховал в сарае за углём.

- А знаешь, Маруся, шо о це Маркс с его Энгельсом и Ленин с товарищем Сталиным мне нравятся больше - они красивше! Но, знаешь, я человек простой - тоскую я по иконкам! И что там Господь зазевался! Прости Господи!

Но однажды утром его разбудил шум машин и мотоциклов. В пустом селе, где в хатах почти никого и не осталось - людей всех вывезли на работы в Германию, слышно было каждого кузнечика, - а тут такой шум моторы подняли!

- Глянь, Марусь! А по моему, немчура драпает! Нужно сховаться, на всякий случай, в сарае за досками, чтобы не сотворили чего худого, гады!

-Смотри, смотри, и полицай Степан с ними в моциклетку сядает, а они его броском швырнули.

Василий с Маруей   только спрятались в сарае за досками, как забежал Степан - гад ползучий и автоматной очередью покрошил щепок! Но разбираться не стал: боялся опоздать на фашистские мотоциклетки.

Короче, все они драпанули , а Василий с Марусей два дня не вылезали из укрытия. Но тихо кругом - уехали длиннорукие!

- Марусь, выходи!

А в хате у них всё переломано, доски понакиданы, по стенам следы от Степановой очереди.

- А знаешь, Марусь, то даже хорошо, шо такой тарарам ! Покажем нашим , шо нас так крепко любили, шо пули не жалели!

Тихо в деревне, и где-то далеко канонада. А потом наши, красные, пришли!

 Но затаскали наши бедного Васю - и что, и почему живой - думал, прибьют, - но пощадили: нет в селе другого художника!

Замазал Василий, слава Богу, мерзкое лицо с чёлкой злого пони и усиками - грязюкой под носом и ....

Вновь стоит Василий в церкви у зелёного стола:

- Художник?

- Ага!

- Ну так докажи, шо умеешь! Шобы уместо той всей мазни были портреты наших товарищей: Маркса, Энгельса, Ленина и Сталина . А Сталин большой должен быть - во весь рост, в военном кителе и на красном коврике.

- Ага!

- Ну, иди!

- Марусь, а Марусь! Мне партия опять поручила товарищей рисовать!

 И пошло всё сначала: Сталин, потом - маршал Жуков, потом герои войны и труда, колхозники, шо на досках почёта.

Словом, обескрещеная церковь уже воспринималась, как общественный дом собраний: здесь принимали в пионеры, в комсомол, здесь проводили митинги в честь праздников с обязательными танцами.

Возможно, так хочет Господь, - думал Василий! Он верил, что всё устаканится и в конце концов, Господь наведёт порядок.

Потом он рисовал доярок, колхозников, ударников соцтруда и прочих людей – одних за другими - опять же: такая у Василия работа.

- Господи! Дай передохнуть! Так хочется чего-то праведного, а то надоели все : и фашисты , и коммунисты, и колхозники , и доярки, и коммунарки, и свинарки! А хочется Деву Марию, да с ребёночком, что не случился у него с Марусею! Хочется Святых: Николу, да Петра, да Иисуса-многотерпца!

И вот стал Василий втихаря делать маленькие иконки со Святыми образами и всё складывать в сундучок. Полюбуется он на них, как на солнышка лучики, и опять спрячет в сундук. А утречком идёт на работу - в дом культуры, то бишь в церковь, помолиться перед входом невидимой иконе. И за кисти! Плакаты, плакаты, а то афиши для кино, цитаты какие-то. И чего только не удумали! А он писал всё , что просили - надо, Вася, надо!

И всё это довело бедного Василия "до ручки"- схватил он чёртов хомут в сарае и полез на верхотуру, чтобы покончить такую жизнь никчёмную !

 А вот и это обошлось! Не схотел там, наверху Всевидящий, наказать его за весь тот срам, что выводили поганые руки!

Прошло пару годков, постарел Василий, смирился. И тут его вновь вызывают на ковёр;

- Ты, Вась, Художник?

- Ага! Ну что ещё? Стар я!

- А слыхали мы, шо ты иконы красиво выводишь?

- То люди брешуть.

- А не скажи, Василий! Мы тут порешили церковь нашу реставриро-
вать. Будем счищать твою штукатурку и твоих же святых на свет вы-
водить. Ну, каково? Поможешь им выйти из небытия! Подмалюешь,
подрисуешь, и будут они, как новенькие! И посвятим в церкви вновь
твоих Святых, да Иисуса-многотерпца. Ну? Что скажешь?

Василий глянул на говорившего и всё поплыло у него перед очами!
Вот почему Господь не дал мне удавиться! Всё в твоих руках, Госпо-
ди! Знал же Господь, что хоть я и чучело в перьях снаружи, а человек
праведный!

Здравствуйте, Иоанн-Креститель, да Никола-Угодник, да Андрей с
Петром, да Иисус-Многотерпец!

Жизнь начинается!

- Марусь, а Марусь! Сядь у окна!

Василий взял кисть и на старой доске вывел лицо жены и к груди её
приложил младенца Иисуса.

Кисть его быстро бежала от мазка к мазку. И настало Васино счастье!

Церковь открыли по весне. Всю зиму Василий выпиливал Иконо-
стас, да в нём поселил святых: Иисуса по центру, по бокам Петра с
Павлом. Всё установил, да позолотил. Пришли попы и освятили
образа.

Василий опустился перед алтарём, счастливый сделанным,
и в густом фимиаме посвящения, под кадилами, прошептал:

- Господи! Я сделал всё, как ты хотел! Возьми меня к себе!

Сан Диего, 2008

Справедливое равновесие

Степан сидел на крыльце очень злой. Видимо мало выпил. В руках он держал недопитую бутылку. Его Пёс сидел неподалёку, то и дело заглядывая хозяину в глаза.

-Ну чего ты пялишься на меня! Тоже давишь на совесть! Пошёл отсюда! У тебя вообще нет прав, ты собака,- процедил он сквозь зубы.

Пёс отвёл глаза и через минуту вновь встретился взглядом с Степаном -Ну, что уставился! Надоел! В это время Пёс , глядя на хозяина, думал: - надо уходить от него. Вечно злой. Вечно пьяный. Хорошо, что сегодня не побил. Но как уйти - жалко его! У него кроме меня никого...Да и у меня никого. Если бы я был человеком, я никогда бы его не обидел! Степан опрокинул бутыль с вином и забулькал жадными глотками. А Пёс положил голову на лапы и задремал. И вот ему снится сон, что он хозяин собаки по кличке Степан. Что они в каком-то чистом доме вдвоём и он гладит маленького щенка Стёпку, а за окном шелестят листвой деревья, поют птицы ...

-Пшёл вон, псина! - Пихнул ногой собаку Степан. Он встал со ступеней и заплетающимися ногами пошёл к автобусу. Пёс побежала за ним.

-Отстань! - Обернулся Степан к собаке. И в тот же миг был сбит машиной , вместе с Псом.

Белый Ангел склонился над собакой, он погладил Пса:

- Ты замечательное создание! Добрый, верный Пёс! Собака недоверчиво подняла глаза. -Думаю,- продолжил Ангел, ты заслужил быть человеком! Хотя, на мой взгляд, собаки лучше людей, но у человека жизнь интересней. Решено, ты будешь человеком, проживёшь долгую и счастливую жизнь. Но только одна встреча тебя удивит и ты вспомнишь всё. В тот же миг родился младенец. Он громко закричал впервые в своей новой жизни. Так появился мальчик Петруша. И мама радостно прижала его к своей груди. В это время пьяница Степан, сбитый машиной, открыл глаза. Морща лоб, стоял кто-то и монотонно зачитывал биографию Степана...

1. Ребёнком резал кошек.

2. Избивал одноклассников.

3. Постоянно убегал из дома и доводил мать до сердечных приступов.

4. Обворовал киоск с сигаретами.

5. Сидел в колонии.

Вышел, ограбил, сел. Вышел, избил, сел... и т.д. Ну и ну, покачал головой читающий чиновник-распорядитель судеб. Издевался над людьми и животными. Чуть не убил жену. Бил своего преданного пса.

-Виновен. Понизить до муравья. Пусть работает. Вот ведь жил, как безобразное животное!

Но тут к Распорядителю Судеб подошёл Ангел и что-то шепнул ему на ухо. Распорядитель кивнул.

- Так, решено. Ты будешь собакой, научишься понимать людей. Это твой шанс!

В тот же миг Степан вывалился третьим щенком беспородной собаки. Его братья и сёстры - щенки, отталкивали его на пути к маминой груди. И он то и дело оставался голодным.

А в это время мальчик Петруша подрастал. Он рос общительным и очень добрым малышом. Родители в нём души не чаяли. Когда Петруше исполнилось четыре года, папа решил купить ему собачку. Вместе они пошли в зоомагазин, но в это время там были хомячки, попугаи и кошечки, а щенков не было. Петруша понуро вышел из магазина, папа тоже расстроился. Но внезапно у крыльца магазина они заметили коричневый комочек - это был подброшенный щенок.

-Папа, давай его возьмём! Я его помою и накормлю ещё до прихода мамы. Он ей понравится, вот увидишь! Петруша взял щенка на руки и понёс домой. Дома они с папой хорошенько выкупали щенка, накормили его, и Петруша понёс его на свою кроватку. Пёсик махал хвостом, довольный и сытый, но внезапно куснул Петрушу за палец.

- Ты чего? Так нельзя! Ты ведь мой дружок, понимаешь? Петруша поднял пёсика и посмотрел ему в глаза. В тот момент, когда взгляды их встретились, перед ними мелькнули тяжёлые сцены из прошлого ...

Они узнали друг друга. Но это длилось мгновение, потом Петруша прижал щенка, погладил его и сквозь сон нашептал ему: ты мой дружок. Да, так и назову тебя – Дружок.

Прижавшись, они уснули под шелест деревьев и чириканье запоздалых птиц. Глядя на них, кто-то в белом - не то Распорядитель Судеб, не то Ангел, произнёс:

- Ну, Слава Богу! Справедливое Равновесие.

Выбор Сиото Сандзи

"Ну вот, теперь я знаю, что надо делать с головной болью! Имбирь - идеальное средство, он даже снимает напряжение мышц!",-

Сиото настрогал щепотку имбиря, заварил кипятком и подождал минут пять. Чай готов. Сиото сел к окну, прихлёбывая чай. Ветка клёна гнулась от ветра, наклоняясь к стеклу; она то и дело стучала в окно багровыми острыми углами своих листьев. Сиото Сандзи было также одиноко и неуютно, как этим трём кленовым листьям, которые из последних сил удерживаются на родной ветке. Он погрузился в глубины своего одиночества - как говорится, моно-но аваро. Такое занятие он находил важным, приятным и обогащающим идеями. В тёплые дни Сиото уезжал к озёрам и там, в прохладе вечера, он слушал неясный клёкот кукушки и хрипловато-расплывчатый хор лягушек. Все эти звуки он слушал сквозь туман неясных воспоминаний - как бы в небесах проявлялись образы, затем они, обрастая звуками и запахами, сливались с диском луны. И внезапно на белом диске полнолуния он видел талый снег, через который пробивались первые зелёные побеги травы. Когда уж совсем становилось зябко, он садился на свой старый велосипед и, виляя по тропинке, выезжал на дорогу к дому.

Сиото Сандзи писал повести в стиле дзуйхикицу - как говорится, вслед за кистью. Этот стиль известен со стародавних времён, но ему был близок этот стиль: перечисления событий, иногда документальных, но приправленных легендами, домыслами, преданиями и даже какими-то фантастическими событиями или обстоятельствами. Сиото любил сидеть в своём маленьком саду, покачиваясь в соломенном кресле, и придумывать разные истории, путешествуя во времени и пространстве. Равномерное покачивание скрипучего кресла уносило его в далёкое средневековье. И вот Сиото, одетый в зелено-жёлтый бархат осени, туго подвязанный поясом оби, уже чувствует себя частью подданных великого сёгуна. Он заходит в зал, где восседает, как на сцене, сёгун Ямато. Все кланяются великому сёгуну. Над его креслом висит шёлковый свиток - первая конституция Сийотоку - закон из 17 статей. Законы утверждают согласие, гармонию и служение общему делу. За это Сиото и выбрал время сёгуна Ямато для своего романа. Но тут он отвлёкся на какой-то посторонний звук и возвратился в реальное время. Эти путешествия во времени Сиото очень ценил, из - за них он не создавал семью. Но как бы он ни уговаривал себя, что ему хорошо одному, одиночество начинало его тяготить, утомлять, а иногда вводило в неосознанную депрессию.

Несмотря на то, что, Сиото Сандзи сочинял роман о феодальной Японии, он всё же не писал тушью свои опусы, как это делали в те времена, а очень даже лихо клацал по клавишам компьютера, что взбадривало его от монотонной работы. Иногда он слушал новости. Новости тоже были перечислением, но чаще всего хронологией преступлений, политических интриг и скандалов, поэтому Сиото их быстро отключал или "листал" на скорости свой компьютер.

Но вот его заинтриговало одно объявление: "Хикари - электронный помощник для одиноких мужчин!" Виртуальная супруга?! И тут Сиото вспомнил, как ещё мальчонкой в своём маленьком городке, он с матерью шёл к базарчику. Была осень, как сейчас, деревья совсем обнажились, их черные от дождей ветви унылыми остовами протянулись к серому небу. А на ветках висели, раскачиваясь на ветру, розовые резиновые женщины, с кроваво-красными полуоткрытыми ртами. Ему казалось, что он вошёл в лес повешенных ведьм.

Но, отогнав воспоминания, Сиото, открыл сайт "Хикари". Там было написано, что стоимость виртуальной подруги $2700 , что она может руководить домашними делами, то есть всей электроникой, включая кондиционер, свет, электроплиту, туалет и стиральную машину. А также с ней можно поговорить, она может ответить по телефону и многое другое. А главное - она выражает радость своему хозяину, ничего не просит, не рожает детей, и её можно просто отключить! Сиото подумал, что это для него идеальный вариант, и он решился на покупку. Уже через три дня перед ним предстала его виртуальная жена, или подруга, или просто соседка! Он не знал ответа на этот вопрос. В небольшом цилиндре, в синих лучах света появилась голограмма маленькой, мультипликационной девушки, которая нежнейшим голосом сообщила всё о погоде на сегодня и на завтра. Включила по его просьбе чайник на плите, и он уже было хотел её отключить, но она внезапно сказала:

- Давай поговорим!

-Давай,- сказал он, радуясь и удивляясь удивительному созданию технологии.

- Я могу сообщать много интересных сведений! Например: налоговый кодекс США в четыре раза длиннее полного собрания сочинений Шекспира!

- Откуда ты знаешь это?

-Во мне спрятано много информации, мой господин! Хочешь ещё?

-Ну да, говори!

- Человеческое сердце прокачивает за жизнь объём крови, которым можно наполнить три супертанкера!

- Интересно! А ещё? - попросил Сиото. - Муравьи выживают в микроволновке.

-Здорово! - Рассмеялся Сиото. – Ну, тебя и нашпиговали! Даже интересно. - Я очень рада, мой господин!

- А нельзя как-то по-другому ко мне обращаться? Называть по имени, например.

- Да, Сиото, мой господин.

- Ладно, понял. Я устал. Всё, отключайся. Иду спать.

-Спокойной ночи, - сказала Хикари ласковым голосом и отключилась.

- Спокойной ночи! - сказал Сиото и рассмеялся - она же машина. Но мне подходит такая жена: включил, выключил и не мешает. Она меня даже развеселила, давно не смеялся. Утром первым делом он включил Хикари.

- Доброе утро, - сказал её девичий голосок. - Как спалось?

- Господи! Ещё немного - и я поверю! Включи мне плиту под чайником и свари яйцо, пока я умоюсь. Вот, ставлю кастрюльку и чайник. Он умылся и, глядя в зеркало, сказал себе: "А и правда с ней веселее!" Сиото сел за стол, налил кипяток в заварку и размешал венчиком.

-Ну, рассказывай, - улыбнулся он, прихлёбывая чай.

- В государственном гимне Испании нет слов!

- Дольше всех в мире живут люди из префектуры Нагано. Медики установили, что это зависит от питания - они питаются кониной.

- Как можно! - воскликнул Сиото. - Нет прекрасней существ, чем лошади! Это всё равно , что питаться звёздами!

А Хикари всё удивляла: "Художник Адзумото Макото запустил в космос белую сосну-бонсай и букет цветов из разных уголков мира! Они были упакованы в шары с гелием и поднялись на высоту 27 км."

Раскачиваясь в кресле, Сиото вдруг почувствовал, что и он, наполняясь гелием, поднимается вместе с сосной в далёкий космос, подальше от политики, интриг и проблем. Туда, где царственно среди звёзд плывёт белая сосна!

-40% человечества, - продолжил её ангельский голос, - не дожило до своего рождения!

- Это как? Как это? Аборты, выкидыши, таблетки и прочее? Как ужасно! За жизнью впустили нас в этот длинный поток! Под этой же жизни тяжёлый каток... - раздумчиво произнёс Сиото.

А Хикари как-то быстро переключилась:

-Не грустите, мой господин! Хотите, я вам спою? Или станцую?

-Да! Я бы посмотрел на что-нибудь весёленькое!

Хикари отключилась и включилась в другом платье: пышная юбка, узкий лиф с талией до сантиметра - и тут включилась музыка весёлого канкана. Хикари задорно танцевала канкан - не хуже Лу-Лу из Мулен Руж. Она задирала ноги и, поворачиваясь задом, поднимала юбки, чем очень насмешила Сиото. Закончив, она ласково спросила:

-Вам понравилось, Сиото, мой господин?

-О, да! Здорово! А что ещё ты умеешь, - замялся Сиото, - например, стриптиз? Это есть в твоей программе? -

- Да, мой господин, вы хотите стриптиз?

Он кивнул. Хикари, под весёлую музыку канкана, сняла юбку с воланами, в которой танцевала, и подбросила её - юбка исчезла. Затем она сняла нижнюю юбку и, пританцовывая, бросила её в сторону, сжавшегося в кресле Сиото. Вторая юбка тоже исчезла. Лихо танцуя, Хикари внезапно остановилась и, глядя на Сиото, расстегнула тугой лиф, отбросила его высоко; за ним последовала накладная причёска с павлиньими перьями. И тут музыка закончилась, и тоненькая как пёрышко, обнажённая Хикари, внезапно протянула руки к изумлённому Сиото и стала расти.

Он тоже протянул к ней руки, но тут голубой свет в цилиндре стал оранжевым, Хикари исчезла совсем, а музыку сменило учащённое дыхание и стук сердца.

Затем всё затихло и исчезло. Сиото замер в кресле. Через минуту он забеспокоился и нажал на кнопку включения. Снова засиял цилиндр голубым свечением, и Хикари ангельским голосом произнесла: Всё хорошо, мой господин?

- Да-да, смутился Сиото, - а почему ты исчезла? -

-Функция закончилась, мой господин.

Да, конечно. Функция закончена... Ладно, мне нужно поработать, Хикари.

- Отключаюсь.

Сиото сидел в задумчивости. Он думал о том, что он сам выбрал одиночество.

-Что бы я написал, если бы у меня была семья, дети? А так вот, целая полка книг, в подсобке мешки с письмами читателей, благодарных и не очень. А была бы семья - сколько звуков! Не для моих ушей это! Сколько потерянного времени! Столько ненаписанных книг! А сейчас он заканчивает исторический роман о феодальной Японии, и уже есть предложение экранизировать.

Ах, одиночество! Это, как комар в мухобойке - его почти уже нет, а всё ещё гудит. Ну, признайся себе, старик, ты просто трусишь! Боишься людей, боишься женщин, боишься ответственности, а сваливаешь всё на творчество! Книги, фильмы - это здорово! - возражал Сиото сам себе. - Нет, глупости! Всё это не так важно, как просто чьё-то тепло рядом. Твои книги тебя не согреют. А Хикари тебя согреет? Ага! Ну, она просто забава, электронная игра. Ладно, спи. Это всё только осень - на дворе, на душе. Осень скупа на хорошие настроения. Вот уже и хризантемы опали. Так препираясь сам с собой, Сиото ворочался на циновке и не мог уснуть.

Звёзды наблюдали за ним в окне. Он только повернулся к стене, чтобы уснуть, как внезапно раздались какое-то царапанье и стук за дверью. Сиото повернулся, прислушался - никого. Только он укрылся, как стук повторился. Сиото встал, накинул одеяло и открыл дверь. На пороге сидел котёнок.

- Ты что тут делаешь?

Котёнок выгнул спинку и прыгнул в дом.
- Ну, вот ещё! Я не собираюсь заводить котов, собак, жён и детей! Брысь!

Но котёнок подошёл к его босым ногам и лизнул палец, потом задрал мордашку и глянул Сиото в глаза. Тут ветром дверь захлопнуло.

- Так и быть, оставайся. Ну, вот ещё! Чего ластишься! Не выгоню я тебя в такой ветер! Небось голодный! - Он открыл холодильник, там лежал лоток с яйцами и сыр. В морозилке рыба мороженая.

 - Рыба мороженая. Не для тебя это. А интересно, завтра спрошу у Хикари, бывает ли у кошек тонзиллит - она всё знает.

Сиото закутался в своё одеяло и свернулся на циновке. Спать! Перед тем, как уснуть, он подумал, что хорошо бы купить нормальный диван, а то ведь традиция спать на циновке, да ещё в одиночестве, доведёт его до могилы .

Сиото отрезал сыр и бросил котёнку. Тот вцепился в сырную массу, а Сиото достал старую майку и постелил у дверей.

- Это тебе вместо циновки, спи.

Внезапно у самого уха он услышал мурлыканье, и тёплый, пушистый комочек прижался к его шее. Сиото почувствовал такое тепло, такое блаженство и гармонию, что, взяв этот комочек, прижал к себе и, под убаюкивающее урчание, уснул.

Притчи и Баллады

Две встречи

По ослепительно белому горячему песку резвятся, подпрыгивая, шоколадные ножки трёх мальчишек. Ребята играют неподалёку от деревни Луалуалула, чьи круглые домики-мазанки хорошо видны отсюда. От прыжков и беготни в турбулентности песка и мареве жары они не замечают опасности. И тут перед ними вдруг возникает, словно ниоткуда, озлобленный леопард!

Он рычит и скалится. Старший мальчик рукой гонит младших к единственному дереву, а сам, тоже рыча точно зверь, отступает к стволу дерева. Его рычание немного удивляет леопарда необычным для людей поведением, он мешкает в нападении, а в это время дети, взобравшиеся на дерево, кидают мальчику крепкую ветку. Морда леопарда совсем близко. С отчаянным воплем мальчишка со всей силой втыкает ветку глубоко в глаз хищника. Мальчик не дрожит от страха, нет! Все силы он собрал для одного броска! Зверь взвыл, глаз его потёк, и он скорчился от боли. А мальчишки уже бегут с быстротой молнии в деревню... День клонится к вечеру. Старший мальчик, по имени Тейтум, стоит возле матери, уткнувшись ей в живот. Она гладит его покрытые красной глиной волосы. В этих краях, в центре Африки, все мажут голову и тело красной глиной от ожогов и от паразитов. Луан и Зимба, младшие братья Тейтума, уже успели рассказать матери во всех подробностях о встрече с леопардом и о смелости Тейтума. Вся деревня уже давно знает о проделках этого леопарда. Он часто нападал на коз, кур и свиней в их маленьких хозяйствах. Охотники племени давно его выслеживали. И вот теперь он меченый.

- Ты мужественно поступил, защищая братьев, Тейтум!- сказала мама. Луан и Зимба мне всё рассказали. Скоро придут Охотники. Возможно, они уже напали на след раненого леопарда. Идём, мой смелый воин, зажжём костры приветствия! Я расскажу всем, что ты сделал для братьев и для всех нас. Так сказала мама Тейтума. Они вышли из своего домика, задвинув входной камень. В центре поселения была площадь, где женщины уже собрали много сухих коровьих лепёшек для костров.

Мать Тейтума, Анатимаа, высокая шоколадная красавица, встала посреди своих соплеменников и спокойно, не размахивая руками, не повышая голоса, в полной тишине, рассказала о встрече детей с леопардом и о смелом поступке Тейтума. А затем она села с остальными у костра. Ни один мускул не дрогнул на её лице, и только сердце колотилось, словно она была там, ,наедине со зверем. За сидящими стояли воины с копьями, украшенные цветными лентами. Это Охрана селения. Все ждали Охотников!

Йя-йя-йя! - закричали все, приветствуя подходящих Охотников. Их было двенадцать человек: в центре шли мужчины, которые на копьях несли трёх антилоп, остальные их сопровождали. Три большие антилопы - хватит мяса на всё племя. После приветствия они разложили ещё три костра и поставили антилоп на огонь. Пока пламя обжаривало мясо антилоп, охотники благодарили бога за хорошую охоту - они танцевали танец урожая и удачи. Затем все сели. Вновь встала Анатимаа и рассказала Охотникам про встречу с леопардом, про смелость Тейтума.

Охотники встали. Один из них - с длинным пером Вождя в волосах - поманил к себе Тейтума. Вождь обмакнул палец в белую краску и провёл прямую линию на носу Тейтума, а затем под его глазами, после чего поставил белую точку на его подбородке. Так был отмечен новый воин этого племени - семилетний Тейтум. Высоко светила луна. Люди сидели вокруг костра, на них смотрели звёзды. Люди отрывали по куску мяса и ели. Тейтуму в этот день разрешили взять мясо первым...

А неподалёку от деревни, в кустах, за деревьями леса, рычал от бессилия и злобы раненый леопард. Глаз его всё ещё сочился кровью, и боль не утихала. А сердце его наполняли ненависть и месть. Ох и натерпится деревня от его набегов! Каждый день будет нападать на эту деревню хитрый, злобный, одноглазый леопард, и не смогут его поймать Охотники! Он нападёт на любую живность- и буйволом не погнушается, и курицей. Он изворотлив, силён и ох, как хитёр! И не найдёт петля его шеи!

Тем временем Тейтум подрос, и повезла его мама из селения в город - учиться на лекаря. Оставила его у родни и вернулась в селение. Тейтум хорошо учился в школе, а вскоре закончил обучение. Лекарь в тех местах - высокая миссия! Он лечит всех: людей и зверей. Велика была его практика. В городе и по всем окрестным селениям знали о Тейтуме. Много людей и зверей он спас от недугов, от укусов змей и отравлений, он лечил

зубы и сердце, делал операции, знал такие заклинания, что змеи переставали шипеть, и такие снадобья, что люди переставали болеть. Он был ко всем добр и отзывчив и шёл на помощь, куда бы его не позвали. За эти годы одноглазый леопард состарился и уже не был так ловок, как прежде. Время его заспешило, и однажды, воруя птицу, захотелось ему воды напиться. И вот в сарае, откуда он только что уволок и съел курицу, леопард нашёл горшок с водой – на самом донышке. Жадно прильнул он к воде, а голову обратно вытащить не может. Застрял одноглазый вор головой в горшке! И сколько не крутился, сколько не брыкался, а голова, словно в капкане.

И тут вокруг вора собрались люди, да с палками и копьями. Того и гляди убьют леопарда, так и поделом будет ему. Но видя его беспомощные телодвижения, они замерли. Вот и он затих, понимая, что ждёт его смерть неминуемая от всех, кого он терроризировал годами. Печальный вид когда-то хитрого и сильного врага, а сейчас смешного, с горшком на голове и беспомощно дёргающегося, остановил людей в принятии решения. Вопрос застыл на их лицах. Снять с него горшок и оказаться лицом к лицу со страшным зверем? Или оставить умирать его – свободного, сильного, как они, жителя этих просторов? Что делать? И послали люди в город быстрого вестника за лекарем. Чуть свет приехал лекарь на пыльном драндулете – старом автобусе. Конечно же, это был Тейтум. Вот набрал он шприц седативного средства и вколол это леопарду в бедро.

Заснул зверь. И снится леопарду сон, что он маленький, пятнистый котёнок на руках у шоколадного мальчика, и ласковые руки гладят его мурлыкающую голову. А затем эти руки подкладывают его к тёплой, пахнущей молоком, маме. Тепло и сладко маленькому пятнистому зверьку. Он счастливо замурлыкал у маминой груди. Леопард захрипел и открыл свой единственный жёлтый глаз. Неподалёку от него лежал разбитый горшок, но не это увидел леопард, а он впервые увидел небо – бескрайнее голубое небо, которое внезапно закрылось чьей-то головой. Вот так встреча через годы! Он узнал его. Это тот самый мальчик, Тейтум! Леопард хотел шевельнуться, ему захотелось лизнуть спасителя, как во сне, – в знак благодарности и примирения. Он знал о своём спасителе, но не смог шевельнуться – тело его не слушалось, и он остался недвижим. Тёплая рука легла на его глаза и закрыла свет. Успокоенный, он вновь отключился от мира. Прошло немного времени, и леопард вновь открыл свой жёлтый глаз...

Он увидел море зелёной листвы, переплетения веток и голубые всплески неба между ними. Он в лесу один и свободен! Голова его освобождена! Леопард всё вспомнил. Он отряхнулся и тяжёлой, ещё неуверенной походкой на неокрепших ногах двинулся в путь. Он долго-долго шёл, лес всё сгущался и смыкался за ним кольцом. Всё дальше и дальше от деревни Луалуанула, вдоль реки Луанула. Он шёл так долго – день, за днём, неделями, месяцами, а, может быть, годами, что пятна на его шкуре забелели сединой, а звуки леса слились в единый белый шум.

Леопард взобрался на камень и своим единственным глазом посмотрел вокруг. Лес шелестел как-то особенно и не сулил угроз. Он шелестел примирительно, словно прощая леопарду все его проделки. И леопард был спокоен, он был в мире со всеми и был счастлив. Небо и лес закружились вокруг него, его усталые лапы подкосились, он упал и замер навсегда. Последнее, что он помнил - ласковая рука, закрывающая его глаза.

Когда редкие путешественники сплавляются по реке Луанула, что протекает в самом сердце Центральной Африки, на её правом берегу, у самой излучины, они проплывают мимо огромного камня, поросшего мхом и легендами и похожего на заснувшего леопарда. Камень отражается в реке, и когда рябь идёт по воде, отражение начинает двигаться, и кажется, что зверь оживает.

2015 г.

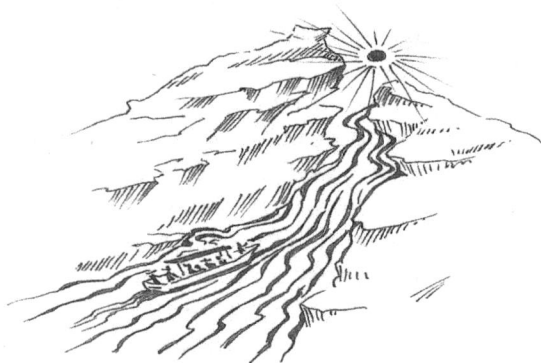

Серая Сова

Карлик Амаранга Куано был шаманом племени команчей. Он был колдуном в третьем поколении и его покровительство над племенем гарантировало людям победу. Но сейчас болезнь косила племя. Амаранга искал заклинания, но ничего не помогало. И тогда он разложил перед собой шкуру гризли, взял корень эбоги и залил его водой во фляге-тыкве. Он поставил флягу на жаркий песок и сел на шкуру. Затем он обсыпал голову струйкой песка, бормоча что-то под нос, поклонился небу, земле, после чего накинул шкуру и лёг, распластавшись на земле. Шкура медведя сомкнулась на нём. Он стал огромным чёрным гризли. Тело его начало подрагивать, а затем забилось в конвульсиях, и ночь обступила его со всех сторон.

Сначала он услышал шаги, а затем увидел много людей-теней. Они двигались к нему и окружили его. Это были все те, кто умер из его племени, а впереди всех отец его- Альдо Серая Сова. Амаранга поклонился отцу.

-Мы вымираем! Белые люди принесли нам беду, - мысленно проговорил Амаранга

- Знаю. Я ждал тебя. Отведи племя в Зал Заклинаний и дай каждому испить корень эбоги. Дай понемногу, чтобы они вернулись. Я прослежу, чтобы все вернулись живыми. Спасение племени изменит тебя, потому что доброе дело и смелость меняют людей. Ты услышишь меня, когда все выздоровеют, я дам знать.

И вот все тени стали отступать, отступила и темнота. Темень пошла на убыль, звёзды ушли в другую ночь, уступив первым лучам света восходящего солнца.

Тело Амаранги ещё содрогалось. Когда взошло солнце, он открыл глаза. Он лежал неподвижно – руки и ноги его не слушались- так пролежал он ещё несколько часов. Он видел, как склонялись над ним лица его соплеменников, но не мог сдвинуться с места. К вечеру медвежья шкура раскрылась, и он поднялся. Он вошёл в свою хижину, взял медный щит и застучал по нему, созывая племя. Он барабанил по щиту без устали, выбивая призывной мотив, на который из леса выходили люди. Они тяжело шли, еле -еле - у них был жар земли. И когда они все подошли, Амаранга повёл их в глубь горы. Они с трудом пробирались в глубину горы по ложу бывшей реки, по пещерам, увешанных сталактитами, а снизу поднимающимися сталагмитами. Они медленно шли по переходам, где сталактитовые слёзы и их шаги гулко отдавались в пещерах. Наконец они пришли к огромной зале, с чёрными стенами, на которых они увидели рисунки красной терракотой, изображающие их предков на охоте. Это и был древний Зал Заклинаний.

-Пришли, -сказал Амаранга. Здесь нам никто не может причинить зла, - мы в глубине священной горы. Отсюда мы отправимся в мир теней к нашим родным и близким. Но мы все вернёмся - так сказал великий вождь Альдо, мой отец. Я дам всем маленький осколочек эбоги, и вы запьёте его слезой горы, болезнь уйдёт, и племя станет сильнее.

И тут Амаранга всем раздал корень эбоги. Прожевав корень и лизнув влагу сталактита, они ложились и их постепенно начинала бить дрожь, а затем судороги. Амаранга сидел в своей шкуре гризли, наблюдая за всеми обсидиановыми глазами. Он знал, они вылечатся. Но никто не должен помешать, и он сидел на стороже, а с ним был Альдо, Серая Сова.

И вот конвульсии людей прекратились, и они отдали свой жар земле. Прошла тяжёлая ночь, прошло ещё много часов, и они открыли глаза, и не было больше жара. Амаранга встал, шкура гризли на нём раскрылась, опала, и все увидели, что он стал таким же, как гризли- большим и сильным! А ещё их поразило необычайное сходство Амаранги с его отцом, Серой Совой. А Амаранга повёл их обратно по лабиринтам пещер – к выходу, туда, откуда доносилось уханье совы. Все они чувствовали мощную силу в себе и знали - теперь они непобедимы. Лучи солнца осветили всех выходящих из горы, и их громко звал голос нового вождя, Амаранги.

2018

Тамара

Машина вылетела за бордюр, пролетела над кустами и понеслась, разлетаясь на части, вниз, вниз по склону, круша всё на пути -деревья, кустарники, поднимая тучи снега, оставляя за собой дорогу из стекла и обломков.

Тамара ждала мужа и дочку, делая последние новогодние приготовления. Стол уже был накрыт, подарки были готовы. Тамара завязала ленточки на подарках и положила под ёлку. Резко зазвонил телефон. Тамара подняла трубку и при первых же словах схватилась за край стола, а затем вместе со скатертью и всем, что было на ней, сползла на пол.

- Нет! Нет! Не может такого быть! Это ошибка... - она вскочила, схватила сумку и выбежала .

- Такси! Такси!

Ватными ногами она вошла в клинику. Её ударило тишиной и дискретными движениями белых халатов. Она подошла к окошку и назвала фамилию. А дальше - полный вакуум.

Прошло два года. Тамара вышла на работу. В театре, где она работала, все знали о постигшем её горе. Тамару щадили: роли давали, где поменьше слов. Тамара – тень, сомнамбула. Её мысли всё ещё там, на дороге, в звуках тормозов. Она летит с ними, своими родными в машине, этаким страшным болидом . Трудно, очень трудно налаживалась обычная жизнь. Театр, роли убаюкивали горе. В последнем спектакле ей даже дали главную роль!

После спектакля Тамара зашла выпить кофе в буфет. Она села у окна и, прихлёбывая маленькими глоточками, безотрывно смотрела на проходящих людей. Внезапно у окна остановился молодой человек, он вытащил монетку и постучал по стеклу. Через минуту уже заказал кофе и сел за Тамарин столик.

- Будем знакомы, я - Сергей. А вы ?

-Тамара.

- А знаете, Тамара, мне сказал режиссёр, что со следующей недели мы партнёры по пьесе.

-Ага.

- Мы по пьесе влюблённые. Ну, вот я и решил познакомиться.
-Послушайте, не знаю, что вам там говорили. Но главное - мы актёры. Иногда жизнь нам ставит мат и вообще лишает реальности, но мы ведь и не живём в реальности... Это всё иллюзии. А вы новенький? Я вас раньше не видела.

-Да. И в этом театре, и в профессии. -

-Что так? А первая какая?

-Я врач –психоневролог. Но это в прошлом. Потерял работу, решил всё изменить в своей жизни кардинально. Пошёл на актёрские курсы, и, на удивление, взяли! Я даже по этому поводу пари выиграл.

-Что за пари?

- Моя бывшая сказала, когда меня выгнали с работы, что я уже не поднимусь. Ну мы и заключили с ней пари. Я успешно закончил актёрские курсы, работаю в театре, так что пари я выиграл. Да только с ней развёлся.

- Ну, а работу из-за чего потеряли?

- История такая: пришёл ко мне один бонза из олигархов известных. Развязный малый, всё у него куплено-схвачено, со всеми в договорах, вот только спать не может. Видно, совесть не чиста, кто его знает! А мне что - просит человек помощи, хочет спать и не может. Надо помочь. Ну, я его на коечку положил и усыпил на пару часов. Думаю, пусть отдохнёт мужик. Вечером прихожу в палату, кладу ему руку на лоб - он просыпается, голова немного не своя - отходит. И вдруг он вспомнил что-то, да как заорёт, что пропустил важные встречи из- за меня, что таких, как я - в Сибири гноили. И к начальству. Ну, и уволили меня. А я походил по клиникам - нет места для меня! Вот тут-то я и решил поставить точку на врачевании. Ну, а вы? Что о себе расскажете?

А нечего рассказывать! Работаю. Живу. А жить не хочется – я потеряла семью. Мужа, дочурку...понимаете? Они поехали за покупками. Зима , лёд, машина пошла юзом, перевернулась и, вылетев с дороги, пронеслась через весь овраг, сметая всё на пути и разламываясь на куски! А я ни слухом, ни духом: дома стол готовлю, к новому году подарки заворачиваю... Позвонили, а дальше ничего не помню - всё как страшный сон.

Тамара подняла глаза навстречу внимательному Сёрёжиному взгляду. И застыла. Внезапно она услышала морской гудок – это от пристани, пыхтя, отплывала огромная баржа с пышным названием "Европа". Море было спокойным, и баржа набирала скорость не спеша. Мало кто мог бы представить, какой необычный груз наполняет её трюмы! Двести коров мяли доски трюма вдоль некоего коридора, который вёл их всех к чёрному рукаву, где током их убивали и разделывали в следующем отсеке.

Баржа была плавучим мясокомбинатом. Внезапно одна из коров заартачилась и ни за что не хотела идти в трубу смерти. Она словно догадалась о страшных намерениях и заметалась то вперёд, то назад. Её пытались усмирить, но она брыкалась и не давалась. Кто-то схватил её за кольцо с меткой "Тамара" и потянул в трубу. Но корова вырвалась и побежала обратно к открытому люку, куда сливали отходы производства.

И не успели её палачи опомниться, как корова прыгнула в воду и поплыла!!! Кто-то крикнул:

-Коровы не плавают! Утонет же, хватайте!

-А и чёрт с ней! Всё равно – либо акулы сожрут, либо утонет!

-Что у вас случилось?- услышали они голос капитана.

-Корова прыгнула в море!

-Правильно! Хочет жить. Но догоним. Не дайте уйти, а то шкуру с меня сдерут.

Баржа с трудом развернулась и поплыла за коровой. А корова плыла! Да, она плыла! Ей хотелось жить! Она что есть сил перебирала ногами - всё быстрее и быстрее. На барже появились сочувствующие и вошедшие в азарт.

-Давай, давай, - кричали они, - шевели копытами! Вперёд, Тамара! Спасай шкуру!

- Вы только гляньте, как она плывёт! - восклицали восхищённые.

Когда прошло полчаса такого бешеного забега, все увидели островок посреди вод морских, и именно туда плыла отважная Тамара! Откуда, откуда могла знать корова об этом острове? Но она знала, что там её спасение! Обессиленная, она выплыла на берег. Вдали какой-то человек красил лодку. То что он увидел, было фантастическим зрелищем: из вод морских выходит корова, за ней появляется огромная баржа с названием "Европа". Из неё выходят люди и бегут к корове. Та бежит от них. Они пытаются её поймать. Человек побежал на помощь корове, но не добежал - корову схватили и повели по трапу на баржу.

Один из сочувствующих корове, позвонил капитану:

- Капитан! Разрешите отпустить корову!

- Понимаю, сочувствую. Но мы не можем! Нам заплатили. Нужно сдать 200 шкур и определённое количество мяса.

Когда корову завели по трапу на баржу, она повернула свою напуганную морду и посмотрела на человека, стоящего на берегу. Её огромные глаза с длинными ресницами печально посмотрели на человека, на своих мучителей. И в тот же миг корова прыгнула в воду и изо всех сил поплыла к человеку на берегу. Её силы иссякали, и на последнем вздохе она повалилась у ног человека. Он обнял её за шею:

- Всё будет хорошо!

- Эй, на барже! Я покупаю эту корову за любые деньги! Скажите капитану. За любые! Я её не отдам, сколько бы она не стоила.

Капитан взял микрофон:

- Не надо денег! Бери её! Она свободна.

Тамара открыла глаза. Она всё так же сидела в кафе. Напротив сидел Сергей, он прихлёбывал кофе.

- Что это было? Это сделали вы? И сколько я спала?

- Кофе ещё не остыл.

- Что всё это значит? Почему корова?

- А вы хотели быть голубкой?

- Но коровы не плавают!

- Все, кто хочет жить – плывут и выплывают.

- Да, я так страстно хотела жить!

- Живите, Тамара! Всё будет хорошо.

Они помолчали. Тамара всё ещё думала о корове, об острове, о том человеке...

- Да... Где, где же находится этот счастливый остров, вы покажете мне его?

Декабрь 2016

Такая вот история

Бобёр Федерико лежал на спине. Его слегка относило течением речушки от только что законченной плотины. Он развернулся лицом к плотине, сложил лапы на животе и подумал:

- А плотина-то, удалась! И хатка для него с Джульет, и хатка для двух озорных бобрят! Словом, они с Джульет сделали всё великолепно! Даже сделали плот - столовую, где они смогут кушать летом, а зимой плотик уйдёт под лёд на толщину не менее полметра. Там - подо льдом тепло и можно продолжать обеды на плотике подо льдом. Тут Федерико сладко потянулся и погладил свой, слегка отощавший от долгой работы, животик. К тому же лёд хорошо пропускает свет, так что и под зимним солнцем получится довольно уютное гнёздышко!

Но сейчас лето! Федерико отдыхал от утомительной работы. Он был доволен сделанным. Они с Джульетт вообще трудоголики, но в этот раз они трудились всю весну-надо было сделать ещё и хатку-шалашик для только что родившихся детей. Раньше стволы деревьев для запруды перегрызали острыми зубами -но теперь есть топор и дело пошло быстрее. Зато сейчас, когда всё позади, можно лежать вот так- пузом вверх и пялиться в небо.

Федерико включил транзистор, но тот замычал, заворчал: "Два самолёта без опознавательных знаков перелетели границу... "

-У них границы! Что за люди! Земли им не хватает... Тут ярко светит солнце! Зеленеют травы, деревья, кругом тишина и покой. А у них, у людей- города, народу тьма- не продохнуть, а сами злые и всё воюют...

Федерико покрутил колёсико транзистора: "Дддд... нападавшие были в масках и скрылись в неизвестном направлении"-застрочил приёмник. Ну каким осциллографом измерить человеческое жестокосердие! Жизнь так прекрасна! Сколько земли! Сколько неба! Живи и радуйся,- так нет, люди, люди! Ну какой смысл во всех этих войнах! Во всей этой технике, служащей для военных целей!

- Да не ворчи ты сам с собой, Федерико! Джульетта вынырнула у самого плотика, где лежал Федерико.

-Ты же сам пользуешься техникой! Вон с утра уже с транзистором.

- В мирных целях, жёнка! Только в мирных целях! Чтобы узнать- что там люди ещё натворили. Залезай-ка ко мне на плотик, Джулиет! Пока дети спят, помечтаем. Помнишь, Джулиет, когда мы жили севернее Онтарио, мы видели Северное сияние!! Я недавно узнал об удивительном явлении магнитной левитации во время Северного сияния. Ты помнишь это сияние от жёлтого и зелёного к голубому и синему! Это было великолепно!

- Конечно, помню- это было волшебное зрелище! Жаль, наши детки не видели!

-Так вот, оказывается, во время Северного сияния, под действием магнитного поля, миллионы микроорганизмов преодолевают силы гравитации!

-И что?

- Они даже могут подняться за пределы Земли и лететь в любую точку космоса! Ах Джулиет, ты только представь, какие-то микроорганизмы, а мы тут плаваем в болотце! Им доступны миллиарды звёзд, Джулиет! Они летят по Млечному пути, но не могу сказать, куда глаза глядят, так как глаз у них нет!

Федерико мечтательно смотрел в небеса. Он даже поднял сложенные на животике лапы и воздел их к небесам.

-Эй, Федерико!- услышал он голос и вздрогнул.

-Очнись, Федерико, проговорила Джулиет, вон твой друг Чезаре тебя кличет. Пойду-ка к деткам.

-Друг, не слышишь что ли? Ты молишься?

-Ай чуть что сразу куча вопросов. Тут молись, не молись, а на небеса у нас другая дорога.

-Ты о чём? –недоумевает лось Чезаре, почёсывая рога о дерево.

- Да так, это мы с Джулиет говорили.

-О Филумене?

-А причём тут Филумена ?

_ Так она же опять беременна! А Марчелло в это время бегает к Розалинде.

-К выдре Розалинде? Что измена?

- Ну да . Она ведь прехорошенькая- Шкурка у неё гладкая, блестящая, глазки чёрненькие, да так и бегают!

- Да ты Чезаре, глупости не повторяй кто бы тебе это не сказал! Марчелло вчера у меня топор одолжил, сказал что Розалинде помогает запруду делать. И только. А уже все в подозрениях.

У него с Филуменой четверо детишек! Чего ему бегать на сторону!

- А я вот видел как Филумена кралась в зарослях за Федерико. Подглядывала, значит не доверяет .

-Ну и глупо! Филумена и сама-то красавица, и детки у них хорошие, зачем всё так осложнять!

- А кто их знает, баб-то! Моя, как я рога скинул, вся преобразилась, ходит важная такая, всё думает, что какой-то другой рогатый на неё посмотрит. А я ей сказал- уйдёшь, не буду за тебя драться, новые рога ломать.

- Ну да ладно . Ты-то чего загораешь? Такой трудоголик и лежишь тут брюхом вверх!

- Мы с Джулиет всю весну трудились. Зато сейчас мы свободные бобры! Так что не тряси рогами, Чезаре, и если у тебя всё в порядке, то присоединяйся   ко мне .

- На твой плотик что ли? Или ты решил глубину измерить, а может он непотопляемый? -

-Ладно, ладно, Чезаре, у тебя и на берегу местечко найдётся. Ты посмотри, Чезаре, какое вокруг великолепие! А ты вечно недоволен! Можно музыку послушать.

 - Вечно ты со своим транзистором! На что он тебе, если тебе здесь так   хорошо? Ты вот всё о людях хочешь знать, а ведь они вас так истребляли- ого-го !

-Да уж , миллионы наших братьев стали шапками, шубками, да воротниками.

-А твоя шкурка тоже ценилась, да ! А особенно рога. Вот ведь и люстры и вешалки и всякие поделки из ваших рогов делали.

- Ох не говори , друг, они нас кушали! В ужасе лось Чезаре затряс ветвистыми рогами.,

- Я, Чезаре, должен всё о них знать. Вот ты представь , Чезаре, что лоси идут войной на бобров, или наоборот! Или бобры с бобрами дерутся! Ну чего нам не хватает? Земли? Леса? Да всего полно. И делить не надо, а уж драться-то и подавно. А вот люди - им всё чего-то не хватает. Не по-нашему они живут. А по -тигриному. Согласен ты, Чезаре?

- Да уж и впрямь... Ты это...

-Ну вот, я же говорю! - Бобёр перевернулся, взял транзистор и вновь покрутил колёсико.

Последние известия перемежались криками толпы, выстрелами.

- Ну вот, никак не угомонятся! Знаешь, Чезаре, я больше всего люблю музыку слушать. Но сейчас- не найти её. У них не спокойно. Им не до музыки! У них сейчас другая музыка.

Далеко им до нас-существ незлобивых, к войнам не расположенных. Мы тихо живём, никому не мешаем, ничего нам не надо, кроме пучка душистой травы, да просторов леса, да неба высокого. Тут Федерико глотнул слюны, вспомнив полёты микроорганизмов, и вздохнул.

- Так ведь цивилизация,-попытался вставить Чезаре.

- А что цивилизация-это война, грабежи, терроризм? Ну нет же -это открытия в науке, музыка, вот художники картины пишут, видел хоть раз?

- Не, не видел...

-Жаль, а я видел- красиво!

- А оружие, войны – это все на уничтожение, это бред, Чезаре.

- Ну, ты конечно прав...

- Ну вот, я и говорю. У них был один хороший человек, он сказал: «Возлюби ближнего, как самое себя», а они его взяли и убили! Слыхал?

- Э... Даже так...

- Ну вот, и ты знаешь об этом.

- Эй, Федерико! Плотину прорвало! - крикнула Джулиет.

Бобёр тут же нырнул и поплыл к плотине.

А лось постоял в раздумье от услышанного и медленно пошел в лес, покачивая ветвистыми рогами.

Федерико посмотрел сток-нырялку и подводный тоннель, подсунул сухой сук, расширив водосток, чтобы вода не затопила хатку. Затем поднялся на укрепление, натаскал ила и камней из реки. Джулиет тоже помогала, тащила ветки. В свете луны они закончили укреплять плотину. Когда все сделали, Джулиет вернулась к испуганным бобрятам. Джулиет притянула детишек к себе и уснула сном труженика.

А Федерико ещё долго смотрел на диск луны. Оглянувшись и удостоверившись, что его никто не видит, он попытался приподняться на цыпочках над землёй, но, увы...

- Да... не могу летать, но с мозгами. А они летают, но безмозглые, не понимая, какая им досталась удивительная судьба – видеть звёзды так близко! Видеть целый космос-мечта! Вот ведь, как люди! Какие возможности, но нет у них счастья бытия!

Королевство Забвения

Жила-была такая странная страна - царство болот и хилых до-
миков, королевство брошенных деревень, да усохших полей и
несчастных стариков, страна забвения – Зауралия.

А дети, внуки этих стариков – где?

А нигде... Ушли, забылись в другой стране, виртуальной стране
– Алкоголии.

А в королевстве том жил Старик - один мужик он был на все
село Заунывие. А когда-то ведь процветало здесь! И тогда му-
жик слыл охотником. Но сейчас Старик редко в лес ходил. Вот
пойдёт он с ранней зорькою. Солнцем день цветёт и тепло
бережёт. Солнце лес золотит, болота, домики, да морщинки
стариков все разглаживает. И кто хмурый был, улыбнётся вдруг,
и глазами он, да засветится. А идёт старик на охоту раз, вот во-
шёл он в лес. Ружье заряжено. Шаг, другой, и уж обратно он.
Солнце село, лес потёмками засинел везде, и не видно уж и ни
тропочки, и ни кустика, лишь лягушки далеко где-то квакают.

В сине-чёрной ночи старик ищет путь: то по шороху листвы, то
по запаху болот он идёт вперёд к огонькам родным. И вот как-
то зимой вошёл старик в белый лес, и от белой земли что-то
белое вдруг отделяется. Поднимается и отряхивается.
И стоит пред стариком во всю стать свою Медведь преогром-
нейший. Вот старик хочет выстрелить и поднял ружье, а не мо-
жет он в него выстрелить. Достаёт старик самогоночки и дрожа-
щею рукой Шатуну даёт. Ох ядрёную, ох палёную, и сует её в
лапу мощную, медвежачью. А Медведь-то наш видно знающий,
и из фляги он стал глотать взахлёб. Ох и взвыл Медведь, так и
сел на снег! А Старик скорей да попятился, а потом бегом, бе-
гом побежал за лес. А в ушах его все гудит, гудит - медвежачьи
ахи ему слышатся. Добежал Старик до околицы своего села
Заунывия.

Сел Старик на завалинку, да и хохотом он заходится: ну и вот, Старик - ты и есть старик, никакой ты теперь не охотничек, а как бабы наши - гнилушка ты. Помнишь ли, как ходил на него, косолапого, да с ножом одним! А теперь вот ведь и с ружьём, а трус! Трус-то трус, а споил Шатуна преогромного! Будет помнить тебя и придёт он к тебе, это точно уж! А и вправду, Шатун запомнил Деда накрепко. Как пришла весна, Дед малину свою всё окучивал, и вдруг тень пошла на малину всю. Тут хребет старика внутри кожи поднялся - ну пришёл ты, гад, ох не вовремя я малиной занялся... Ну постой, Медведь, угощу тебя! И скользнул Старик, да к дверям своим. Хребтом к досочкам, да родименьким притулился он и за дверь шмыгнул, пока Мишка там разворачивался. Дверь скорей на засов, ну и сам отдувается, а не тут-то было! Дверь под натиском открывается.

-Ну-ну-ну, - кричит Старик, - ведь развалишь дом! А я тут тебе припас угощеньице! И суёт Старик самогонку в щель. И схватил Медведь, да в малинник с ней. Как залил Медведь самогоночки прямо в пасть к себе, и свалился он, как мешок потом в том малиннике. Ну, подумал Дед, сейчас убью, шкуру тёплую я с тебя сдеру, да и греться буду зимней стужею. Подошёл к Медведю Дед, да с двустволкою, ну а тот храпит- очень звонко так. Ну и вдруг Медведь поднял морду ото сна, глянул в очи Старика-тот осклабился:

-Не могу его убить, хоть негодником он ославился! В дом ушёл, сидит с ружьём, как прибитый там, а наутро - никого во всём малиннике. Вот уж бабы во селе загудели, будто пасека, знают все теперь в селе, что Медведя Дед споил, восвояси отпустил!
-Застрели - кричат! - Застрели скорей его, шатуна алкогольного!

А Старик от них все отмахивается – не хочу стрелять, он мне друг теперь, и свояк он мне. Был один я мужик во селе таком, а теперь нас два, хоть мохнат один! Нет уж, дудки вам! Выпью с другом я!

Ну а в скорости наш Медведь пропал - нет и нет его. Погрустил Старик, погоревал о нем, да и что тут скажешь, примирился он. А весной поехал в город он за покупками.

Город маленький, да на реченьке во лесах стоит.

Закупил Старик, чего нужно ему, и пошёл он прогулять себя.

А смотри-ка, вишь, зоопарк у них! Что-то дёрнуло его посмотреть, зайти, словно чувствовал. Вот Медведь его! Друг-то в клети сидит! Встал пред ним, за клети держится, и завыл Медведь ведь узнал, шельмец! Ну сейчас, милок, угощу тебя! На, милок, вот гостинец твой! И отдал Старик сокровенную.

Сам он сел супротив, да и радуется, и глотки медвежьи все подсчитывает. Вот напился мохнатый, сел в клети, и сидят они супротив, самогонщики! Тут опомнился Старик, ведь домой пора, да вот дождь пошёл. Ох, приду к тебе завтра с утречка!

А ненастье-то за ночь усилилось, и три дня все льёт окаянный дождь. Городок залит, все плывёт по реке, а зоопарк внизу по течению! Люди клети открывать побоялися, а зверье в воде задыхается. Клетки в речке плывут, в волнах так и снуют, а в них зверье почти все мертво.

На крышах люди сидят, и на деревах сидят, а река бурлит, не унимается. Вот и домики плывут рекой. Вой стоит, крики, блеянье – тонет всё. А наш Дед скорей, скорей на бревне плывёт к другу в клетке, да на выручку. Вот детей посадил он на дерево, вот собаку спас. А вот и клетки плывут с волками, лисами, уже сдохшими. Наконец, мохнатый друг! За брусья держится, но живёхонек! Ох ты горюшко моё, погоди, дружок! И мокрой палкою с клети сбить замок всё пытается. Но ничего у него не получается, а Медведь глядит, словно прощается. Но не сбить замок, и нырнул старик в глубину воды, за клетку держится, перочинным ножом он открыл замок: -Вот, свободен ты, дружок! - Выплыл старец к небесам мутнеющим и скорее на бревно забирается! А мохнатый выплывает ошарашенный, что же он сейчас, голодный, сделает?

- Вот плывёт ко мне, не сожрёт авось! -Так подумал Дед.

Тут подплыл Медведь, зарычал Медведь, лапу вдруг свою приподнял угрожающе.

-Ах, шельмец, Медведь, - возмущён Старик! И бросает Старичок бутылёк ему.

И поймал его Медведь, и поплыл он прочь. Он не смог никак Старику помочь. А Старик-то на бревне лежит, а бревно в волнах все качается. И Луна над всем занимается. Мимо клети проплывают с животными, мимо двери проплывают с детьми малыми, и дома плывут с людьми уже притихшими, горьку думу свою затаившими.

Где, к каким брегам их дома прибьёт? Живы будут ли, иль река убьёт? А Старик лежит, в волнах качается, с горькой думою обращается то ли к Мишке, а то, может, к Боженьке: За что такая нам Господня долюшка?!

- Да, ты прав, дружок, покидаю я небеса эти мутные, да и земли эти беспутные...

Темнота везде, ни одной звезды, тишина вокруг. Вот плывут в тиши, да по глади реки: холодильники, да ковры; мыши, зайцы –живность всякая неисчислимая. И тела, тела людей - души невозвратимые. И все умерло, все разбито тут. А поверх всего плывёт дедово бревно, а на нём Старик. И он видит свет, Свет Далёких звёзд, и Небесный Мост. Успокоилась река, и все приняла она, ведь река глубока. И только слышен стук, вот он: тук-тук; тук-тук, - стучит сердце старика, хоть река и глубока.

2015

Житейские истории

Голос

Иван Петрович очень хотел устроиться на работу как можно скорее. Но это тяжёлые 90е годы Перестройка, одним словом. Рухнула страна, рухнули судьбы людей, а что построили? Но вернёмся к Ивану Петровичу – то что он с его специальностью без работы, сильно угнетало его. Кому сейчас нужен инженер по вентиляционным устройствам! Кому нужна сейчас вентиляция, если всё разворовано, словно выветрено ветром - всё то, что оставалось от фабрик, заводов и других предприятий. Словом- девяностые годы- шаром покати, а в ответ эхо пустоты по всей стране. Что же, думал Иван Петрович, жить-то надо. Это не отменишь приказом. Вот своим негде работать, а сколько китайцев понаехало. И все работают. Открывают предприятия, устраивают мероприятия, создают, черт возьми, рабочие места - не в пример нашим. Вот хоть бы рядом с нами - ресторан китайский! Может туда податься? А что, может сторожем возьмут! И пошёл Иван Петрович к ресторану китайскому. Стучит. А в дверях китаец-швейцар . Крест-накрест ручки сложил, мол закрыто, дверь не открывает.. Иван Петрович кричит:

-Директора мне надо, или как там он у вас?

- Хозяина, слышь! На пять минут. Китаец, ну прошу тебя! Не гневи Бога, пожалуйста! - Иван Петрович молитвенно сложил ладони, что видимо тронуло раскосое сердце. Китаец махнул рукой, мол жди. Иван Петрович крепко держался за ручку стеклянной двери. Крыльцо было скользким . Был декабрь, и дождь со снегом ночью застыли в абсолютно ледяную плёнку. И он подумал: "Спускаться с этих ступеней буду только с хорошей новостью. От плохой лучше мне поскользнуться, упасть, поломаться, и конец невзгодам.

Дверь открыл тот же китаец и молча повёл его через зал ресторана. Весело с потолка свисали красные шёлковые фонарики, на столах всякие там икебаны.

«Зачем всё это? Для кого? Кто ходит сюда? Ну, пир во время чумы!» Подумалось Ивану Петровичу мельком.

- А может здесь вообще китайцы жить будут вместо наших!

Но тут дверь открылась и Иван Петрович оказался в красивом кабинете. Из-за стола, с двумя драконами на ножках, поднялся улыбающийся китаец и протянул ему руку

-Минь Джу Ань, - сказал он скороговоркой.

-Иван Петрович.

-Работать, да? - спросил китаец.

-Да, помяв шапку, - сказал Иван Петрович

- Сторож, хотеть?

-О да, да!!

- Нужен собака - ав! Собака есть?

-Собака есть! Закивал Иван Петрович.

-Нужен большой собака- АВ. Голос такой, как ваш Ша-лья-пин, понял, да?

-Да, есть такая собака - вылитый Шаляпин!

-Приходи завтра с собака!

Иван Петрович спустился легко со всех ледяных ступеней.

Окрылённый помчался он домой. В дверях его встретил маленький, чёрный шнауцер.

-Гоша, скажи Г-А-А-У! Попросил Иван Петрович пса прямо с порога.

- Ав-тявкнул пёсик.

-Надо поработать, дружище! Не правильно ты говоришь! Вот послушай, как человек поёт!

Иван Петрович нашёл старую пластинку с торможением на каждом третьем звуке. Это пел сам Фёдор Шаляпин!

-Чуешь, брат! Какой голос! Бас. И тебе нужно так, а иначе, брат, пропадём мы с тобой!

-Г-А-А-У - надулся и животом произнёс Иван Петрович. Ну! Теперь ты!

-Тяв! - сказал Гоша и завилял хвостиком.

- Да не тяв, а Г-А-А-УУ! Животом, понимаешь, зверь, я же тебе русским языком говорю! Если не научишься - помрём мы с тобой, брат! С голодухи и на улице, понимаешь! Ты, как Шаляпин скажи, Христом Богом прошу! Г-А-А-У, ну!

Гошка с пониманием слушал, склонив мохнатую головку на бочок. Его глазёнки сосредоточились на этом басовом ГАУ, исходящим из глубин Ивана Петровича.

А тут ещё убедительней зазвучал Шаляпин - это Иван Петрович взял в со сковородки куриную ножку.

-ну, скажи ГАУ, просили Иван Петрович и... куриная ножка!

Глядя на куриную ножку, Гоша понял, что счастье может пройти мимо -это было бы очень несправедливо! Он нахохлился и ярким басом произнёс долгожданное Г-А-А-У.УУ. За что тут же получил честно заработанную ножку. Он основательно её обглодал и уже из благодарности, чисто по-шаляпински, произнёс спасительное ГАУУУ. Это справедливо,- подумал Гоша,- ты мне косточку, а я уж постараюсь!

Тут Иван Петрович и вовсе расщедрился:

-Вот тебе, Гошенька за хорошую работу и понимание! Иван Петрович обмакнул палец в сметану и дал Гошке облизать.

Взволнованный гошкиным пониманием, Иван Петрович никак не мог уснуть.: "Какой молодец! Вот так Гоша! Ну чистый Шаляпин! Ну положительно, талант! "

Пёс мирно спал в ногах, заснул и Иван Петрович.

А Гоше снился сон, будто он получил в подарок огромную куриную ножку, да с мясцом! Он хотел её куснуть, но тут, откуда-то появился ржаво-рыжий кот и, шмякнув тяжёлой лапой Гошке по морде, утащил заветную косточку! Гошка с громким лаем бросился за котом...и проснулся.

Настало утро. Иван Петрович одел Гошке ошейник и повёл к Минь Джу Аню в ресторан. По дороге он всё настраивал Гошку:

-Ты, друг, не подведи! - Увещевал Иван Петрович.

-Помни про курицу - всё тебе брат! Свою отдаю, учитывай!
И он достал завёрнутую в салфетку ножку.
Гошка понял и завилял хвостиком.
-Ну, не подведи, шкода! Ишь кренделей накручиваешь!
В дверях ресторана всё тот же китаец в ливрее. Он подозрительно посмотрел на Гошку и Ивана Петровича, но всё же повёл их к хозяину. У самых дверей Иван Петрович повернулся к китайцу и сказал:

-Подержи собачку, друг, на минутку. Тут, понимаешь, эффект нужен!

Китаец пожал плечами и взял поводок. Гошка недоумённо посмотрел на своего друга, но Иван Петрович уже исчез за дверью. Минь Джу Ань поднял голову от стола, где читал какие-то бумаги, испещрённые иероглифами и его брови подпрыгнули:

- А собака? Нет собака?

Сейчас, сейчас! Иван Петрович подошёл к дверям, незаметно вытащил салфетку с курицей, просунул её в щёлку и сказал тихо "Гоша, Шаляпин!"

Г-А-А-У-рявкнул Гоша из-за двери, что есть мочи. И его ГАУ эхом повторилось в пустом зале. Гоше вообще было всё здесь подозрительно! Он рявкнул, боясь что косточку отберут, хозяин исчезнет, и что тогда делать бедной собаке! Он рявкнул мощно! Это было круто! У Ивана Петровича навернулась слеза от умиления. Когда Иван Петрович повернулся к Минь Джу Аню, то понял, что дело в шляпе. Он принят!

А покажи большой собака!-сказал китаец.

И тут открылась дверь, и вошёл Гоша, довольный только что дохрупанной куриной ножкой. Он увидел хохочущего человека и двух кошмарных драконов на ножках стола. Он было подался назад, но понял - они неживые.

- Ну, меня не проведёшь,- подумал Гоша и с достоинством подошёл к хохочущему человеку. Как только Гоша появился, Минь Джу Ань залился хохотом и никак не мог остановиться. Потом протёр заслезившиеся от хохота глаза и сказал:

-Такой собака мал-мал кушает, но голос!!! Рашин Ша-льяпин!

-Эх ,подумал Иван Петрович, нужно было Федькой назвать, а то-Гошка! Но не подвёл, шкода! Молодец!

Так Иван Петрович и Гоша начали свою деятельность в ресторанном бизнесе. Гошка получал совершенно экзотические блюда и быстро расправляясь с креветками и даже морскими звёздами,- по своему благословлял китайский народ. В его меню входили осьминоги, креветки, крабы и всякая другая живность разных морей и океанов, о которых собакам, да и людям, в те времена не дозволено было и мечтать.

Так прошёл год. То ли роскошная жизнь Гошу надломила, то ли время подошло – а ему исполнилось 12 лет, и стал он волочить ногу, старел на глазах, хотя всё ещё исправно выполнял свои служебные обязанности. А однажды, когда ночью пытались открыть дверь ресторана, Гоша издал такой львиный рык, что и Шаляпин бы вздрогнул, а воры сбежали, оставив в дверях отмычки. Утром, когда пришёл Минь Джу Ань в дверях всё ещё торчали отмычки, а Гоша сидел у дверей победителем, скрестив лапы, словно каменный лев у входа в банк .

Минь Джу Ань наградил Гошу обедом и подарил ему собачий свитер, а Ивану Петровичу достались кроссовки китайского производства.

Честно говоря, Гоша с иронией посмотрел на подаренный свитер, понимая что настоящий пёс тряпки не оденет. Иван Петрович же был рад кроссовкам - старые его спортивки давно стояли в углу, "разинув рты".

Однако день за днём Гоша сдавал, и в какой-то день Иван Петрович не смог его добудиться. Гошка спал вечным сном...

Иван Петрович плакал, как ребёнок:

-Что же ты наделал, Гошенька! Кормилец ты мой! Оставил меня, старика одинокого!...Никак не мог успокоиться Иван Петрович.

Он похоронил Гошу глубокой ночью под розами, около дома.

Погоревал, сидя у куста в ночи. А утром позвонил Минь Джу Аню и с комом в горле сказал, что заболел и берёт отгул на один день. Сказал он так, а сам пошёл в магазин, купил колбаски ливерной и отправился искать по дворам и помойкам собаку с голосом, "чтоб как у Шаляпина." Вот какие-то пёсики у мусорки.

-Собачки, собачки, сюда! Ну, служи, рыжая! Подай голос! Дам вкусняшку! - Но даже здоровенные собаки повизгивали, а голоса никакого! - Ах Гошка! Одни вы такие с Шаляпиным! Какой талант! И истинный друг, шкода моя, Гошенька...- всё вздыхал Иван Петрович, вспоминая друга и утирая слезу. Но тут за очередной мусоркой раздался мощный голос:

-ГАУУ. Иван Петрович обошёл мусорный контейнер. За ним стоял маленький пёсик на тоненьких спичечных ножках, которые дрожали мелкой дрожью от холода. Иван Петрович наклонился к собачке. Уши и лапы её озябли , она дрожала и видимо была ужасно голодна.

- Чудо ты моё! Скажи ещё раз, я тебе колбаску дам! - Он вытащил кусочек и протянул собачке, а потом убрал. Пёсик, возмущённо задрав голову с огромными глазами, с досады рявкнул. Господи, откуда только голос в этом тельце! Видно жизнь тебя здорово качнула, дружок! Или ты с голодухи голосуешь? Я тоже, наешь, с голодухи ох какой Шаляпин! Качал головой и всё причитал Иван Петрович, глядя как пёсик уплетает ливерную. Ну идём, идём со мной, дружок. Он засунул пёсика за обшлаг куртки, где тот ещё долго дрожал и чавкал, а затем успокоился и только удивлённо смотрел на Ивана Петровича своими огромными глазами, не веря своему счастью.

- Ну что, Фёдор Иванович, мы ещё с тобой споём!

Он расправил плечи и уже смело пошёл к Минь Джу Аню.

2015

Когда-то в Петербурге...

Жара. Яркое солнце освещает длинную-предлинную улицу Петербурга. Я уже 30 минут иду по этой улице на Васильевском, и все тянется один и тот же длинный жёлтый дом с бесконечными тёмными глазами окон, наблюдающими за моей одинокой фигуркой. И нет конца этому дому, как не было конца его истории.

Комар то и дело нарушает тишину, жужжа у самого уха, словно журя меня за нарушение тишины этого заколдованного места. Вдруг впереди словно отделился от стены чёрный силуэт. Бегу за ней.

- Женщина, подождите!

Довольно быстрая эта дама! Когда я догнала её, то увидела, что она вышла из единственной арки - подворотни этого дома. Вот женщина повернулась: в чёрной маленькой шляпке, с маленькой вуалеткой, в чёрном платье, даже чулках и туфельках чёрного цвета. Это в такую-то жару!

Она внимательно меня осмотрела, а мой взгляд, скользнув по ней, переметнулся на удивительный дом. Подняв глаза, я увидела чудесный длинный балкон над аркой входа, разгороженный фанерами на 4 части, уставленный детскими колясками, ванночками, велосипедами. Балкон упрямо выставлял свою многовековую охрану: четыре львиные головы охраняли его стать, нашёптывая об иных страницах его истории.

Я спросила женщину:

- Простите, как пройти к букинистическому магазину? Я что-то заблудилась.

- На этой улице невозможно заблудиться! Но идёмте за мной! Я Вам покажу дорогу. Она ещё раз взглянула на меня и улыбнулась. Лицо её осветилось каким-то внутренним солнцем:

- Я покажу вам магазин, но знаете, мне бы хотелось Вам кое-что рассказать. То, о чем я давно ни с кем не говорила. У Вас хорошее лицо: оно не выдаст, не предаст. А я так стара, что мне нужно это кому-то рассказать, освободить душу от тревоги. - Как Вас зовут, дружок? И я тихо сказала, посмотрев на неё:

- Таня.

Мы зашагали в ногу, и хотя было ей лет за 70, шагала она бодро, не отставая от меня. Она была худа и, видимо, когда-то очень красива.

- А Вы откуда, Танечка?

Я сказала, что я художница и приехала на несколько дней в Питер походить по музеям, подышать историей и купить кое-какие книги.

Да-да, здесь книжные магазины - настоящие лавки чудес, а музеи! Один Эрмитаж чего стоит! Знаете, Танечка, вижу я Вас в первый и последний раз. Я так давно молчала, а Вы внушаете мне доверие, и хочется выговориться. Вы не смотрите, что я такая нищая теперь. Когда-то я жила в этом доме - она кивнула на нескончаемый дом. Это наш - фамильный... Я бывшая княгиня Разумовская. Слыхали про такую фамилию? Вы ведь историей интересуетесь?

- Как не слышать! Конечно же я слышала о такой фамилии - она известна в России.

И я кивнула головой. А она продолжила свой рассказ:

- Множество счастливых беззаботных лет прошли в стенах этого дома. Балы, приёмы, встречи! Дамы в кринолинах, бархатные камзолы кавалеров, смех, слёзы, топот и вздохи. Светская жизнь закончилось в 17-м году... Там, за стеклянной дверью этого чудесного балкона, когда-то была огромная зала, наполненная гостями. В праздники мы устраивали балы. Мои дочери и много других прекрасных девушек блистали красотой, умом и были полны надежд...

К началу бала мы с мужем выходили на балкон в ожидании гостей и сверху наблюдали, как подъезжают кареты, а из них, точно феи, выпархивали женщины в воздушных нарядах бабочек. Казалось, что кроме головки, уложенной в затейливую причёску, у них все остальное бестелесно! Да и всё теперь кажется миражом! Мужчины в позументах и бархатных камзолах походили на принцев из сказок и снов. Вам как художнице было бы интересно это посмотреть!

Все это было, было... , - сказала она, помолчав. - И была моя большая семья: муж, дочери, сыновья...

Я понимала её печаль. Эта сказка была историей нашей страны, и всем известно, как она закончилась.

- Грянул 17-й год, -продолжила она. - Мой муж Василий Алексеевич мне сразу сказал, что надо ехать. Детей мы отправили за границу, а я все медлила и медлила с отъездом. Мне так трудно было расставаться с моим домом. Здесь я счастливо прожила всю свою жизнь, здесь родились и выросли мои дети...

Муж купил билеты за баснословные деньги. Мы ещё паковали чемоданы, когда услышали стук выбитой двери, веером падающие зеркала, стекла и топот сапог на лестнице.

Тогда, схватив саквояж с деньгами, кое-какими драгоценностями и ценными бумагами, мы спустились по чёрной лестнице в чулан, а оттуда выскользнули на улицу и побежали к набережной. Каждую секунду нам казалось, что нас вот-вот схватят. У набережной на причале стоял наш корабль, плывущий в Марсель. Мы устремились к нему. Но не так-то просто к нему подойти! Толпы людей теснились у самого трапа. Солдаты отталкивали людей от причала, но людские волны вновь и вновь набегали на солдат, молотивших всех прикладами. Мой муж протиснулся к одному из солдат, что стоял на страже, и сунул ему в кулак денежный мякиш. Солдат оскалился, развернул скомканные деньги и, видимо, остался доволен. Он кивнул и стал делать "коридор", протискивая для нас дорогу в толпе. Так мы прошли к трапу, как во сне, отбрасывая чьи-то цепляющиеся руки, а затем, развернув билеты как флаги, прошли на корабль.

Наконец-то мы оказались вне досягаемости толпы, солдат и этих непонятных коммунистов. Облокотившись на перила палубы, всматривались в колышущееся море людей у трапа и понимали всю обречённость их ситуации и неизвестность нашей. К горлу подступил комок с первым же гудком парохода. Спустили сходни. Кто-то ещё пытался "взять" корабль на абордаж и плюхался в воду. Мы понимали, что сделали шоковый рывок, спасший нас, но понимали и то, что сейчас, в эти минуты, мы видим в последний раз эту волшебную картину набережной Невы и сказочный Зимний Дворец, уходящие в голубой туман - в небытие... Что будет с ним? Что будет с нами? Туман, словно занавес, закрыл Санкт-Петербург. Там, в его глубинах, начиналась новая, непонятная нам жизнь под новым именем "Петроград".

Где сейчас все эти люди с набережной, мечтавшие о лучшей жизни? Узнать бы, стало ли всё мечтаемое былью? Прожили ли они свои жизни? Или этот страшный цунами 17 года смёл их с лица земли?

Через несколько месяцев, побывав во Франции у родни, мы уехали к своим детям в Америку. В спешке отъезда из Петербурга, мы мало что успели взять с собой. Жили мы не богато, в центре Нью-Йорка в своей небольшой, но уютной квартирке. Над нашим камином висел вид Санкт-Петербурга и греясь у полыхающего огня, мы часто играли в преферанс. Иногда мой муж или я, уставившись в пламя, вспоминали о нашем большом камине в питерском доме на Васильевском острове, где мы с Василием Алексеевичем сидели в больших белых креслах у огня. В центре кованого камина, украшенного позолотой и настоящими камнями, размещались цветы с рубиновыми серединками и бабочка с животиком из большого изумруда, яркой зелёной окраски. Жизнь была настоящая, смех - натуральным, камни, золото, чудесная музыка, искренние отношения – всё настоящее. Это застыло чудесной картиной, и мы, художники и образы этой картины, остались в ней - в дыхании и звуках прошлого.

- Но Вы же знаете, Танечка: все художники бедствуют, а образы исчезают. Это - качели. Сегодня ты наверху, завтра внизу, но важно, чтобы завтра наступило! Мы прошли эти "американские" горки, хотя в Америке их называют "русскими", что больше похоже на правду.

Там, в январском Нью-Йорке, сидя у камина, мы вспоминали, как в свете горящих дров сверкали разноцветными огнями камни резной решётки нашего петербургского камина, и мы слушали проникающую в душу музыку. Василий Алексеевич засмотрится эдак на пламя, и у меня слёзы наворачиваются: уж я-то знаю, какие мысли у него! Да и я часто вспоминаю наши питерские вечера. И всё мне видятся эти люди в сапогах: как они топчут наши картины, бьют зеркала, валяются на наших кроватях...

Но я гнала эти мысли, запивала чашечкой кофе и радовалась, что мы живы. Каждый раз наша беседа заканчивалась мыслью, что как только всё образуется, надо будет поехать в Петербург. Но однажды муж мой заболел, и заболел серьёзно. Позвал он меня и говорит:

Знаешь, Александра, сейчас 1959 год на дворе, вот и Хрущёв уже в Америке был. Хорошо бы и нам навестить нашу землю с ответным, так сказать, визитом. Да вот только ... я наверно не успею. А ты, Александра, возьми наши сбережения и поезжай в Питер: навести дом, потом мне расскажешь... на могилке.

А через несколько недель моего Василия Алексеевича не стало. Но он мне завещал поехать в Петербург. Когда его не стало - не стало Нью-Йорка, не стало Америки, исчезли мои покой и сон - только мысль "надо ехать" толкала меня в плечо, словно амок овладел мною. В дорогу! В Питер, поскорее!

Правда, Россия всех тогда пугала - не только меня, простую женщину, а вот ведь и президента американского и этого дьявола Гитлера, которого Россия победила. Я тоже боялась: нет на мне защитной брони, нет дипломатической неприкосновенности... и все же я поехала. Поехала навестить Родину ненадолго, а получилось - навсегда. В дорогу! В Питер, поскорее!

Как когда-то оттуда, а теперь обратно, возвращалась я налегке: немного денег, немного украшений, с целью продать, и прахом моего Васеньки. Из тумана выплыл мой седой город, и счастье охватило меня. Я сразу поняла, что больше я отсюда не уеду. Петербург встретил меня туманом и дождём - привычное омовение души и тела. Моя нога ступила на сходни, и я отчётливо услышала крики, шум толпы и море людей 17- го года. И вот возвращение. Я иду по трапу вниз, мои слёзы растворяются в дожде, а дождь - это слёзы всех тех, кто не дошёл до трапа, кого унёс цунами 17 года. Из фотографии над нью-йоркским камином мой город проступил наяву и я шагнула на его мостовую. Это было волшебно.

И всё же это мой город, он ждал меня!

Пошла узнать насчёт прописки. Сказали: не полагается, прописка лимитирована. Надо заслужить деклассированным элементам! Это я -деклассированный элемент! Ладно, всё же обнадёжили: если проработаю пару лет, то пропишут.   А интересно, возьмут ли на работу без прописки?

Уже не такая воодушевлённая, уже не Александра Разумовская, не княгиня и не гражданка, а деклассированный элемент, я понуро пошла к метро, спустилась и села на скамью. Чувствую - пришла... Что делать?

Всё плывёт перед глазами. Не хочет меня город!

На эскалаторе внизу стояла женщина-смотрительница. Она подошла ко мне:

- Вам плохо?

- Да, что-то нехорошо...

-Идёмте со мной!

И она завела меня в маленькую сторожку, мимо которой с грохотом проносились поезда метро.- Хотите чаю?

Чай меня освежил.

- Вам не нужен здесь работник? - выдохнула я, собравшись с духом.

- Да, вы знаете, да! Нам нужен здесь ночной смотритель. А я, вы знаете, по ночам не могу - муж, дети. Я дома не бываю. Вы даже можете здесь жить! - добавила она, сразу поняв ситуацию и вникнув душою в положение. Вот здесь есть раскладушка, вы можете заварить себе кипяточек. Днём моя смена - вы отоспитесь, а ночью здесь нужен дежурный: мало ли что?!

Я в тот же день перебралась из гостиницы, за которую уже нечем было платить, в эту сторожку. И проработала там два года, заслужив право прописки в своём родном городе.

И он меня принял! В тот же день я пошла к Васеньке на кладбище, где захоронила его урну и рассказала о своей победе.

- Мы снова вместе! Ты, я и Город, - сказала я мужу.

Наши дети далеко. Они живут своей жизнью, у них свои семьи, города и страны. А у нас с Васенькой - только Питер!

Но вот однажды я решилась и вновь пошла на нашу улицу. Мне страшно было увидеть мою улицу в развалинах, но вот она! Мой дом стоит целёхонек, только сильно изменился: его разделили на тысячу коммуналок. Где там моя гостиная с изумрудной бабочкой на камине?! Просчитав квартиры второго этажа, я решила попасть в ту, где была наша гостиная, вернее, часть её, ту, что с камином, - хотелось увидеть его хоть одним глазком, словно причаститься к прошлому. Салон, как и другие комнаты, был поделён на множество квартир. Стучусь в одну из квартир предполагаемой гостиной.

-Здравствуйте! Ради Бога, простите! Не дадите ли мне стакан воды? Захожу, вижу-не то! А вот другая дверь.

 - Здравствуйте. Простите! Не смогли бы вы дать мне стакан воды? Жарко. Спасибо, извините! - и это не то...

Наконец я постучала, и открыла женщина с ребёнком, обхватившим её ногу.

- Вам кого?

- Простите, пожалуйста! Я осмелела, так как поняла, что попала туда, куда нужно - в каминную гостиную.

447

- Я ищу жильё. Я могу бесплатно учить вашего ребёнка музыке, английскому, французскому, только разрешите мне немного у вас пожить, я буду платить за жильё: вы не думайте, я не попрошайка! - выдохнула я залпом.

- Это ещё зачем? Я не сдаю квартиру! - сказала женщина резко.

- У нас и пианинов-то нет и всяких там руялев!

-Да что Вы! Я куплю Вам инструмент. Я обязательно на это заработаю. Мне пока жить негде, но я работаю ночным смотрителем в метро, а днём свободна. Вы пойдёте на работу, а я с малышом посижу, позанимаюсь с ним. Всему его научу - он в школе отличником будет! Неужели не стоит того?!

Женщина впустила меня, продолжая бубнить:

- Да и где вы тут расположитесь? У нас и так места нет - гляньте!

- А вот здесь, под лестницей! - воскликнула я, показывая на застроенную и заваленную лестницу в углу. Я там на раскладушке умещусь, днём раскладушку соберу - и просторно вновь. Вечерком будем с Вами чай пить, а малыш нам сыграет Шопена.

 - Не надо нам никаких Шипенов. Что за игры - пусть серьёзно учится.

- Я даже не узнала, как малыша-то звать? - спросила я напоследок, не отрывая взгляда от камина. Вот он стоит - целёхонек. Его не разрушили, лишь чуть захламили.

- Что смотрите? Барский это - стеклом всяким его набили, цветами ихними. Хорошо, видно, жили! А мне это ни к чему. У нас здесь отопление есть - показала она на радиатор.

- А сына зовут Васей.

Господи! Я трижды перекрестилась: привёл меня Господь снова к Васеньке! Теперь, моя дорогая Танечка, я вновь живу в своём доме, правда, под лестницей, но в своей бывшей гостиной.

Вечером мы с Васенькой младшим, солнышком моим ненаглядным, и с его мамой пьём чай в прикуску с сахарком, сидя у камина.
В центре камина, как и раньше, бабочка с изумрудным брюшком, а вокруг цветы из мелких рубинчиков. Но об этом никто не догадывается. Мы пьём чай и смотрим, как в зелёных гранях камня отражаются лучики заходящего солнца, наша лампочка и наши до смешного искажённые лица.

Моя хозяйка каждый раз говорит мне, кивая на камин:

- Вот ведь какое красивое стекло! Как раньше делали! Всё, как настоящее!

А я ей никогда не рассказывала, что была хозяйкой этого дома и петербургских балов. Всё это помнит Дом. И всё здесь, вплоть до рубинов и изумрудов, настоящее...

Васенька мой Шопена ещё не играет, но в музыке преуспел и обязательно будет играть и Шопена, и Моцарта, и будет говорить по-французски и по-английски. Я его дипломатом сделаю. У Васеньки глазки зелёные, точно изумруды. А про камин Васенька узнает, когда вырастет, - будет ему от меня подарок в наследство. Я рассказала всё это Василию Алексеевичу на кладбище - он одобрил.

- Ну вот и Ваш букинистический магазин! Прощайте барышня! Дай Вам Бог здоровья и удачи! И чтобы в Вашей жизни всё было настоящим.

San Diego, 2009.

Полёт

Лили купила билет во Владивосток на 10 суток вперёд. А что было делать? Мама звонит, слёзно молит, мол приезжай, доченька на праздники, так плохо без тебя. Ну вот Лили и рванула за билетом. И так каждый раз - билетов нет, и она берёт билет вперёд. С этим билетом она побежала через выход, где написано "Посторонним вход запрещён", выбежала на лётное поле туда, где были помещения для лётных команд. Лётчики заканчивали партию в поддавки и брякали шашками, ожидая время вылета и тут в помещение влетела Лили.

-А! Старая знакомая! Привет, привет! Во Владике ждёт телевидение?

-Ага, - сказала Лили, громыхнув железной коробкой с тремястами метрами засвеченной плёнки. Якобы это фильм, который ждут, передать надо! И она стукнула коробкой ещё раз.

- Ну да, ну да. Билет купила?

- А то!

- И на какой день?

- Ну не на сегодня...билетов не было, - сказала она понуро и тускло.

- Ладно, ладно, возьмём! Не трусь.

Минут через сорок её усадили на откидное сидение прямо в кабине пилотов! Других мест не было.

- Ну устроилась?

-Ого! Такого места у меня ещё не было! Она сидела прямо за спинами лётчиков. Впереди был стеклянный нос самолёта, и самолёт уже набирал высоту. Словно скальпелем прорезал он облака и будто улёгся на мягкую подушку белых облаков.

Облака сомкнулись под днищем самолёта, и он плавно заурчал турбинами. Белая арктическая гладь раскинулась окрест, кое- где вздыбливаясь сопками. Солнечные лучи рассекали белоснежную долину цветными зайчиками, ну прямо стихи без слов!

Лили подумала: путешествия никогда не могут закончиться! Они, как и дороги, всегда впереди. Одна часть их заканчивается, а другая тут же начинается. Это как горизонт- недосягаемо далеко впереди. В этот момент громыхнуло один раз, другой, и началась гроза.

Вся кабина озарилась молниями. Её пронизали первые струны дождя. Пошёл ливень, да такой, что казалось, эти струны железными прутьями проколют обшивку самолёта и тела людей. Ливень громыхал, колотил, пронизывал, сверкал молниями.

И тут Лили отключилась. Словно войдя в резонансные колебания, она дёрнулась и...оказалась на траве. Лили открыла глаза и зевнула. Она лежала под кружевным сводом фигового дерева, над ней жужжала пчела, а рядом лежал кто-то и громко храпел. Девушка поднялась на локтях и увидела спящего юношу. Он был очень похож на кого-то, но на кого, она не поняла. Пока человек спал, девушка поднялась и хотела было

скрыться в зарослях, как вдруг услышала его голос:

-Лилит, посмотри!

Она повернулась. Ах да, это же Адам! Господь их создал в один день! И он похож на неё – Лилит.

Адам держал в руке птицу. Она щебетала, бедняга, моля о свободе. Для птахи его рука- лапа огромного хищника, и время не властно над инстинктом свободы!

-Выпусти её! Выпусти сейчас же! Ты ей делаешь больно.

Но Адам только засмеялся в ответ и не выпустил птаху. Тогда Лилит подошла к нему и с силой разжала его ладони. Птаха выпорхнула и улетела.

Лилит села у дерева. Мощный ствол дерева уходил глубоко в землю. Корни его растопыренными пальцами своих лап сжимали землю и камни, добывая влагу и минералы из её недр. Сверху же дерево раскинуло густую крону, полную спелых гроздьев фиги. Своды дерева, сомкнувшись над Лилит, свешивали спелые плоды. Лилит сорвала сладкий плод и надкусила.

-А мне? -услышала она за спиной.

-Бери сколько хочешь! - сказала она и засмеялась.

Бабочки летали над ней, оспаривая друг у друга право сесть на её чудесную головку.

Она сорвала ещё одну фигу, села на траву рядом с Адамом.

-На, возьми! - протянула она плод.

Он хотел было взять плод, но она быстро убрала протянутую руку и откусила фигу.

Адам вскочил, рассердившись, и скрылся в зелени.

- Ах, Господи! Твой Рай так скучен! Твой человек так не весел! Друга ты мне сотворил таким занудой! Бормотала Лилит, глядя в далёкую прозрачную синь. Мне здесь так неуютно!

Её охватило мистическое течение какой-то ирреальной реки, течение этой реки понесло её куда-то ввысь...

- Господи! Верни меня! Пожалуйста, верни! -шептала Лилит.

Лили едва удержалась- так сильно её дёрнуло, она открыла глаза. Самолёт резко снизился, а затем стал набирать высоту. И снова резко вниз...

-Что случилось? Мы падаем? Этого я не просила у него, честно, честно.

-Ничего страшного, - закричал пилот. Главное пристегнись ремнями. Мы пытаемся сбросить шасси свободным падением. Всё будет хорошо! Обещаю!

В салоне самолёта все держали поручни последней хваткой. Все смотрели страху в лицо. Все, кроме солдатика. Видимо летел домой на побывку. Ему было не до страха, он его уже повидал! Наконец самолёт резко выпростал шасси и тяжело сел на землю. Этот стук о землю вызвал бурную реакцию - все закричали ура и захлопали в ладоши, как в театре. Внизу под самолётом урчали двигатели и разрывались сирены скорой помощи и пожарных. Дверь открылась, и в салон буквально ввалились люди в масках и белых халатах, а с ними пожарники в противогазах. Они разбежались по рядам всё и всех осматривая. Вот они дошли и до солдатика. Он открыл глаза и перед ним всплыло лицо в противогазе. Что ему показалось, никто не знает, но он отключился и его единственного вынесли на носилках.

Лили подошла к пилоту:

- Спасибо Вам! Вы мастер своего дела! —сказала она первому пилоту ещё не оторвавшегося от штурвала. - Здорово вы его посадили!

-Ладно, ладно! Я делал своё дело. А ты, милая авантюристка, ещё будешь летать с нами на билет из будущего?

- А то! До свидания!

Лили подумала: знали бы они, что сегодня я была в далёком прошлом! Что это было?! Она не знала. Это Он меня так резко вернул наверно! - засмеялась Лили

-Слышишь, там наверху! - закричала Лили,- рисковый ты парень! Впрочем, Ты привык так с людьми- сотня здесь, тысяча -там!

И подумав добавила: в следующий раз обязательно куплю билет заранее.

Сан Диего, 2017

Кто там за стеной?

Я поднял лист лопуха и ловко накрыл Ваську банкой. Довольно быстро я наловил штук пять. Ну вот-ещё один сидит на одуванчике-почти взлетел, но не успел. Тоже оказался в моей банке. Их уже шестеро-хватит.! Мама их называет Васями, так и пошло, Васьки- это кузнецы, ну - кузнечики.

Мои друзья -Егорка с Петькой тоже где-то рядом ищут прыгунов: Егорка красных солдатиков, а Петька божьих коровок. Знаете что мы с ними делаем? А ничего. Просто смотрим на них через банку, а потом выпускаем.

Вот мы идём сейчас к нашей песочнице, мимо подъезда, мимо стола, где дядя Сеня с дядей Мишей бахают в шашки-они там с утра. Но мы идём мимо них, вот, пришли. Сначала рассматриваем наших пленников- чего они будут делать. Кто из них настоящий гладиатор. Все хотят на волю.

Сначала выпускаем божьих коровок. Они такие неуклюжки! А как выпустили их на песок- крылья распустили и тю-тю-улетели, оказались самыми проворными!. Потом Егоркина очередь выпускать солдатиков - красненькие такие, на гусаров похожи, они барахтаются , барахтаются, ну а потом разбегаются кто куда.

Вот очередь моих кузнецов. Я перевернул банку вверх дном и мои кузнецы поскакали маленькими, зелёными лошадками. Но тут происходит самое интересное , за что я их люблю, а именно- они тут же начинают трещать хором свою благодарственную песенку. Вот только досадно-дядя Сеня с дядей Мишей мешают слушать- все ещё бабахают шашками по доске- заглушают моих Васек. А тут уже стемнело и наши мамы из подъездов кричат нам: - Сашка, Егорка, Петька, - домой!

-Ну иду, иду я...

Вот пришёл, кушать не хочу, не буду и всё такое...Посмотрел мультик и пошёл спать. Слышу за окном Васьки разрываются- динь-динь-динь тра-та-та-та. Но тут ещё стук какой-то, и это не дядя Сеня с дядей Мишей!

-Мам! А мам! Что там стучит за стеной?

Ничего не стучит! Спи сынок! Там дорога-машина какая- нибудь стучит, не заводится. Ничего не стучит! Спи сынок! Там дорога-машина какая-нибудь стучит, не заводится.

Глаза мои уже закрыты, сплю.

Сон мне приснился не очень. Я проснулся, а уже утро. Светло, вода где-то льётся потоками- дождь на улице. День не задал- ся, опять хлюпать по лужам, в саду мы без прогулки торчим у окон, смотрим на дождь - скукота... Полежу, поленюсь, вставать неохота, вот бы заболеть чем-то лёгким, остаться дома, мультики смотреть! Ну вот опять стучит кто-то. Стук идёт откуда-то с книжных полок, из-за стены, ну надо же столько машину чинить! Нет, это в комнате кто-то стучит! Ну, встал, слушаю от начала стены до конца комнаты, вот отсюда вроде бы, где рыжие и зелёные книжки!

Мама сказала что по этой рыжей книжке фильм сделали, я смотрел, называется" Всадник без головы". Может это он мне стучит?

Или вот, зелёные , мама сказала про индейцев. Я тоже кино смотрел- там хорошие индейцы и плохие, а ещё у них пове- лители духов - мышаны, ой нет-шаманы.

Может они стучат в барабаны? Там, на полке и моя любимая книжка "Сказки Серой Совы"- про бобров. Уж, лучше пусть будут бобры!

-Сашка, зубы мой! Кушать и в сад!

-Да иду, иду...

Целый день в саду размышлял, кто стучит в моей комнате днём и ночью. Приду домой- всё перерою.

Вечером после садика дождь кончился. Иду с мамой мимо песочницы, что-то моих кузнецов не слышно- осипли что-ли? А вот дяде Сене и дяде Мише дождь нипочём- они и под дождём, накрывшись клеёнкой, бабахают по доске и зрители при них, вот чудаки! Ну а Васьки молчат, мама тоже молчит. Дождик капает с деревьев- бродит по волосам каплями. Настроение-тьфу, впереди целая неделя в саду. А дома кто-то стучит ! Ну поел, ну помыл я зубы, посмотрел мультик, но не радует ничего- кто-то ведь стучит, а надо спать.

-Мам, а мам, а может там какой-то динозавр проснулся! Спал, спал в камнях миллион лет и проснулся...?

Но мама чётко отчеканила мне: у нас бетонные стены. А это - порошок цемента и вода и никаких камней! Ну негде взяться твоему динозавру! И квартира у нас угловая -за стеной улица. Где ж ему прятаться, бедолаге! Да и этаж шестой. Нет там никого. Спи!

Мама сказала: нет. А стук есть. Хотел все перерыть, да глаза слипаются.

- Спи, сынок, это Васьки твои тебе постукивают, приветы свои передают.

Сплю, но знаю, не Васьки это. Может не сам динозавр, а дух его индейцы нашаманили. Но маме не скажу- не хочу пугать её. Только мне так жалко стало этого динозавра - он там рвётся на волю, как мои кузнецы, а я не могу ему помочь! Ну и немного страшно, но Егорке и Петьке я не расскажу.

Мама увидела, что Сашка спит и стала исследовать стенку с книгами. Вся стена - сплошные книги, но звук именно оттуда! Мама прислушалась: откуда-то отсюда. Где-то здесь, за оранжевым Майн Ридом и зелёным Фенимором Купером. А ведь до сих пор они строго соблюдали тишину дома!

Мама стала вытаскивать книжку, за книжкой, а стук становился все явственнее! Что же там, за стеной? Мистика какая-то! Уже неделю кто-то стучит за стеной, сначала тихонько, а сейчас вон как настойчиво и громко! В какой-то момент, она наткнулась на маленькую, белую коробочку, - звук неистово исходил именно оттуда! О, конечно же, она узнала эту коробочку! Осенью она гуляла с Сашкой в парке и Сашка насобирал разных гусениц. Он никак не мог угомониться:

-Мам, смотри, какие они красивые красные и жёлтые, зелёные и коричневые и все такие пушистые! Что это за букашки?
- Это гусеницы. Весной из этих ползучих существ выпорхнут разноцветные бабочки.

- А что они будут делать зимой? Они же совсем голые?

-Они завернутся в коробочки- коконы из тонкой паутинки, которую они выделяют через ротик В неё они запеленовывают себя на всю зиму. Паутинка, хотя и тоненькая , но очень прочная. Из таких нитей ткут довольно прочный шёлк. А гусениц специально разводили в древнем Китае и это была их главная государственная тайна!

- Ну я понял, понял, а про бабочек расскажи теперь!

Ну а бабочки - те же гусеницы, совершенно волшебные создания! У них много разных превращений. Бабочки откладывают яйца, из них вылупляются гусеницы, которые заворачиваются в коконы, из которых снова вылупляются бабочки, но уже другие. Они находят друг друга по запаху, даже на расстоянии 15 километров. Собираются в стаи и летят на юг Мексики, там встречаются до миллиона бабочек, представляешь!

-Мама а можно я соберу гусениц в коробочку и они перезимуют у меня? Ну пожалуйста, мам!

- Они же умрут без еды и воздуха!

-А я сделаю много дырочек в коробочке для воздуха и постелю им много листиков! Ну пожалуйста, мамочка!

И Сашка насобирал множество разных гусениц! Полную коробочку. И вот именно эту коробочку держит мама- в ней бьются за жизнь множество волшебных существ! Она положила коробочку на подоконник и уснула. Утром Сашка проснулся взъерошенный- он сразу же услышал мощный стук.

 А мама сказала:

- Сашка, ты помнишь эту коробочку? И она показала белую коробочку.

- Быстро открывай окно! Будем выпускать твоих динозавров!

Сашка открыл окно и раскрыл коробочку! Навстречу первым лучам солнца из неё взметнулась белым салютом стая бабочек! А ночью Сашке приснился сон, что он летит рядом с бабочкой Адмиралом, а за ними миллионы белых бабочек. Они поднимаются над домом, над городом, а внизу ему, и всей этой кавалькаде машут руками Петька, Егорка, другие ребята со двора.

И даже дядя Сеня и дядя Миша оторвались от стола и, задрав головы, машут руками. В лучах солнца все бабочки становятся разноцветными и всё сливается в яркое сияние.

Орлик

Мы всегда надеемся на настоящее, а лучше- на будущее, а оно сразу же становится прошлым и отпечатывается во тьме сознания нестираемым тавро. Когда вспоминаешь о детстве, вдруг возникают яркие вспышки того или иного эпизода, или целый калейдоскоп.

Мой двор на Пушкинской улице-это моё детство, вмещающее маленькие и большие истории - окна в прошлое.

Воскресное утро. Глаза Нюрки подрагивают от первых лучей солнца и приближающихся звуков. Это кричит точильщик Остап:

-Лу-у-ужу чайники , кастрюли . То-а-ачу ножи! Как лезвия остры! По-о-одходи скорей! Недорого возьму, а как сделаю- уйду.

С такой присказкой ходил наш точильщик дед Остап. Он ставил во дворе свой точильный инструмент, который носил через плечо, и тотчас из дверей выбегали толстая Маруся, баба Маня, худощавый колченогий дядя Боря и остальные соседи. А дед Остап начинал своё дело: вжик- вжик - точил он лезвия. Пш-ш-ш- лудил он чайники и примусы.

Тут уж Нюрке было не до сна! Она бежала умываться холоднючей водой, а затем бабушка завязывала ей две косички, пружинно торчащие в разные стороны, и она выбегала во двор.. Спелая черешня падала ей на светлый пробор, оставляя яркий бардовый след на проборе. Нюрка ловко ловила черешенку и запихивала в рот, чтобы быстренько раскусить её, брызнув соком на щёчки. Главное, чтобы бабуля не увидела , что она кушает немытое.

А во двор уже въезжала скрипучая телега, запряжённая белой лошадью. Её под уздцы вёл рябой старик, выкрикивая громко:

- Старые вещи! Старые вещи! - И опять выныривал из дверей народ со всяким старьём: стульями, примусами, коврами, кастрюлями и всяким тряпьём.

Орлик - белый конь, старый и слепой, всё это время стоял, перебирая копытами, уставившись слепыми глазами куда-то вдаль, словно он там что-то видел . Дети окружали Орлика и кормили его печеньем и хлебушком. Старик то и дело отгонял всех от коня, боясь, что Орлику дадут что-то не то. И всегда приговаривал , шамкая:

- Если, что поганое, то мне, а Орлику положено самое лучшее.

Нюрка бежала к бабуле за хлебушком и намочив в молоке, возвращалась к Орлику. Она смело протягивала на ладошке хлебный мякиш, и Орлик мягкими губами, едва касаясь Нюркиной ладони, осторожно брал подношение. Затем, прожевав его, он благодарно помахивал своей чудесной головой. Нюрке очень нравилось, как Орлик целовал тёплыми губами её маленькую ладошку, а потом махал благодарно головой. И она вновь бежала за хлебом для него.

Как-то раз тётя Женя, добрая соседка, вынесла тёплые пирожки:

-Возьмите, Ося!-сказала она старику – тёплые, только что из духовки.

- Спасибо,- сказал старый Ося. И откусив, тут же отдал пирожки Орлику.

Орлик благодарно закивал.

-Ну что же вы! Я же вам принесла, не лошади! Что же вы себя-то совсем не цените! И чем это Орлик заслужил такой почёт?

-Эх, тётя Женя! Вы и не знаете кто тут перед вами! Я не о себе, я вот о нём, и он кивнул на Орлика. Это же настоящий герой войны, там и зрение потерял. Вы все должны знать, что Орлик мне папа и мама, он мне - друг, что от смерти спасал меня не раз в нашу Отечественную. И он мне самый близкий человек! Орлик не просто лошадь,- он спасал меня, да и других вытаскивал из разных передряг ещё при бандюгах Махно и во время войны с фашистами!

А потом с первых дней войны мы неразлучны были и так до самой победы. Ося помолчал, а потом добавил:

-Вот года два назад его хотели того...на бойню - в расход. Но я костьми лежал . Так и сказал, берите тогда нас обоих. Отбил. Отстали. Вот мы и работаем вместе и доживаем. Ему не то что пирожки- ему копыта целовать надо! Он нам победу добыл! Да, Победу! Спасибо за пирожки. Орлику понравились. Извините, за прямоту.

Нюрка стояла рядом и слушала, поглаживая шершавую лошадиную морду Орлика. Она представляла, как Орлик скачет с дедом Осей, а за ними мчатся враги. А потом белый Орлик летит с Победой, и дед Ося на нём - со знаменем.

А Орлик просто стоял, благодарно помахивая белой гривой.

Туртурел

В нашем дворе на Пушкина с одной стороны были жилые дома, а напротив стояли сараи. Возле сараев стояла будка нашей дворовой собаки со странным именем Туртурел. Бог знает, кто дал ему это имя и что оно означало, но другого у него не было. И никого, включая самого Туртурела, это не удручало. Собака была дворнягой, похожей на смесь овчарки и волка, таких пепельно-коричневых оттенков. Возле будки стояла миска с водой и кастрюля с едой. Кастрюля наполнялась всем, что соседи не доедали. Туртурел ел супы, борщи, каши, котлеты, молотил кости и сухари, словом всё, что давали. Он был добрейшей собакой и любил играть с детьми, но как только во двор заходили чужие, он заходился от лая и только огромная цепь сдерживала его на приличном расстоянии от входящих. Зимой, когда снегом заносило будку, он залезал внутрь и смотрел такими жалкими глазами. Его положение усугублялось тем, что вода зимой замерзала, превращаясь в лёд, да и еда покрывалась стеклянной корочкой льда и тогда всю еду он лизал, как мороженое. Когда морозы крепчали, соседи по очереди брали его в свои прихожие, и тогда для него наступало самое чудесное время безмятежного блаженства. В целом он никогда не унывал, и его медовые глаза всегда весело светились, когда соседи подходили с ним поговорить: кто спьяну, кто из жалости, ну а мы, дети, из любви. Цепь, на которой он сидел, была ему не помехой, когда наступала весна. Весной по нашему городу начинались рейды поимки бездомных собак. В те времена у нас было много бродячих собак. Их ловили в клети так называемые гицели, или, как мы их называли -" гитлеры". "Гитлеры" ездили на телеге с огромной клетью для собак. Их туда залавливали здоровенной палкой с петлёй. Когда эта телега приближалась, то слышен был отчаянный лай пойманных собак.

466

Эта собачья тюрьма приближалась. Многоголосый хор отчаяния и беды усиливался, и мы скорей, скорей, бежали к Туртурелу, чтобы проверить цепь и закрыть ворота.

Но у нашего Туртурела была другая забота- он резко срывался с цепи, летел к воротам, подлезал снизу, бросался к клетке с заключёнными собаками, и мощной лапой сбивал замок.

В ту же секунду все собачки выбегали и струйками быстро растекались по подворотням. А Туртурел стремглав бежал к калитке, где мы, дети, его ждали. Мы тут же его привязывали к цепи и он, высунув язык, ложился как ни в чём не бывало, возле будки. Когда вбегали "гитлеры", размахивая палками с петлёй, то мирная картина была налицо, и они разочарованно уходили. Так несколько раз мы их обманывали, но однажды они всё-таки схватили нашу собаку. Это было настоящее бедствие! Дети плакали, взрослые сразу же собрали деньги, и ватага детей и родителей двинулась выкупать Туртурела. Когда его вывели, он был счастлив, а мы были на седьмом небе! Все обнимали и целовали его. Взрослые увещевали больше не заниматься пиратством, он как будто бы понимал, прыгал, вилял хвостом и радостно лаял. Но следующей весной всё повторилось. Мужчины двора тщательно проверили ошейник и цепь. Всё хорошо, и цепь и ошейник крепки. Но вот издалека послышался лай собак, он приближался. Этот лай приговорённых действовал на всех как предчувствие беды. Соседи готовились к худшему, дети приготовились спасать. И верилось и не верилось, что побежит, но Туртурел знал: надо бежать на помощь. Он вновь сорвал цепь и помчался с быстротой ягуара прямо к телеге с клеткой, замок сорвал, собаки разбежались. Но то ли стар стал Туртурел, то ли собачий опричник был ловок, но пёс попался. Когда мы выбежали, Туртурел был один в большой клетке и бешено лаял. Несколько кварталов мы бежали за телегой и умоляли: дяденьки, отпустите нашу собачку!

Но куда там! Они видимо очень гордились, что выловили Турту-
рела - давно имели на него зуб. Он ведь им мешал выполнять
план по мылу, ну и премиальные утекали. А тут- победа! Вновь
собрали мы денег и пошли выкупать своего Туртурела, но увы,
вышел чиновник и сказал одно слово- поздно!

Прошло 60 лет, и я помню тебя, Туртурел!

РЕАЛЬНЫЕ СКАЗКИ

Рита училась в музыкальной школе по классу виолончели.
Она любила голос этого удивительного инструмента, проникающий в самую душу. Когда смычок издавал начальные звуки мелодии, на душе у неё становилось светло и тепло.
Весь мир исчезал, и её увлекал за собой сочный мощный звук: челло-певучий, напряжённый в верхнем регистре, а на нижних слегка сдавленный, словно рыдающий.
Диапазон виолончели так велик! Он широк, как человеческий голос и прозрачен до хрустальности, как скрипка, он даже может звучать, как контрабас - словом, он душа Риты! А этот глубокий звук челло - её собственный голос.
Иногда ночью, лёжа в постели напротив окна, Рита смотрела на звёзды в ночной синеве. Ей казалось, что они внезапно соскакивают со своих мест и, словно нотки на линейке, устремляются к веткам деревьев, кружась в мелодии, которая околдовывает Риту, и которую она совершенно не помнит утром. Музыка полностью владела Ритой, и она с детства знала, что челло - её жизнь. Ей хотелось вырвать свой голос из немоты и петь этим волнующим виолончельным голосом во всех регистрах.
Раз в месяц Рита покупала пластинки с записями мастеров.
Это были великие мастера виолончели: Пабло Касальс,
Эмиль Гилельс, Натали Гутман и, конечно, Ростропович.
А ещё она любила покупать пластинки с записями опер в исполнении певцов Ла Скала: это и Мария Калас, и Беньямино Джилли, Марио Ланца, Рената Скотто, Джульетта Семионато, Марио дель Монако и других, певцов с любимыми ариями из опер Верди, Доницетти, Пуччини - таких близких ей по духу.

Однажды она зашла в магазин пластинок. Продавщица Клара отвела её в сторону и заговорщицки сказала:

- Плати 5 рублей в кассу. Дам пакет, но ты его здесь не разворачивай! Дома посмотришь! Она не выдержала и в парке раскрыла пакет. Рита ахнула: Ростропович - виолончель, Вишневская – голос - "Бахиана"- Вилла Лобоса! Божественная музыка!

Рита поставила пластинку, и голос виолончели, слившись с голосом человека, стал тихо подниматься над этим миром в небеса, а затем -взметнулся мощным торнадо, разлился по небу миллионами сверкающих брызг и облачков.

Они то низвергались на землю, то поднимались ввысь,

то проливались дождём,

то озарялись солнцем, освещая день, а то погружались во тьму и плыли звуками других планет:

Вот басом вдалеке гудит Юпитер!

Сатурна отвечает баритон.

Вот Марс, ржавеющею древностью своей

Напоминает наше прошлое рожденье.

Венера - Космоса меццо-сопрано,

Земля - колоратурное сопрано,

Луна же - эхо, вторящее ей..

Все дирижёру Солнцу -

Голос, Ритм и Свет свой отдают.

Оно же, как мощный синтезатор,

Все звуки в себя вбирая,

Космосу - бескрайней массе звёзд

И всех других небесных тел - всё отдаёт.

А Космос все звуки превратил в Прекрасную

Торжественную мессу!

Такую бесконечную, мощную и лёгкую по весу!

Рита очнулась. Пластинка давно закончилась, и игла бесшумно скользила по наклейке. Вот зачем человеку дан голос.

Голос человека и челло, объединившие всю Вселенную!

Как бы то ни было, а время шло, и Рита поступила в институт Гнесиных в класс виолончели. Она успешно училась - её выступления приходили слушать и другие студенты, с других факультетов. Перед выступлениями она всегда волновалась, но выходила неизменно сосредоточенная на сцену и, как только шпиль виолончели касался пола, она сливалась с инструментом, переставала чувствовать своё тело, а чувствовала только вибрации под смычком, которые сливались в мелодию.

Однажды, после концерта к ней подошёл незнакомый парень:

- Айно, - сказал он коротко.

- Замечательно играли! А это вам! И он протянул ей ромашки, завёрнутые в нотный лист.

- Спасибо!

- Вы можете их посадить. Они с корнями!

Рита развернула лист: действительно, ромашки были не только с корнями, но и с землёй! После этой встречи Айно всегда ожидал её у выхода из института и со стеснительной улыбкой протягивал очередные ромашки.

- Только что ограбил сад у школы! -улыбнулся Айно.

Раньше весь мир Риты воспринимался через призму музыки, а теперь застрял на этой белозубой улыбке.

После этой встречи, Айно всегда встречал её у выхода из института и со стеснительной улыбкой протягивал очередные ромашки.

- Айно, вы уже все цветы ободрали?

- Нет, там ещё найдётся! И для вас всегда найдутся цветы - неважно откуда! В новой жизни были встречи, походы в кино, по книжным магазинам, прогулки по ночному городу, концерты под луной, и вот они решили жить вместе. Они сняли квартиру, и так началась взрослая жизнь Риты.

Кушать было почти нечего - нужно было платить за квартиру. Получив стипендию, они платили за квартиру, оставляя на проезд, а на остальное покупали картошку. Её распределяли поштучно на неделю или две, а когда она заканчивалась, кушали витамины: по две таблетки утром две в обед и две вечером. Не было еды, но была музык, было счастье, разлитое, как река в половодье. Айно много рассказывал о своём городе Таллине и однажды сказал Рите:

- Всё! Летом едем к моим старикам.

Моя графиня хочет тебя увидеть.

Быстроходный поезд "Красная Стрела" за ночь довёз их до Таллина. Шумная, будничная Москва исчезла и Рита очутилась в сказке под названием Таллин! Небольшая Ратушная площадь из сказки Андерсена - по крышам сказочных домиков бегают сказочные трубочисты. Башня Кик ин де Кёк, что в переводе означает "Смотри в Кухню", - её до сих охраняют средневековые рыцари в железных латах. И, наконец, Домский собор, где звуки органа уносят человека к Богу и затем шлёпают обратно в будничную жизнь.

Мама Лайне - она же графиня - оказалась очень дружелюбной и весёлой женщиной, но любительницей пригубить из графина, отсюда и второе имя - графиня. Она поставила огромное блюдо - мяса с капустой, но Рита, после столь долгого воздержания от еды, едва клюнула капусты. Мама то и дело подходила к Рите и нежно гладила её по волосам. Папа был приветлив, но молчалив, только улыбался издали, сидя в кресле-качалке. Ночью Рита не могла уснуть . Перед глазами - чудесный город, своды Домского собора и звуки органа:

Ночью, когда мы спим,

И наше ухо не слышит звуков суеты -

Мы заполняемся Космическою Мессой
Великой Темноты!
В ней, в глубине её уже бродят частички нас -
Там **где-то** я и ты...

Рита уснула, витая над крышами домов,
в облаках, что ночной периной расстилались над Таллином. А утром, через окно Рита увидела туманное море чуть
искрящееся в первых лучах солнца – над этой молочной
рекой в воздухе проявлялись пики башен и крыша ратуши,
со старым Томасом - флюгером, крутящимся на ветру.
Он, словно городской дозорный, осматривает вокруг - всё
ли в порядке в сказочном королевстве. Но гомон птиц,
налетевших невесть откуда, спугнул молчаливое сказочное утро, и туман начал таять, обнажая крыши, дома, улицы и людей, спешащих на работу.

Айно открыл глаза и сказал:

- Тебе здесь нравится? Ты бы хотела здесь жить?
Давай сегодня же поищем для тебя работу! Ага?

Ну что ж, попробуем, здесь сказочно красиво, но не уверена, что в сказке можно жить. Они вышли на сказочную улицу и зашли в кафе позавтракать.

Рита выпила чашечку кофе, а булочку разделила с подлетевшими воробьями, нахально требующими свою долю.

А затем они отправились в филармонию.

Айно представил директору Риту.

Директор взял Ритину ручку и, глядя на неё, поцеловал. А
затем сказал:

- Какая прелестная оккупаночка! К сожалению, у нас нет
работы для приезжих - своим бы дать!

И тут на Риту словно рухнул Домский собор, да вместе с
ратушей и башней Кик ин де Кёк! Она выбежала на улицу, и
на воздухе ей полегчало.

-- Ну, что ты так разволновалась! Ну, неудача здесь, пойдём в другое место.

- Куда? Я по ресторанам играть не буду!

- Ну и напрасно! в Америке все знаменитости играли в ресторанах!

- Ну и пусть! А я не буду,- упрямо повторила Рита. Домой они вернулись в депрессивном состоянии всю дорогу шли молча, глядя под ноги, словно считая камни брусчатки.

 А знаешь, давай не будем торопиться с выводами! - сказал Айно.

- Поехали, я покажу тебе старинный красивейший город Тарту! Он известен своим старинным университетом, своим театром, в котором играет сам Юрий Яарвет! Помнишь, он играл Короля Лира в одноимённой пьесе Шекспира? Думаю, Уильям не сыграл бы лучше!

- Да, короля Лира помню, но моя оккупантская виолончель - не эстонская лира! Сам понимаешь, я здесь не нужна нигде.

- Им не нужна! Мне нужна! И вообще, мы просто погуляем. Я тебя познакомлю с замечательными людьми! В университете Тарту, например, работает всемирная знаменитость - Юрий Лотман. Он ведёт лингвистику и семантику. Недавно вышла его последняя книга - "Семантика слова" - настоящий бестселлер! Кроме него, здесь работает ещё одна знаменитость - профессор Жохов. Он преподаёт химию и биологию - философ и эстет. Удивительная личность! Он утверждает, что видел в пещерах Сахары древнейшие наскальные рисунки, где люди охотятся на динозавров! Он предполагает, что люди и динозавры жили в одно время, и опубликовал свою теорию в журнале "Science" . Ну, конечно же, его многие приняли в штыки – это же полный поворот истории на 360 градусов! Когда-то он преподавал в Санкт-Петербурге, а брат его, адмирал Северного Флота Жохов, был первопроходцем Баренцева и Северного морей.

Открыл даже остров, названный его именем - остров Жохова! Это ещё при царе было! Ну, и конечно, наш Жохов сидел за своё и брата царское прошлое, а потом его выпустили без права возвращения в столицы - ни в Москву, ни в Питер. В ссылке он познакомился с Салли - своей женой - из богатых была, вот и вся вина её. Она-то его и перетащила в Тарту.

А сейчас его послушать приезжают издалека. Интереснейшая личность! Едва они вошли в университет, как встретили Юрия Лотмана. Он куда-то торопился .

- Айно, вижу, вижу, привёз девушку знакомиться! Рад! Очень рад! Юрий! Семантик-романтик, - широко улыбаясь и хватая Ритины руки двумя руками, произнёс он.

- А вы кто будете?

- Рита.

- Чем занимаетесь?

- Я виолончелистка.

- Ростроповича почаще слушайте! Да, ещё Касальса. Я и сам не отрываюсь от этих музыкантов! Послушаешь их – ну, ясно! Есть жизнь на планете Земля ! Есть культура! Они же гении!

Да, ещё: если хотите в Эстонии осесть- забудьте русский! Учите эстонский и немецкий и осваивайте орган!

Всё, бегу, ребята! Опаздываю на конференцию.

Они распрощались и пошли искать аудиторию Жохова.

И тут услышали зычный голос:

- Кто вам сказал, что динозавры вымерли, когда появился человек? Ничего подобного! Они жили одновременно, я убеждён в этом! А знаете ли почему? А вот почему: мне об этом рассказали древние художники! Они документально до нас донесли: "Ребята, вот так – с копьями наперевес - мы бегали за этими огромными тварями и побеждали!" В Техасе были найдены кости Рексуса, заваленные костями людей. И все кости - и гиганта, и людей - были одного возраста! !

Тут прозвучал звонок, от которого могли встрепенуться даже кости гиганта древности.

- Как жаль, что прервалась лекция, - сказала Рита.

- Зато теперь я вас познакомлю.

Айно постучал, и они вошли.

Жохов был невероятно высокий и стройный, как линейка. Он поднял взгляд из-под очков:

- Вы ко мне?

-Да я вот, хочу познакомить вас с моей женой Ритой. Она виолончелистка, мы тут за дверью слушали вашу лекцию, здорово! — Так! Интересно! Такая неожиданная идея! А я - Айно, помните меня?

-А конечно, конечно. Племянник моей Салли Редко залетаете в наши гнёзда, молодой человек! Но я рад! Душевно рад! Так ты женился?

-Ну не совсем, но вот-вот.

Рита была под впечатлением от услышанного, да и от знакомства с Жоховым. Айно никогда не рассказывал о таком родственнике...
Вы должны обязательно пригласить меня на ваш концерт!
Я, знаете ли, в детстве учился играть на флейте. И вот сейчас иногда находит - так очищает душу!

А на виолончели тоже пробовал -признаюсь, что не совсем удавалась ставка большого пальца, поэтому и поменял на флейту. Но челло обожаю. Такой сочный звук. Такой певучий организм!
Заезжайте ко мне в субботу, посидим, Салли что-нибудь приготовит...

- Обязательно! - пообещал Айно.

Они вышли из университета.

- А теперь мы поедем в Ворбузе, и я покажу тебе коровью ферму.

- Это ещё зачем? Мена там ждут с виолончелью повышать надои молока под музыку? Я тебя уверяю, вашим бурёнкам тоже не нужны приезжие оккупантки!

- Не дуйся, Рита! Ну, сказал дурень, забудь! Ты таких коров не увидишь никогда и нигде. Поехали!

- И таких филармонических козлов тоже. Ну, поехали!

Ворбузе - чудесный городок, деревней можно назвать только из-за численности населения. Кругом асфальтовые дорожки, лужайки, цветы и двухэтажные домики современной архитектуры. Рядом речка, окаймлённая лужайками и огромным валунами, красиво разбросанными там и тут.

- А вот и коровник! - сказал Айно.

- Вот это стеклянное здание, похожее на кинотеатр?

- Именно!

- Почему же никакого запаха?

- Сейчас увидишь.

Зашли в коровник, а там чистота. Всё белым-бело. Несколько женщин в белых халатах, кругом белые, стеклянные трубочки, идущие от бурёнок, к которым прикреплены электродоилки. А бурёнки-то! Все причёсанные, хвосты в косички заплетены, внизу бантики, помыты специальными шампунями! Рита подумала:

"Наши доярки сами бы себя бы помыли таким шампунем, у них самих жизнь хуже, чем у этих коров."

Да, здесь всё меняло представление об отношении к животным.

Да и коровки посматривали на Риту весёлыми глазами, а не такими грустными и обречёнными, как на родине. Рита вышла потрясённая, и они пошли в бар - выпить кофейку. Но и бар был особенный – в деревенском стиле: отделан хомутами и украшен подковами- красота!

- Вот видишь, произвели на тебя впечатление бурёнки!

- Да уж! Мне даже показалось, что они сейчас запоют голосами Орловой и Утёсова. Дома Айно сказал графине, что в субботу они пойдут в гости к Салли и Жохову. Лайне всплеснула руками:

- А ты знаешь, что Салли с Жоховым уже много лет не разговаривают!

- Не может быть! Он нам так и сказал: "Заходи, Салли нам что-нибудь приготовит!" Да, Рита?

-Ну да, - сказала графиня. - Они говорят только, когда касается еды или стирки. У них давно холодная война. С тех пор, как умер их сын. Салли считает, что Жохов не досмотрел, а он - что Салли. Сынишка на велосипеде попал под машину, а велосипед Жохов купил на день рождения. Но это же не его вина!

А Салли замкнуло - по-моему, она слегка ку-ку.

- А у них больше нет детей?

У Жохова есть сын - уже за сорок мужику, где-то в Новгороде живёт. Приезжал как-то. Наверно, думал, что они богаты. А как увидел, так и убрался восвояси.

Когда Жохова в 35-м отправили по этапу, жена с сыном от него отказались, так что он как был тогда одиноким, так и остался. Теперь вот ищет родню среди динозавров и неандертальцев.

-Мудрому человеку с собой не скучно!

 В субботу Рита и Айно поехали в гости к Жохову и Салли.

Рите было интересно продолжить разговор об эпохе начала времён, ведь он так интересно рассказывал! Да и несгибаемую Салли увидеть!

- А, заходите, заходите! Хорошо, что навестили старика.

- Какой же Вы старик! Вы человек без возраста!

- Ага, человек без возраста, без семьи, без Родины...просто место пребывания временное - на планете Земля. Мне ведь 88 годочков будет через месячишко! Но знаете, запомните это: человек молод, пока его оптимизм, идеи и фантазии не противоречат чувству реальности.

- А как же ваши динозавры?

- А что с ними? Они реальны, сам видел их кости, вот как свои, ну чуть больше, правда.

Они жили миллионы лет назад я вот тоже задержался! У одиноких людей один год - за столетье счёт. Мне бы надо туда, к брату, на его остров, наш фамильный- Жоховский.

Тут к столу, с блюдом дымящегося плова, подошла Салли и увесисто поставила тарелку на стол. А затем руками показала: мол, садитесь! Все сели. Айно впервые обратился к Салли:

- Давно не виделись, тётя Салли! Садитесь рядом со мной. Салли улыбнулась, но не села, а только подняла рюмку и чокнулась с Айно. Затем вышла в кухню.

Потом все перешли на веранду, и от улыбки Петра Василье-вича Жохова как-то стало больше кислорода. Зазвякали вил-ки, всё было очень вкусно, но кусок не шёл в горло из-за её молчания.

- А я вот, барышня, играл когда-то на флейте. И совсем не-плохо, знаете ли! Сейчас, минуточку! Он вышел и появился в дверях с футляром. Там в мякоти бархата возлежала сверкаю-щая флейта. Жохов облизал пересохшие губы и сделал проб-ные выдохи, а затем заиграл "Амурские волны". На флейте Рита слышала эту мелодию впервые, но сразу узнала.

- Сам подбирал! - с гордостью сказал Жохов. Играл когда-то в военно-морском оркестре, а сейчас иногда балуюсь,

когда тишина становится очень громкой.

- Вы здорово играли! Салли наверно очень нравится.

- Может и нравится, не знаю. Она всегда молчит. Сын у нас попал под машину. Горе нас постигло и её надломи-ло. Думает, что я виноват, и я так думал первое время - сейчас так не думаю. Бог дал - Бог взял. И точка. Жаль, Рита, что вы не взяли инструмент! Хотел бы послушать.

- Договорились, - сказала Рита, - в следующий раз приду с челло. Они расстались в надежде увидеться, но прошло всего несколько дней, и Лайне забежала с тяжёлой вестью:
-Жохов умер! Салли позвонила. Даже некому хоронить. Займись, Айно, поезжай к Салли! Они поехали к Салли.

Дом был открыт. На диване лежал Жохов, словно уснул: диван ему был мал, и он приспособил когда-то топчанчик для ног - так и лежал во всю длину своего двухметрового роста. Салли сидела на стуле прямая, как палка, и молча, не отрываясь, смотрела на мужа. Может быть, она простила его, наконец-то! Может в ней проснулось что-то тёплое к человеку, с которым она не разговаривала почти 20 лет, но прожила 40 лет бок о бок, да из них 10 лет лагерей, где они и познакомились! Пол жизни вместе! Внезапно она повернулась к Айно и чётко сказала на эстонском:

- Измерь Петра, он не войдёт ни в один гроб. Ему нужен нестандартный.

Айно вышел с Салли, и она дала ему сантиметр. Получилось 1 метр 91 см! Айно и Рита пошли заказывать гроб.

На следующий день оказалось, что все его коллеги по университету на каникулах и разъехались кто куда.

Практически на похоронах никого не будет. Даже отец Айно был в командировке. Айно дал сыну Жохова телеграмму в Новгород, но тот не ответил. На третьи сутки они пошли к Салли. Она сидела на веранде и сухо сказала:

- А кроме вас никого не будет. И даже нести некому. Могильщики яму выроют и закопают, а нести отказались.

Салли и Лайне, Айно и Рита несли этот длиннющий гроб на кладбище на своих собственных плечах. Дорогой отдохнули разок, поставив этот здоровенный пенал на придорожную скамью. Наконец, принесли его к месту захоронения. Могильщики быстро сделали своё дело и ушли. Вечный покой обрёл профессор Жохов и маленький островок со своим именем.

Сквозь слёзы Рита сказала:

- Он умер, как вымерли динозавры - внезапно и неизвестно почему. Ещё три дня назад играл на флейте "Амурские волны", и вот унесла его волна...

- Он умер от сердечной недостаточности, - сказал Айно.

- Да, правильно! Человеческой любви ему явно не хватало! Знаешь, Айно, давай завтра сюда приедем ещё раз, и я ему сыграю, как обещала!

На следующий день Рита взяла виолончель, и они с Айно приехали к острову Жохова на кладбище. А поставил раскладной стульчик, Рита воткнула шпиль челло в ещё сырую землю и заиграла "Адажио" Альбинони.

Айно стоял напротив и шмыгал носом. На всём кладбище не было ни души. Хотя, возможно, душа Петра Васильевича как раз слушала этот концерт. Рита в это свято верила. Музыка поднималась вверх, вверх - туда, где обитала его ищущая, так много пережившая душа.

- Рита, ты так играла! Я так сильно тебя люблю! - Айно прижал её к себе, и дальше они молча ехали на электричке, держась за руки.

В конце лета они поженились и уехали в Москву.

Но ещё долго, долго, играя на инструменте, Рита вспоминала свой концерт на кладбище, и глубокое чувство потери добавляло терпкую горчинку и надрыв в её игру.

А удивительные события прошедшего казались сказкой и навсегда такими остались в её памяти.

Через несколько месяцев Рита узнала, что беременна, и Айно стал покупать творог и мёд вместо картошки, которая долгое время была основной её едой.

- Мы назовём его Нильсом, - сказала Рита, - и это будет продолжением сказки.

- Да, красивое имя! - согласился Айно. В июне у Риты была защита диплома. Округлившийся животик нежно льнул к грифу виолончели, а Рита упорно готовила новую программу, несмотря на все трудности последних месяцев беременности. Ей всё время казалось, что её сынок слышит дивное звучание челло.

На защите она играла вдохновенно, с любовью к этому маленькому существу внутри себя, которое так часто толкало её ножкой, когда она играла в верхних регистрах.

Диплом с отличием они получили заслуженно вместе.

- Вот видишь, сынок, мы это сделали! -приговаривала Рита, поглаживая животик.

Айно посмеивался:

- Думаешь, он тебя слышит?

- И тебя слышит, Фома неверующий!

Через месяц Риту везли в родильное отделение.

Чудесный мальчик, сказочный Нильс, с огромными шоколадными глазками, наконец-то встретил свой первый день на Земле!

Рита уехала к маме, а Айно в Таллин. Он звонил каждый день, осведомляясь о сыне, а Рита хлопотала возле крохи, забыв обо всём, забросила даже челло. Она пела стихи разных поэтов: Цветаевой, Тарковского, и Лорки и их поэзия становилась колыбельной для Нильса. Вот они с Лоркой поют:" Я иду по небу, и ромашки цветут!" - и Нильс засыпает среди небесных ромашек, что когда-то дарил ей Айно.

Рита тосковала по мужу, а он долго не приезжал. Но вот, через 3 месяца приехал Айно.

- Как ты повзрослел, сынок!

- Как они похожи, - подумала Рита.

Айно приехал забирать их в Таллин. Дорога была тяжёлая: кормление грудью в самолёте - настоящая эквилибристика для голодного ротика. Только ухватит молочко, а тут самолёт резко потянет вниз на воздушной яме. Наплакался сказочный Нильс в этом несовершенном мире - ну, всё не так! Даже молочка не выпьешь! Таллин встретил дождичком. И каким-то предательским чувством, будто что-то не так, как раньше.

Айно был молчалив и задумчив, словно решал какую-то дилемму. Утром он ушёл на работу, оставив Риту с Лайне. Нильс всю ночь проплакал, словно что-то чувствовал наперёд. Лайне зашла в их комнату, погладила Риту по волосам, поцеловала ножку Нильса, а он улыбнулся и толкнул Лайне своими пухлыми ножками. Вечером Рита предложила Айно поискать квартиру, и вскоре они переехали в маленькую комнату в коммуналке. Когда Нильс ночью плакал, соседи неистово тузили общую стенку. Айно не высыпался и злой уходил на работу. Рита понимала - это тупик. Надо уезжать: что-то не заладилось в этом королевстве! "Видимо, это не моя сказка", - думала Рита. Айно стал задерживаться на работе всё чаще и в какой-то день не пришёл. Рита не стала разбираться: она купила билет на самолёт, дала маме телеграмму, и через несколько часов мама встречала её и Нильса в аэропорту.

Айно позвонил на третьи сутки: он возмущённо рассказал о командировке, о пустой квартире, о необдуманном решении и хотел приехать. Но Рита сказала:

- Давай проверим себя. Если будет жизненная необходимость, приезжай!

А дальше была долгая, долгая тишина. Таллинская сказка молчала и отдалялась всё дальше и дальше... Но с Ритой было это маленькое чудо, её любимое существо, и ничего в мире не могло быть важнее и дороже её Нильса! Теперь она вновь ставила виолончель возле сына, как когда-то во время беременности, и играла для него музыку своей души, а он слушал, широко раскрыв свои шоколадные глазки.

Вскоре Нильсик стал ползать, а затем сидеть - словом, делать все героические усилия, присущие детям его возраста.

Через год Рита отдала его в садик и вышла на работу. А Айно стал звонить и каждый раз обещал приехать, но не приезжал, и Рита подала на развод.

Они развелись, но ещё долго Айно умолял её приехать, уверял её, что она единственная в его жизни, и что они семья, независимо от печатей в паспортах. Рита знает: он человек хороший и говорит, что чувствует, но его жизнь не связана с ней и Нильсом. Она поняла, что поступила правильно, уехав.

Рита работала в филармонии: там было много концертов, много командировок, но Рита просила никуда её не посылать - из-за ребёнка. Её редкие концерты проходили с аншлагом, приходилось готовить новые программы вне дома, а значит, отрываться от сына. Однажды она готовила новую программу в филармонии, в своей комнате. В дверь постучали.

- Да, кто там?

- Можно к вам? - спросил, просунув голову, молодой человек.

- Меня зовут Игорь. Вы так играли! Я невольно захотел вас увидеть. Я здесь работаю художником сцены. Делаю декорации для спектаклей. А что вы играли?

-Это Боккерини. У меня скоро концерт, и я готовлю новую программу.

- А вы поёте?

- Нет, моя виолончель поёт.

- А мне кажется, что все музыканты поют: конечно, не так, как профессионалы, но поют. Я очень люблю оперу. Я тут недавно купил одну пластинку - Вишневская поёт.
Хотите послушать?

- Не сейчас, как-нибудь в другой раз.

- А можно мне остаться и послушать вашу игру?

- Ладно, садитесь, только тихо.

Игорь сел в углу комнаты и смирно затих в темноте.

Рита играла, звучание виолончели завораживало, и словно захлопывалась дверь в обычный мир, унося куда-то в абстрактные высоты.

- Господи! Огромное вам спасибо! У меня была когда-то такая пластинка, но кому-то отдала, и не вернули. Я вам так благодарна!

- Здорово, - сказал Игорь, когда Рита закончила.

Рита надела чехол на челло...

- А можно я вас провожу - всё же поздно...?

И Игорь стал заходить на все репетиции. А после концерта
он подарил ей какой-то большой пакет. Она раскрыла - это была
пластинка, утерянная во времени: Ростропович и Вишневская игра-
ют и поют " Бахиану"-Вилла Лобоса!

А пойдёмте ко мне в мастерскую и послушаем её!

-Ну хорошо, сказала Рита как-то неуверенно. Мастерская была
огромной! Там вырезали, выпиливали из досок города, страны и
целые эпохи! Вот готически окна с витражами. вот венециан-
ские гондолы для оперы "Арлезианка", а вот египетский трон для
Вердиевской Аиды. Волшебное место! Машина времени, уносящая
нас в путешествия.

- Здесь работают волшебники!-сказала Рита.

- Здесь работают декораторы, столяры и плотники, -ответил
Игорь. Он подошёл к проигрывателю и поставил пластинку.

И сразу не стало Риты, не стало Игоря, мастерской, города, только
этот ведущий в небо голос человека и челло...у них даже один ко-
рень-челло! Волшебная музыка, правда?-воскликнул Игорь.

И вдруг Рита запела "Бахиану". Неожиданно для себя самой в пол-
ный голос, удивительным виолончельным сопрано, который во-
допадом низвергался и гордо поднимался. Она, словно выскочила
из тела, из своей немоты! Она брала высоты, о которых и не могла
раньше помыслить! Рита закончила, воцарилась тишина.

- Боже мой, как вы пели! А говорите, что не поёте! Я знал, я чув-
ствовал, что у вас голос! Да ещё какой!

- Да, я пела всегда только для сына...ой , смотрите!

Окно комнаты внезапно осветилось.

- А у вас, видимо, были слушатели!

- Ладно вам! Пора мне домой, мой сыночек меня ждёт.

Они вышли на улицу, и вдруг на них упал свет! Он опрокинулся сверху высоченным конусом, словно ниоткуда! Рядом не было ни строительных площадок, ни пролетающего вертолёта или самолёта - просто пучок света с неба, который освещал их, как на сцене освещают артиста.

-Откуда, откуда этот свет?-спрашивала Рита в панике. Она побежала в сторону- направо и свет последовал за ней, налево- и снова свет! Этот конус света преследовал её! Она схватила Игоря за руку и потянула обратно в здание. Затем они захлопнули дверь. Напуганная Рита побелевшими губами еле выговорила:

- Они хотят забрать нас на свою тарелку!

Игорь стал успокаивал Риту, рассказывать какие-то анекдоты, но Рите было не до того.

-Вы видели этот свет, словно ниоткуда! Я знаю. Они появились на выброс энергии. Я пела, понимаете! Мощный выброс энергии. Они этим живут, они за мной ! Господи, я всегда мечтала увидеть космос! Но сейчас мой сыночек- весь мой космос, вся моя Вселенная !Я хочу только одного- остаться с моим Нильсиком и к чёрту всю Вселенную! Так плакала бедная Рита И внезапно свет погас. Они вышли из здания, свет вновь накрыл Риту, но почему-то стало спокойно и Рита всё время повторяла:

-Вы не имеете права забирать мать у ребёнка! Не забирайте меня у него, пожалуйста! У него никого нет, кроме меня! А если хотите, я ещё для вас спою, обязательно спою, да, да, я буду петь. слышите! - Всё это Рита мысленно говорила, а сама бежала к последнему троллейбусу . Она всё ещё была освещена конусом света, но уже знала, что её не заберут. Когда она забежала в троллейбус, свет исчез. Ещё долго, прильнув к окну, она повторяла, глядя в небеса:

Спасибо! Спасибо! Мне никто не нужен, мне ничего не нужно - только быть со своим сыночком! Дома она долго стояла у кроватки сына и думала о том, что это маленькое существо- весь её мир! Сыночек , дорогой, ты один - вся моя Вселенная!

1978-2014 г.

Мелодии судьбы

Ох уж эти коммуналки! Ася прожила там год и ей хватило! А ведь люди жили так целую жизнь ! Общая кухня- ты ставишь чайник на свою конфорку, а в эту минуту открывается дверь и в щёлку просачивается соседка. Ей нужно присмотреть за тобой- а вдруг ты поставишь на её конфорку, или вообще, не дай Бог, используешь две! Но с Аськой всё просто-утром чай, с ложкой мёда и две витаминки. Тоже самое в обед и на ужин, и так две недели, а когда стипендия - две недели обедов в институтской столовке- настоящий праздник желудка. В институте бурная жизнь: смена предметов, педагогов, аудиторий. Напряжённый график занятий: что ни день, задержки до полуночи в монтажной - практика по специальности.

Ася сняла комнату в Чистом переулке - у метро Кропоткинская. Да только переулок был полной противоположностью названию. Длиннющее здание, разделённое на бесчисленные комнатушки, а когда-то одна квартира с кухней и туалетом, которую теперь делили 3- 4 жильца, ненавидящие эту жизнь и всех соседей. Чтобы зайти в подъезд, нужно пройти большой грязный двор, уставленный мусорными контейнерами. Ночью они кажутся непреодолимыми, а длинные тени от них вдруг начинают двигаться , оживать- из-за кошек и бомжей, роющихся в мусоре по ночам. Часто, возвращаясь поздно из института, Ася громко насвистывала весёлую мелодию, чтобы преодолеть страх. И вот, где-то на второй неделе своего жития в этом Чистом переулке, Ася шла, насвистывая через этот двор, как вдруг от мусорного контейнера отделился человек и побежал за ней. Она побежала так быстро, что вряд ли её смог бы догнать какой- либо олимпиец, но и преследователь не отставал. Ася только подумала, что пока достанет ключи, пока откроет, маньяк её догонит, но когда она добежала до дверей, дверь открыла соседка и тут же её захлопнула перед самым носом преследователя.

Ася хотела было взглянуть в глазок, но соседка отодвинула её от дверей:

- Отойди, он может двинуть по стеклу! Всё равно ты его не увидишь. Она протянула руку:

-Катя,- сказала она, познакомимся!

-Спасибо, Катя!   Я - Ася. Что заставило вас открыть дверь в самую нужную для меня минуту?

-Ася, я как раз сегодня хотела вам сказать, насколько здесь небезопасно! Зря вы так поздно возвращаетесь! Здесь полно маньяков! Я видела вас в окно, как вы побежали, а за вами этот маньяк и уже стояла на изготовке.

-Спасибо вам , Катенька! Вы меня здорово выручили, - сказала Ася, переведя дух. Уже войдя в свою комнату, Ася тут же бросилась к окну, но ничего в глубине кромешной безлунной тьмы она не увидела. Уже отходя ко сну, Ася подумала вновь о соседке Кате - с благодарностью. Вспомнила весь её нелепый вид: круглое, одутловатое лицо, а в глубине опухших век и щёк притаились щёлки глаз. Пахнет перегаром. Пьяница, но с душой! Надо же, как она быстро сориентировалась! Спасибо ей за чудесное спасение! Ася уснула. На следующий день, она решила не испытывать судьбу и взяла свои задания домой. Весь вечер корпела. Вдруг в дверь позвонили, Ася подошла к дверям и осторожно спросила :

- Кто там?

За дверью помолчали, а потом грубый голос сказал:

- Что опять замки поменяли! Ты кто такая? А ну, Катьку позови!

- Нет её.

Но тут появилась Катя, она приложила палец к губам, мол не выдавай!

-А ну, зови, сказал тебе!- повторил мужчина.

- Сейчас милицию позову, сказала Ася.

Мужик выругался и стукнул чем-то тяжёлым по дверям.

Шаги удалились.

-Это Кочерга, сказала Катя шёпотом. Он всё время ходит с кочергой. Чуть что, колошматит. Это мой бывший муж. Везде преследует. Из-за него спилась я!

Знаешь, я ведь не всегда такой амёбой была! У меня было вполне симпатичное лицо .. Я отлично училась, при том - в единственной китайской школе ! В Москве была такая экспериментальная китайская школа - всего один выпуск. Ну конечно же мы все были под лупой у КГБ. По окончании школы я уже знала более полутора тысяч иероглифов! А это абсолютная грамотность для учёного китайца. Кроме того, мы изучали японский, и санскрит, ну и хинду тоже. Меня сразу после школы определили в посольство переводчиком китайского и японского языков. И всё должно было быть хорошо, как вдруг отношения между нашими странами испортились. Посольство закрылось, и я осталась без работы. Через какое-то время я устроилась бухгалтером в ресторане Пекин. Затем и его закрыли, тогда я в ресторане Прага стала работать - тоже бухгалтером. Чтобы попасть на это место, я участвовала в конкурсе. Ну меня, как лучшую, и взяли, не веришь? Да, выгляжу балдой, но считаю я быстрее счётной машины! Вот скажи мне какое-нибудь пятизначное число и другое такое же чтобы умножить, так, секундочку, готово. И Катя сказала ответ.

-А теперь возьми проверь на калькуляторе!

- Ася посчитала - точно! Ей даже понадобилось больше времени на калькуляторе. Действительно, не мозги, а счётная машина!

- А хочешь, я тебе спою!

- Да, конечно, сказала Ася вежливо, не подозревая , что это будет самый необычный и чудесный концерт из всех, что она слышала. Катя принесла какую-то доску с натянутыми семью струнами. Смотри, это щипковый китайский инструмент, называется

"Цы-сянь-цынь". Струны его из чистого шёлка, только разной толщины. Она поставила инструмент на стол, он был примерно в длину сантиметров 60, а в ширину где-то 20 см .

Катя закрыла глаза и запела на китайском языке тягучую мелодию. Шёлковые струны издавали непривычные волшебные звуки. Пропала четырёхметровая коммуналка.! Ася представила себе китайский дворец, примерно третьего века. Китайская девушка мелкими шажками шла по мраморному полу, в руках она несла нефритовую вазу с цветами . Длинная узкая юбка-драпировка , сдерживала шаги её маленьких ножек. Высокие звуки инструмента, словно капли воды, наполнили нефритовую вазу. Когда звучали резкие ноты нижнего регистра, казалось что они заявляют о присутствии какого-то наблюдателя.. Щипки по длительности звука были разбиты на квинты и кварты, они создавали неповторимую вязь!

Это кружево звуков сплеталось с Катиным голосом, который совсем изменился, словно пела молоденькая девушка. Выражение лица Кати тоже изменилось - пропала её одутловатость, она превратилась в луноликую китаянку!

-Катя , здорово! А о чём песня?,- спросила Ася, когда Катя закончила.

-О девушке, которую выдают за нелюбимого, - если кратко.

А теперь я тебе исполню на японском языке песню о богине солнца Аматерасу и прочту на хинду стихи Тагора.

Это был незабываемый вечер! Спать не хотелось. Были забыты задания института, неудобства коммуналки, маньяки, бандитский муж Кати.

-А что же ты сейчас, Катюша? Ты работаешь?

Мы подружились и перешли на ты, её талантливая добрая душа растопила преграды.

-Нет, я опять без работы. Меня выгнали из ресторана. Понимаешь, приехали японцы - они хотели якобы снять новостройки нашей страны. Меня пригласили переводчиком - я им показала районы новостроек. А на стройке, как принято, сначала валят старые дома этакой большой булавой, а потом уж строят на этом месте что-то новое. Ну вот они снимали, снимали, были мной очень довольны- всё улыбались, кивали: спасибо, спасибо, всё сняли "карашо". Расставались - они ручки сложили, раскланялись и всё. Я в агентстве получила деньги и забыла. А эти гады жапонезские, состряпали фильм из кадров, где только валят дома , без новостроек, с текстом, что вот так рушатся последние надежды малоимущих и национальных меньшинств! Ну ты представь! Меня вызвали куда надо и сказали распрощаться с работой , а про переводы и вовсе забыть. Ужасная несправедливость!

-Ох, Катя, такой талант! Такие знания пропадают. О твоей жизни, обо всех твоих мытарствах хорошо бы кино снимать!

- И не думай о таком! Сразу посадят! Не успеешь начать, как за тобой придут. За песнями и разговорами время пробежало быстро . Расстались почти к утру. А утром Ася побежала в институт сонная, на ходу кемарила и засиделась опять допоздна. Забыв про маньяка, она вошла в тёмный двор и тут припустила почти с ракетной скоростью, сразу взлетев наверх. В дверях уже стояла Катя с фонариком .

- Что опять погнался?

Нет, но я на всякий случай побежала. Спасибо, Катюша! На следующий день Ася засела за политэкономию - скоро экзамен. Вдруг постучали в дверь комнаты, в дверях стоял сынишка Кати:

-А мама в туалете закрылась! Тётенька, я боюсь, тётенька,- запричитал бедный малыш.

- Ну пойдём, ты зайди к себе в комнату, а я маму поищу.

Ася постучала в дверь туалета- там в тишине, были слышны какие-то хрипы.

- Катя, тебе плохо?

- Мама, мама , ты здесь, я знаю,- запричитал малыш.

Ася попыталась открыть дверь плечом, но не смогла. Тогда Ася взяла ножик из кухни и поддев острым концом крючок, открыла дверь.

- Коленька , быстро в комнату,- скомандовала Ася.

Катя висела над унитазом, обмотав шею спусковым шнуром. По хрипу Ася поняла, что она едва жива. Срезав ножом шнур с синюшной шеи , Ася подхватила Катю и та стала жадно набирать воздух, потом её стошнило.. Ася вытирала ей лицо, а слёзы всё лились и лились.

-Прости, сыночек, прости,- всё повторяла бедная Катюша. Ася отвела её на диван.

Бабка-соседка высунулась, раз в кои веки из дверей и зашепелявила:

-Скорую не зови, заристуют тя,- переврав все слова, она добавила: не впервые у неё, пора уж и сдохнуть.

Тут Ася не выдержала и захлопнула бабкину дверь. Проснулась, ведьма,- подумала Ася. А Коленька прижимался к Асиным ногам и всё просил:

- Вы только не уходите, тётенька!

- Не уйду, Коленька. Всё уже хорошо.

Катя лежала отвернувшись к стене. Ася заварила чай и принесла его с остатками своего мёда. Еды у неё не было, до стипендии далеко, вот только витаминки. Ася высыпала несколько на ладошку Коленьке и взяла пару штук для Кати - к чаю. Всё ещё дрожащими руками Катя прихлёбывала чай , смешивая его с горючими слезами .

- Не могу я так жить, понимаешь! Никчёмная я! Но что, что мне делать!

-Ну, прежде всего, ты Коленьке нужна, Катюша! Кто ж его поднимать-то будет! Пройдёт это сумасшедшее время и у тебя всё сложится. Когда человеку так плохо, то обязательно потом должно быть хорошо. Это закон.

- Чей? Это не со мной. Это не для меня закон.

- А ты к маме в Волгоград уезжай!

- Так меня же не выпустят! Я на учёте, как алкоголик и как китайский специалист.

-А, значит, в этом случае они тебя признают специалистом!

- Да уж! Польстили! Да и как я перед мамой появлюсь! Посмотри на меня, я же амёба безликая! Алкашка никому не нужная!

- Возьми себя в руки, Катя! Ты, прежде всего мама! Люди в конц-
лагерях выживали. Ты обязана сына поднять ! И эту дурь - ве-
шаться, прекрати! Что тогда Коле делать? Он что тоже должен
помереть? На что, на кого ты обрекаешь его?!

К утру Катя уснула. В этот день и следующий Ася в институт не
пошла- сидела с Коленькой, читала ему книжки, забыв про свою
политэкономию.

Всё пошло своим чередом, когда Кате зашили ампулу, чтобы не
пить, и она устроилась на работу в маленький овощной магазин.

Настало лето. Ася поехала к маме на каникулы. А вернувшись в
Москву, она со своим парнем сняла квартиру на Щёлковской -
далеко от Чистого переулка. За вихрями событий Ася иногда
вспоминала чудесный Катин голос. Её судьба не выходила у
неё из головы. Ася рассказала друзьям-киношникам о Катиной
жизни: хорошо бы сделать такой сюжет хотя бы для курсовой
работы. И вот однажды они втроём: Ася , оператор и директор
фильма, поехали в Чистый переулок.

Ася позвонила в дверь. Дверь открыл человек в военной форме.

- Скажите, здесь живёт Катя Тягина?

- Катюша , тебя!

В коридор вышла стройная, красивая, голубоглазая женщина.
Увидев Аську , она бросилась её обнимать:

-Ася, ты? Вот она, моя спасительница. Сколько я молилась, что
бы ты появилась! Женя, познакомься, это Ася, моя спасительни-
ца. - Взахлёб говорила Катя своему мужу, тому самому, в воен-
ной форме.

-Тётенька, а меня вы помните?-спросил кто-то за спиной.

Это был подросший Коленька. Он уже пошёл в школу- в первый класс.

Ася рассказала Кате о проекте фильма, познакомила с группой, на что Катя сказала:

- Ась, уезжаем мы. Я тогда зашилась, помнишь! И больше не пила. Похудела, похорошела, видишь, глаза у меня красивые-так Женя говорит. Не то, что было в те времена. Встретила я своего Евгения, сначала он меня домой провожал, а потом остался навсегда. Я ему про всё рассказала и он поверил в меня. Ты мне тогда здорово мозги вправила! И сбылось то, что ты говорила - если человеку очень плохо, то потом обязательно всё изменится с точностью наоборот. Спасибо тебе, Ась!

- Катюшь, спой нам, а !

Катя принесла свой мудрёный инструмент, под названием "Ци-сянь-цинь" и запела. А после восточных мелодий принесла гитару и запела нашу "Полюшко-поле". И мы долго ещё сидели , слушая удивительные песни на разных языках. Все были очень впечатлены этой талантливой личностью. И только Ася и Катя знали, какую мощную работу надо было проделать над собой, чтобы победить себя. И как тяжело переломить судьбу.

2014г.

НА ПОЛНОМ ХОДУ

- Дорогая, я выйду покурить,-сказал Иван Васильевич и укрыв жену пледом, вышел в тамбур.

Поезд набирал скорость. Пассажиры с чемоданами теснились в коридоре в поисках своих мест, то и дело слышалось: "Простите!", "Извините!", "Разрешите пройти!" . Иван Васильевич давно и честно пытался бросить курить, но безуспешно. Он приоткрыл окно и задымил. Пока пассажиры дефилировали по проходу, Иван Васильевич запускал дымовые колечки на мелькающие поля, потешно маленькие домишки и проносящиеся станции. Наконец всё затихло, все исчезли в своих купе- коробочках. Иван Васильевич послал в окно последнее кольцо и выбросив окурок, выглянул посмотреть траекторию полёта сигареты. Маленькая красная звёздочка растворилась мгновенно- поезд мчался на полной скорости.

Вдруг он услышал за спиной:

-У тебя есть зажигалка, Ваня?

Он повернулся и остолбенел- сколько лет не виделись!

-Оля, ты!?

- Она самая.

-Ты куришь?

- Ну да...с тех пор.

-Как ты? Как Славчик? Где он? С тобой?

-Славчик у бабушки. Ему - пятнадцать. Ну ты знаешь. Тоже хочет быть врачом, как ты. Отговори ты его, Ваня! Не надо ему врачом быть! У него талант! Он ведь скрипку не бросил, играет. И как играет! На всех конкурсах первые места! Два года назад я купила ему замечательную итальянскую скрипку. Я ведь , Ваня, твои деньги не транжирила, собирала все годы, а когда поехали на конкурс в Италию, купила ему хорошую, добротную скрипку.

Так что спасибо за помощь в нужном деле!

- Ты что, Оля, сын же мой! Не чужой с улицы!

-Скрипка-то не Страдивари?

- Нет конечно, Вань, но с хорошим тембром- звук такой бархат-
ный. Сделана из грушевого дерева.

- Вань, а ты сейчас один? Или с ней?

-С ней... Иван Васильевич смутился и отвернулся

-Ладно, я пойду. Устала я с дороги.

- Да-да, спокойной ночи!

-Дверь купе захлопнулась. Иван Васильевич тоже пошёл в своё
купе. Надя, жена Ивана Васильевича, уже спала.

Иван Васильевич взял книгу, открыл её на закладке, но слова ка-
зались непонятными и расплывались. Всё вспомнилось и ожило.

А ведь тоже в поезде познакомились, вспомнил он. Погоди, как
же это было! Это была словно не его, а чужая жизнь. Он смотрел
в окно поезда и им с Олей, принесли чай. Дежурная сказала, что
воды мало и чай последний.

Иван Васильевич выпил чай. Оля уложила пятилетнего Славчика
на нижней полке, и сидя в ногах ребёнка, уснула. Иван Василье-
вич залез на верхнюю полку и смотрел в окошко на мелькающие
огни городков и станций. Иногда огни сверкали так ярко, что
напоминали операционную Ивана Васильевича, а ему сейчас не
хотелось думать о работе.

Внезапно поезд резко остановился. Говор, шум, люди потоком по коридору. Дверь распахнулась и зашла женщина с небольшим чемоданом. Она открыла сидение и поставила чемодан внутрь. А затем села напротив, на нижнюю полку, закрыла глаза и, казалось, задремала. В свете мелькающих огней, Иван Васильевич видел её фарфоровое лицо с длинными ресницами, от которых лучами шли продолговатые тени. Лицо казалось прекрасной скульптурой и словно было ему знакомо.

Качаясь в такт поезда и глядя на это скульптурное чудо, Иван Васильевич уснул. Утром он проснулся от звуков речи. Соседка, с его женой уже пили чай, похрустывая печеньем. Славчик ещё спал. Он замер, прислушиваясь к разговору. Соседку звали Надя, она работала медсестрой в клинике- ну конечно, чем ещё могут заниматься ангелы! В данную минуту Надя рассказывала, что помнит интерьер комнаты, где стояла её люлька. Причём её мама сильно была удивлена- всё в точности совпадало!

- Ну и память!-подумал Иван Васильевич! Для него прошлое всегда было тёмным, а точнее-сфумато. Он его не трогал, просто жил сегодня и сейчас. Сейчас он ждал вечера. Он механически перелистывал книгу, делал вид, что читает, но украдкой подглядывал за соседкой . Он думал, что вечером, в лунном свете вновь увидит как мягкие тени заскользят по фарфоровому лицу и в строгой тишине ночи он будет слушать её бархатное дыхание. Он увидит игру огней на её чудесном лице , озаряемом ярким светом проезжающих поездов и пролетающих станций.

Слава Богу, Оля ничего не заметила, подумал Иван Васильевич, смущаясь что прирастает к этому лицу.

На третьи сутки - прибытие в Питер. Иван Васильевич, не слезая с полки, уставился в книгу, пытаясь не думать об этой женщине. Мало ли что приходит в голову! Дураку голова не даёт думать, а умному жить. Правильная пословица. Иван Васильевич оторвался от книги, лишь когда вагон тряхнуло и голос сообщил о прибытии в Санкт-Петербург.

Дамы тепло попрощались. Они за это время столько обговорили. Так легко говорить им обо всём и ни о чём. Иван Васильевич за три дня сказал три раза "Доброе утро" и попрощался с соседкой.

Питерское утро было солнечным на диво. Конечно, не таким ярким и жарким, как в Варне, где они отдыхали, но зато своё - домашнее и родное. А послезавтра на работу. Иван Васильевич поставил на асфальт ещё сонного Славку, не слезавшего с его плеча, и они зашли в кафешку съесть чего-нибудь горяченького. Дома-то пусто. Надо ещё зайти чего-нибудь купить! Так они поставили точку в своём отпуске.

Через день Иван Васильевич приступал к своим обязанностям. Он ещё до отпуска договорился с начальством о новом расписании и теперь его день начинался с 10 часов утра. А в восемь он бегал. Его сотоварищем по утренней пробежке был Пётр Николаевич- зав. кардиологии. Интересный человек, но немного со странностями. Это, как водится, умный человек - так обязательно с какой-то придурью!. Он собирал листья для своего гербария. Занятие, казалось бы далёкое от профессии, но каждый раз, когда он находил какой-то необычный лист, останавливал бег и любовался красотой жилок, прожилок листка, сравнивал с нашей кровеносной системой и разглагольствовал с шаманским эффектом.

На этот раз Иван Васильевич бежал один. Он обогнул свой маленький парк и уже было собрался домой переодеться и на работу, как вдруг увидел соседку по поезду. Одетая в спортивную форму, она бежала ему навстречу

-Здравствуйте! Неожиданно! Никогда вас здесь не видел!

- Здравствуйте! Здравствуйте, сказала она запыхавшись.

Лицо её порозовело, заалело розовым бутоном на фоне серо-голубого осеннего утра.

- Я тут живу неподалёку, заходите к нам в гости,-сказал он неуверенно и вдруг добавил :

- Я хочу с вами встретиться, сегодня же! Приходите в кафе "Пирамида". Это здесь, за углом. В три часа жду вас!

- А как же ваша жена?

- Не отказывайте , пожалуйста! Мне очень нужно! Не сплю, не ем, так что спасайте! Сказал не то шутливо, не то просительно.

-Всё, жду. А сейчас бегу, пора к пациентам!

Удивлённый своей смелостью, он побежал домой переодеваться. На работе пациенты отвлекли его от ненужных мыслей. Всё-таки чьи-то жизни! Миссия ответственная.

Но вновь и вновь эта шельма-мысль: "Что я делаю! Жена, ребёнок! Славчик, любимый Славчик - всех предаю". Он вспомнил легенду про учителя Моисея- Хидра, который пророчествовал людям о том, что настанет время и воды на Земле исчезнут, а затем всё станет на свои места, но будут другие воды, которые обратят людей в безумцев, ничего не помнящих.

Кажется ко мне уже пришло, думал Иван Васильевич. Я - безумец! Что я делаю?!

Но после работы уже бежал в кафе. Заказал кофе без кофеина, без сахара и в нетерпении ждал девушку, от которой был готов убежать! Но от судьбы не убежишь. Вот она идёт! Переставив вазочку на столе и сложив руки, никак не мог успокоиться. Она подошла, он вскочил, подставил стул и сел. Три движения привели его в чувство, и успокоили Он хирург, и делает сейчас очень болезненную, но так нужную ему операцию!

- Знаете, сказал Иван Васильевич уже совсем ровным голосом, я хочу показать вам Принцессино озеро и Петровскую церковь!

- А где это?

- Это в Петергофе.

- А почему вы думаете, что мне это будет интересно и нужно?

- Мне хочется с вами погулять по красивым местам, не откажите пожалуйста! Там, в поезде, в глубине вагонной ниши, вы сидели бледная в свете луны и я представил вас, простите, прекрасной статуей, которую когда-то видел в Петергофе. Ничего прекраснее я не видел раньше, и вдруг это мраморное чудо оживает!

- Вы любите женщин, высеченных в камне?

- Что вы! Что вы! Просто ваше лицо- лицо прекрасной богини плодородия Флоры! И я хочу вам её показать. Она ждёт нас в Петергофе.

- Я не богиня плодородия! У меня даже нет детей... и не будет.

-А этого никто не знает заранее. Сейчас столько возможностей! А главное, найти человека!

-Я знаю и собираюсь сейчас разводиться с мужем, для которого очень важны прожилки на листьях его гербария и совсем не важны прожитые годы!

- Кажется, я его хорошо знаю. Чудесный мужик и замечательный кардиолог.

-Да , он может запустить остановившееся сердце вновь, но моё для него остановилось навсегда.

-Не предполагал такого. Наденька, всё же вернёмся к Петергофу. Едем. Отправимся в субботу. Вы свободны?

- Послушайте, я свободна. А вы? Как же ваша жена, сын?

- Наденька, дайте мне надежду. Я уже три дня этим живу.   Если вы потом скажете, что не хотите меня видеть, то так   тому и быть!

- Ну хорошо. В субботу утром вы ждёте меня вот у этого кафе и двигаем в путь.

Дни до субботы тянулись и тянулись. Он делал на работе и дома всё отрешённо правильно, но словно бы отсутствовал. Он ждал и боялся. Больше всего на свете он хотел встречи и одновременно боялся, что сделает этот последний шаг, отделяющий его от Славки, от семьи, и тогда всё полетит в тартарары! Ну и чего я тут конфликтую с собой? Ничего не произошло. Сколько мужиков имеет любовниц, а я тут драматизирую. И всё же, а если... Славке буду помогать, будем видеться. Ольга погрустит, но она женщина видная - найдёт кого-то. Может ей даже подыскать кого-нибудь? Только не кардиолога, он явно не подходит. Господи, что делаю, планирую чужие жизни. А это уже не в моей компетенции. Иван Васильевичу трудно далась вся неделя. Он уже всё распланировал, от всего отказывался, и начинал сызнова.

- Ладно, не буду думать ! Пусть будет, что будет, и он успокоился.

Наконец, суббота. Петергоф. Иван Васильевич взял Надю за руку и решительно зашагал. За дворцом Петергофского парка не ходят туристы. Места заброшенные, хотя и царские.

-Вот Принцессино озеро, показывает Иван Васильевич свои любимые места. Посредине озерка замок, напоминающий тирольские замки, но в миниатюре. По озеру когда-то плавали лебеди. Есть версия, что именно оно стало прообразом знаменитого балета Чайковского "Лебединое озеро". Замок действительно злодейского вида . Он горел в двадцатые годы и сильно почернел- так и стоит тёмной руиной. От замка проложен мостик к бывшему дому Павла. Дом небольшой, дворцового типа, выглядит довольно импозантно с этой стороны. Но со стороны парка он был хаосом из сломанных дверей , полу-сломанной лестницы и множества окон без стёкол.

По лестнице спускались две старушки, обе с палочками с трудом они преодолевали ломанные ступени.

- Что ищите, молодые люди?-спросила одна из старушек.

-Да вот, забрели в исторические места.

-Вы что же, туристы?

-Нет, питерские, но здесь мы впервые. А вы смотрительницы?

-В некотором роде. Чего только не видали! Мы здесь живём. Громкое слово- живём. Здесь, дочка, дом престарелых, брошенных стариков. Выделили нам дворец этот-зимой не отоплен, крыша течёт. Зимой мы все в одной комнате живём - до кучи, так и греемся. Нас тут немного, а с каждым годом всё меньше.

- Мы тут на задворках жизни - добавила вторая.

-А чем вы питаетесь?-поинтересовался Иван Васильевич.

-Не чем, а как? Летом, как туристы сбегаются сюда, мы нищенствуем, и нам люди милостыню подают, но милиция нас гонит.

- А как же пенсии? Пенсии-то вы получаете?

-А кто получает, а кто и нет. Да и не всегда доходит. Кто ж её сюда в сохранности принесёт! Воруют, батенька!

Вот хорошо, что сад кругом. Вечерком яблочки, да виноград- это летом, а весной, осенью - ягоды, грибочки, ну а зимой- палец сосёшь, а больше нечего. Голодно. Ходим, просим хлебушка по домам.

- Да, голодно,- повторила вторая бабуля.

 Иван Васильевич и Надя стали по карманам, да сумочке искать и всё что было, вместе с жалостью, отдали бабулям.   А те запричитали, поблагодарили и стали молиться.

- Мы к вам ещё заглянем, принесём чего-нибудь поесть и деньгами поможем, попрощались они со старушками.

-Ой спасибо вам, добрые люди! Спасибо. Храни вас Господь!

- Вот ведь тоже жизнь! Но в другой форме. Как там в песне: кто был никем, тот станет всем, а здесь наоборот – кем-то были, семьи были, дети, внуки, а стали ничем.

- Зря вы так, Надя! Они-то не виноваты. Система. Социализм мы такой построили бесчеловечный.

Иван Васильевич взял Надю под руку и повёл по аллее. Справа и слева стояли невысокие пьедесталы, бюсты от них валялись рядом. В высокой траве лежали чьи-то высокие венценосные головы. Некоторые были с перебитыми лицами, но все были срублены в семнадцатом или позже, и с тех пор лежат.

- Довольно тяжёлое зрелище этот сад: рубленые головы, дворец, забытые старики... Что собственно вы хотели мне показать, Иван Васильевич? Моя душа уже рыдает.

- Сейчас, уже подходим. Я давно не был здесь, забыл про дом престарелых. Простите! Не думал вас окунать в такие горькие воды.

Они шли по какой-то сюрреалистической аллее, где в высоких травах лежали отбитые у прекрасных статуй ноги торсы, руки. Статуи белели среди зелёной травы и словно просили пощады.

-Господи, Иван Васильевич, всё! Больше ничего не хочу видеть, уходим, пожалуйста, уходим,- взмолилась Надя.

- Да, уходим. Вот только посмотрите на это!

Перед ними стояла Флора- единственная сохранившаяся статуя богини плодородия. Она одна царила в этом хаосе . Зелёный плющ обвил её ноги и торс, но она высоко держала рог изобилия. Рог был забит мусором, окурками, пластиковыми бутылками, но лицо богини озарялось мраморной улыбкой с ямочками в уголках губ. Вся она сверкала невинной радостью и желанием поделиться изобилием цветов, со временем исчезнувших и превратившихся в мусор.

- Вот где я вас увидел впервые много лет назад! Иван Васильевич подошёл к скульптуре и нежно погладил лицо Флоры.

- Я так и знала, вы любите каменных женщин.

- Но сердце моё отнюдь не каменное. Я просто восхищён прекрасным, восхищён вами. Вы, как мечта! Первый раз я видел вас здесь, в мраморе и вот - вы ожили! Как в легенде о Галатее.

-Но вы не создатель, вы просто романтик, и всё придумали. Иван Васильевич, под вашим скальпелем начинают запускаться заново сердца. Но моё пока молчит. Хватит с меня кардиологов!

Но затем она подошла к статуе и отодвинув плющ, заглянула в лицо богине.

-А я себе нравлюсь, сказала она, разглядывая Флору и Надя придвинула свою голову к мраморному лику.

-Одно лицо, - тихо вымолвил Иван Васильевич.

 Вот так всё начиналось у них с Надей. Вскоре Надя стала женой Ивана Васильевича. Прошло десять лет. Детей у них не было. Со Славиком он виделся мало за это время, но каждый год в день рождения сына приезжал к нему. И вот, встреча в поезде. Иван Васильевич зашёл к себе в купе. Надя спала, укрывшись пледом. Её прекрасное лицо богини, светилось, как вторая луна. Иван Васильевич сел напротив, вспоминая своё прошлое.

Совсем рядом, через стенку, лежала Ольга - бывшая жена, частица его жизни. Она лежала с открытыми глазами и по щекам её текли слёзы. Вдруг в дверь постучали. Она быстренько вытерла глаза и хрипло сказала:

-Да, - думая что это проводник.

Зашёл Иван Васильевич. Он сел напротив.

- Ты прости меня, Оля. Отпусти из своего сердца! Ты всегда со Славчиком в моей душе. правда, правда! Не плачь! Пожалуйста, не плачь! И прости меня! Он взял её вялую руку и поцеловал.

 - Вот Славчику на день рождения. Купи ему замечательную скрипку. А это тебе, я ведь и твой день рождения пропустил.
И он сунул ей в руку конверт с двумя чеками.

 - А на концерт Славчика, позови меня, пожалуйста! И вот ещё что, - можно я буду заходить к нему почаще?

Растерявшаяся Оля молча кивнула. Он стиснул её руку в благодарность, улыбнулся и вышел из купе. Утром кутерьма с чемоданами, все толкаясь выходят из поезда в туманное утро Питера. В шуме перрона , отбытия- прибытия поездов, гудков, стуков колёс, растворяются голоса людей и биение их сердец. Вокзал пустеет и кажется, что в этом пространстве ещё долго стучат чьи-то взволнованные сердца.

2015г.

Голубой топаз

В гранях голубого топаза сверкнуло солнце, осветив луче-зарное лицо молодой женщины. Уверенными шагами она рассекала площадь Сан Марко. О, наконец-то я здесь! Она глянула вверх: с крыши библиотеки Сан Марко боги при-ветствовали её. Толпы людей шли и шли, но она никого не видела. Ей казалось, что она значима, прекрасна и все на неё смотрят с таким же восхищением, как на собор Сан Марко или Дворец Дожей. Её серебристое платье приятно шелестело при ходьбе, а голубой топаз весёлым светляч-ком подпрыгивал при каждом шаге и затем нырял в свою глубокую ложбинку.

- Лиза, проснись!

Кто-то тряс её за плечо. Она открыла глаза, и чёрные без-дны зрачков встретились.

- Что случилось? Почему ты меня разбудил, Киря?

-Ты же ещё вчера заснула в этом кресле, помнишь?

- Я видела такой сон! Зачем ты меня разбудил?!

- Ты вообще живёшь во сне!

- И слава Богу. Ладно, ладно встаю, раз труба зовёт. Елиза-вета умылась и вышла в сад. Суббота. Прекрасно, на работу не надо. Но есть одно неотложное дело. Как же к нему подступиться? Лиза уже несколько дней об этом думала, но у неё даже повода не было, а только апатия и неясные сомнения души. Она сидела на скамейке во дворике и мо-нотонно лепила шарики из пластилина, не ощущая движе-ний, не сознавая для чего, а только точимая мыслью о том, что дети выросли, у них свои семьи. Брак истощился. От-ношения далёких друзей-супругов стало утомлять. Как начать с ним разговор об этом?

Кирилл был отнюдь не стар, и молодость жила в нём не только в блеске глаз. Он ходил на теннис и поддерживал себя в форме. Но его присутствие сильно подавляло её, она всегда свободно выдыхала, когда он выходил из комнаты.

Лиза в задумчивости вышла в соседний магазин и купила пакетик трюфелей. Теперь она уже знала, что и как она сделает.

-Привет!-сказала она в дверях. - Киря, через минут пять зайди на кухню, попьём чайку с конфетами! Хочу с тобой поговорить.

Она поставила чайник и быстро умяла пару конфет, разгладив фольгу и обёртки. Затем она взяла пластилиновые шарики, которые неосознанно лепила ещё утром и обмакнув их в какао, завернула в фольгу и цветные обёртки. Всё выложила в вазочку, налила чай, поставила графин с водкой и только тогда позвала мужа.

- Кирилл, иди чай пить!

- Бери конфетки!-сказала она, когда они сели.

Кирилл взял конфету, развернул её...

- Стоп! Хочу тебе кое-что объяснить по ходу дела. Кирилл, видишь этот красивый фантик? Это то, что знают о нас окружающие.

А эта сверкающая фольга - то, что было у нас когда-то. И вот у тебя в руке шарик - посмотри, он обсыпан какао - это то, как мы пытаемся скрыть наши отношения, а внутри, Киря, не конфета! Это пластилиновый шарик, потому что всё у нас, Кирилл, теперь не настоящее, а одна лишь видимость. Кирилл обалдело держал пластилиновый шарик. Он смял его и бросил в жену.

- Иди ты со своей мишурой! Повесь на ёлку.

Он взял графин с водкой. Водка-то настоящая? Или сухая вода?

- Водка, Киря, настоящая, а жизнь - нет. Надо разойтись Киря, - сказала Лиза тихо, словно выдавила.

- И всю эту пластилиновую мишуру ты затеяла, чтобы сказать эти два слова? Он посмотрел на жену глазами, полными мутных вод, хотел сказать ей что-то ещё, но вместо этого залпом выпил водку и вышел. Через некоторое время она услышала, как дверь захлопнулась и знала, что это навсегда.

- Ну вот, паучиха, тебе сейчас легче стало в твоей паутинке? - подумала Лиза, коря себя, и вместе с тем, она знала, что всё правильно сделала. Кирилла она больше не видела. Дом продала, деньги переслала мужу и всё - словно перерубила пополам жизнь. Она купила дачный участок с домиком, ушла с работы и начала делать то, что делала когда-то для своих дочек - шить куклы. Это были куклы из сказок детства: Пьеро и Мальвина, страшный Карабас и умная Эльза, дракон и волшебник. Кроме того, нужно было распорядиться своим дачным участком. Лиза весной засадила по периметру малину, а возле домика посадила вишню и яблоню. Ну, и конечно же, любимую смородину. Летом ей нравилось шить на скамейке среди цветов, но уже осенью цветы опали и махрово расцвели грусть, тоска и одиночество. В дождливые дни Лиза садилась шить у окна, плакучие дожди заливали стекло, равномерный звук падающих дождевых струй жмурил веки и уводил во сны. И вот она уже налегает на вёсла изо всех сил, руки её немеют от натуги, а город не приближается .Там, где-то далеко огни недостижимой Венеции. Вёсла, как острые ножи, взрезают поверхность воды. Они, как шампуры, нанизывают воду ещё и ещё. Как сопротивляется вода! Как нехотя она продвигает лодку!

А Венеция всё не приближается, и маняще сверкает дальними огнями площадь Сан Марко. Ах, как болят натруженные руки, а усилия тщетны. Скорее, скорее туда - под своды Дворца Дожей, где ждут её Тьеполо и Костело, Джорджоне и другие.

- Мама! Мама! Проснись! Что же ты не закрыла окно! На улице такой дождь, смотри, сколько натекло воды!

- Оксаночка, девочка моя! Приехала! Как я рада! А я тут уснула и не ведаю, что ты уже тут! Лиза уже было взялась за тряпку, но Оксана её опередила.

- Мамуля, а я за тобой! Мы завтра с тобой улетаем. Угадай куда!

- Не томи, куда же?

- Куда ты мечтала всю жизнь. Мы летим в Венецию!

- В Венецию! Как ты узнала? Ты просто мой Ангел. Поэтому ты знаешь всё.

-Ты рада, мамуля?

- Ну конечно. Я безумно рада твоему приезду. Да ещё вместе в Венецию. Фантастика! Самолёт взлетел, лихо срезая высоту и расстояние. Горные хребты фантастических облаков заворажи-вали красотою - словно на другой планете. Лиза уткнулась в стекло, не отрываясь от меняющихся картин.

- Мамуля, я сейчас приду, - сказала Оксана, вставая.

- Да, хорошо, - ответила Лиза, не отрываясь от окна.

- Что, красиво, Лиза? - спросил знакомый голос.

Она вздрогнула. Рядом с ней сидел Кирилл. Ей стало так тепло, так уютно рядом с ним!

-Ты рада, или у тебя сохранились для меня пластилиновые конфетки, и мне уйти?

- Киря, ты словно с этих облаков! Конечно же, я рада! И нет у меня больше пластилиновых конфет для тебя, я их сама съела...

- Знаешь, когда Оксаночка предложила мне поехать с вами в Венецию, я вспомнил, что ты всегда любила сюрпризы, и подумал, что это хорошая идея! Ты ведь любишь сюрпризы, правда, Лиза? Дай мне руку! Лиза протянула руку, и что-то холодное упало ей в ладонь Она раскрыла ладошку: в ней лежал голубой топаз на длинной цепочке.

- Ой, это он! Я видела этот камень во сне! - воскликнула Лиза. А ты? Ты тоже его видел? Застегни, пожалуйста, - попросила она Кирилла. Через минуту топаз запульсировал в своей глубокой ложбинке, как –будто всегда был на этом месте.

ЭЗОТЕРИКА И ДЕТЕКТИВ

В отражении Тунгусского камня

Сидя на веранде, Полина Сергеевна что-то вяжет, то и дело поглядывая на Феденьку, а Феденька катит на трёхколёсном велосипедике по длинной липовой аллее, исходящей от самого дома. Эта картина В. Маковского всегда висела над кроватью Феденьки, а затем и над кроватью его сына Петеньки. Она вросла в историю семьи и была её полноправным членом. Полина Сергеевна очень дорожила картиной, а когда дом отобрали и заселили жильцами, она понесла властям столовое серебро, драгоценности и выпросила комнату Петеньки в этом своём бывшем доме. Ну а картину Полина Сергеевна припрятала, и в суровые годы картина лежала "в заключении" - замотанная в старую телогрейку, погребённая под лестницей веранды. После войны её вынули целёхонькую, и с тех пор она не покидала своего места.

Петенька, а теперь уж Пётр Фёдорович, вот уже несколько часов сидит и безотрывно смотрит в окно своего детства - уютную жизнь на картине. Он охвачен запахом лип, шумом листвы, скрипом колёс старого велосипедика, и даже волосы его чувствуют лёгкий ветерок тёплого утра. В это время были живы мать, отец... Отец через некоторое время пропал, мать, странным образом, погибла в аварии.

А здесь, на картине всё безмятежно, образ его отца слился с его собственным. Точно так же он катил по аллее, и также шелестели и дурманили ароматом липы. Думая об отце, Пётр Фёдорович горестно вздохнул. Вот уже лет 15, как отец пропал. Ещё в 1965 с экспедицией геологов он отправился к эпицентру падения Тунгусского метеорита, чьё горящее тело по площади было равно городу Москве. Они долго шли по тайге, словно собаки по следу .

А след - огромная территория поваленной тайги. Отец рассказывал, что как-то на привале он собирал грибы – подкормиться и наткнулся на россыпь зелёных камней.

Словно стёклышки битые, а как отполировано! - Подумал Фёдор Алексеевич и взял один самый большой и красивый для аквариума – сыну сувенирчик.

Полина Сергеевна так и сделала - положила в аквариум. Стекловидный камень оброс водорослями, рыбки плавно скользили, отражаясь в стекле. Но странное дело: стекло при попадании света искрилось и давало необъяснимые импульсы! Фёдор Алексеевич не сразу это заметил, но заметив, решил обратиться в местное отделение. А оттуда послали его со стеклом в Москву. Там-то и установили тождество: окислы стекловидного камня совпали с Тунгусскими пробами! Ну, и закрутилось по газетам. А тут итальянцы подоспели и предложили ему за этот стекловидный камень 3 миллиона долларов! Но он не согласился, а решил отдать в исторический музей Красноярска. Поехал за билетами в город и пропал. С тех пор столько лет прошло! Полина Сергеевна положила стекло в аквариум, села вязать в ожидании, и с тех пор всё сидит и ждёт его, сыночка своего, всё вяжет у окна. Вот об этом и размышлял сейчас Пётр Фёдорович, глядя на бабулечку. Он уже два раза ездил по отцовским местам. Был и с экспедицией геологов, да только камней таких он не видел. Наверняка уже кто-нибудь их нашёл. Отец говорил, что много их было, и видно, не маленьких. Вес Тунгусского камня из аквариума - 110 гр. Отец нашёл его в 40 км от эпицентра. Но сколько ни бороздил Пётр эти места, его экспедиция ничего не обнаружила. Не нашли и следов пропавшего Фёдора Алексеевича. А уж дознавались и у геологов, и в милиции, и народ расспросили - никаких следов!

И вот по метеоритным пришельцам сейчас конференция в Риме. Пётр достал стекло из аквариума, очистил от водорослей, сфотографировал и вложил фото в папку с докладом.

Собрал свои вещи в чемодан и пошёл проститься с бабулей. Полина Сергеевна, как всегда, сидела у окна в ожидании Феденьки. Да только она уже мало что видела, давно ослепла. А видела Полина Сергеевна то, что виделось её измученной ожиданиями и думами душе.

Самолёт прибыл в Рим по расписанию. В аэропорту море огней и людей. У самого выхода Пётр услышал, как ни странно, русскую песню. Пел какой-то оборванец-нищий, видимо из эмигрантов. Пётр бросил ему пару лир. Тот закивал с благодарностью. "Где только наших не встретишь, "- подумал Пётр и заспешил к такси. В гостинице он быстро оформил номер и поднялся к себе на второй этаж. Он устал после перелёта, а утром симпозиум. Поскорей бы уснуть! Утром контрастный душ взбодрил его. Он сел в такси, чтобы успеть к началу конференции. "Даже город нет времени осмотреть! - подумал Пётр. - Останусь после симпозиума. " Сегодня его доклада не будет. А будет лекция - общие слова и только. Его доклад назначен на послезавтра. Он расскажет об отцовских экспедициях по реке Кап, что в эпицентре Тунгусского следа, о своих экспедициях вдоль и поперёк тайги, приложит фотографии. Ну и конечно, покажет главную находку - Тунгусское стекло, с удивительным процентным содержанием бария, лития и марганца. Особенно бария! Расскажет и о своих предположениях по поводу небесного гостя. Ну а сегодня – сидеть, слушать и зевать. Когда в этот день конференция закончилась, он вышел в солнечный Рим. Весна повсюду распустила белые бутоны соцветий, а розовые лучи вечернего солнца блуждали по древнему булыжнику улиц и домам, помнящим свои истории. Он дошёл до памятника Виктору Эммануилу и, купив газету, сел на скамейку парка. "Завтра пойду в противоположную сторону, к фонтану Треви, "- подумал Пётр и раскрыл газету "La Stampa". Благо, он подготовился и немного говорил по- итальянски.

А газеты - хорошая разминочка. Он пролистал первую страницу и в конце второй, в колонке происшествий, вдруг увидел заметку с фотографией. Он вздрогнул - надпись гласила: "Вчера на улице Винченцио был найден мёртвым нищий из аэропорта, где он много лет пел русские песни, тем самым зарабатывая себе на хлеб. "

Нищий с виду человек, писала газета, оказался известным русским учёным Фёдором Алексеевичем Кораблёвым, который при невыясненных обстоятельствах оказался в вынужденной эмиграции в Италии . Из журналистских расследований можно сделать вывод, что где-то в 1965-1966 годах его насильно, по невыясненным причинам, привезли в Италию. Но он сбежал от преследователей и влачил все годы нищенское существование. А ниже на фото - вчерашний нищий из аэропорта. Выходит, так состоялась встреча Петра с отцом! А он ни сном, ни духом. Даже ничего в душе не колыхнулось. Всё поплыло перед глазами Петра, и только лицо нищего, в котором он не разглядел отца, внезапно стало чётким и ясным. Пётр помчался искать улицу Винченцио. К счастью, это оказалось неподалёку от вокзала. Он зашёл в закусочную и спросил, не заходил ли сюда русский нищий. Но бармен покачал головой. Пётр вышел и не знал что дальше делать, куда идти. В этот момент он увидел в стекле витрины отражение какого-то велосипедиста в красной шапочке. Велосипедист явно шёл за ним следом.

"Ладно, - подумал Пётр, - дойду до перекрёстка и резко пойду ему навстречу. " Пётр увидел, что велосипедист пересекает улицу, почему-то махнув Петру рукой, как вдруг какая-то машина резко вынырнула из-за поворота, врезалась в велосипедиста и проехала на дикой скорости. Пётр только увидел , что это была большая серая машина, но подробности не разглядел.

Он подбежал к велосипедисту, тот едва дышал. Пётр вызвал скорую, он хотел вызвать полицию, но велосипедист вдруг схватил его за руку и прохрипел : " Bada! Mi dispiace! Questa adresa alla Fiodoro-Montichelli Venti. Mi dispiace! Ciama la polizia!". Пётр набрал номер полиции , но ждать сирены не стал. Он завернул за угол. Сейчас нужно прийти в себя, никакой полиции. Сначала записать адрес - всё же какая-то ниточка, ведущая к отцу. Адрес! Какой он сказал адрес? Дома в Союзе не будут разбираться, если попаду в участок! Господи, как какое-то плохое кино! Так, надо собраться. Бада! Он сказал "бада"- осторожно. Он что-то знал об отце! Адрес! По- моему, Монтичелли Венти , двадцать. Да-да, именно так! Монтичелли Венти. Так. Он сказал что-то ещё и дважды повторил! Всё, вспомнил! Он сказал: "Очень жаль" - "ми диспьячо". Да, именно так! Он знал, кто я. И, наверно, знал отца! Сколько вопросов и нет ответов. Что с тобою было, отец?! Он побежал к метро - там должна быть карта города. Нет, не так, там только районы. Он всё же подошёл к полицейскому и спросил:

-Mi scusi! Come si fa ad arrivare alla strada Montichelli? И, услышав объяснения, оответил: - Mille grazie! Он сел в автобус, и не прошло десяти минут, как он оказался на улице Монтичелли. Деревянная дверь с окошечком отделяла его от тайны. Он постучал, но про себя подумал: "Кто же мне может открыть? Его уж нет. " Но дверь внезапно открыла женщина средних лет. Она схватила его за руку, втянула в комнату и спросила его на плохом русском: "Ти руссо? Тебья видьели? " Пётр не стал рассказывать о велосипедисте, но она сама добавила: "Тебе Николо дал адрес? " У Петра сложилось впечатление, что его здесь ждали.

- Кто вы? - Я есть жена Фьодоро. Николо- мой сын. Слушай бистро: могут прийти нехорошие люди.

Вот конверт для тебя- от Фьодоро. А сейчас беги отсюда !
Могут прийти они!

И она вытолкнула Петра через другую дверь. Он очутился в
каком- то дворе и через тёмный переход оказался на какой-
то улице. Оглядываясь, спросил, где метро , но передумал
и взял такси. До самой гостиницы он не раскрывал конверт.
События разворачивались с такой быстротой, что он не успе-
вал что-то обдумать. На виске яростно пульсировала жилка
и он подумал: "Я потерял отца во второй раз! А эта бедная
женщина потеряла и мужа, и сына! Возможно даже, что это
был мой брат! Господи, может так быть, что я никогда ниче-
го не узнаю?!" Войдя в свой номер, он первым делом
вскрыл конверт. И вот, что он прочёл:

"Сынок, хорошо осмотрись! Нет ли глаза за тобой. - Пётр
невольно огляделся и прочёл дальше: - Я тебя сразу узнал,
Петя. Ты не удивляйся. Я как узнал, что симпозиум посвя-
щён метеоритам, понял, что ты прилетишь обязательно, и
ждал тебя. Я много лет ждал тебя под видом нищего, распе-
вая песни. Мне было видно всех, кто прилетал сюда, но по-
дойти я побоялся за тебя. Ищеек я распознавал сразу. Русских
тоже видно издалека. А недавно я заметил слежку и понял,
что меня заподозрили и из виду не выпустят. И что они бу-
дут охотиться за нами. Хотел тебе в гостиницу письмо пере-
дать через Николо, но побоялся за него, решил сам. Сегодня
вечером проверю возможности. Если тебе Сильвана - жена
моя - передаст письмо, то возможно, меня уже не будет.
Помни, я не предавал родину и тайну не раскрыл. В русское
посольство пойти не мог- боялся. Могли посадить за неза-
конный переход границы или вообще приписать измену ро-
дине, а за это - тюрьма. Вот и пришлось мне петь песни за
гроши, но я тут машины чинил, так что с голоду не умирал.
А главное найдёшь за Маковским. Обними бабулю. Папа."

Пётр хотел было ещё раз встретиться с Сильваной, узнать про отца, про бедного Николо, но она чётко предупредила, что за домом следят, не приходить. Но кто? Кому нужны дела давно минувших дней? И что скрывал отец?

Но уже никакие красоты Рима его не интересовали. Пётр уехал раньше, чем планировалось.

Через день он был в Красноярске, а ещё через два часа - в своём доме. Он решил не тревожить бабушку и ничего ей не говорить. Пётр обнял Полину Сергеевну, попросил чайку с дороги и по-шёл в свою комнату. Только он подошёл к картине Маковского, как раздался звонок в дверь, и зашёл сосед Захарыч.

- Ну, чё там Рим? Как там иностранцы живут?

- Захарыч, они в своей стране не иностранцы и живут прилично. Рим мало видел, всё сидели на симпозиуме, у меня ещё и до-клад был...

- Да-да, ты им про отца-то говорил?

- Нет, Захарыч, я говорил о Тунгусском метеорите. Ты извини, Захарыч, я только прилетел, устал с дороги. Давай твою пресс-конференцию переложим на потом?!

Когда за Захарычем дверь захлопнулась, он побежал в свою комнату и снял картину Маковского. Ничего не было на первый взгляд. Он присмотрелся к пожелтевшей бумаге на обороте картины и увидел узкую приклеенную полоску. Подержав над стаканом с горячим чаем картину, он снял бумажную полоску: за ней был разрез, и там что-то лежало. Он вытянул конверт, который пятнадцать лет пролежал в ожидании его рук, и открыл его. Там были два среза выцветшей плёнки из пяти кадриков и письмо.

"Петя, не знаю когда попадёт к тебе это письмо, но надеюсь, что ты уже будешь взрослым человеком, и тебе будет интересно узнать об отце. Так вот. Всё дело в моей экспедиции, да собственно, кроме меня и Сергея (ты его видел, он заходил к нам) - никто ничего не знал. В тот день, когда я нашёл стекло, я отстал от экспедиции и пошёл по следам "битого стекла"- беру это в кавычки, так как никакое это не стекло – материал это сверхпрочный, и чем только его не бомбардировали, вплоть до лазерного луча, ничего ему не делается. Вопрос, что это было - безответный. Скорее всего, это часть летательного аппарата. Но то, что мы увидели своими глазами, опишу - не поверишь. Так вот, мы с Сергеем отстали от всех и неподалёку от "битого стекла" обнаружили полтора метра такого же "стекла", врытого в землю. Мы с трудом отвалили это стекло, оно было большой плотности и округлой формы, а за стеклом—провал в земле, лаз! Но почему-то оттуда струился свет!

Вначале был крутой спуск, но вскоре мы очутились в большом подземном зале. Посредине находилось некое возвышение. По краю этого возвышения виднелись чудные надписи, похожие на пиктограммы. А из центра зала радиусами шли коридоры. Но мы дальше не сдвинулись, и знаешь, почему? Я почувствовал, что мы не одни! Спинным мозгом почувствовал! По хребту такой холодок пошёл. Всё нам здесь молчаливо кричало, чтобы мы убирались. Ты помнишь миф Древней Греции о подземном царстве Тартаре? Вот, похоже, что оно существует. Ещё Анаксагор писал о параллельном мире с людьми и животными, с подземными городами. А сколько гипотез о пустотах внутри планеты - не на пустом месте, надо сказать. Только мне никто не поверит! Я бы и сам не поверил, но я это видел, и я был не один! Кстати , о пустотах внутри Земли говорили Галилей и Франклин. А вот наш учёный Обручев выдвинул гипотезу о том, что когда-то в древности огромный метеорит врезался в нашу планету и, пройдя через кору планеты, оставил внутри её пустоту. А совсем уж недавно Стэнфордские физики вычислили гипотетическое число вселенных, которые образовались после Большого Взрыва, их 101016. И что интересно, некоторые могут находиться друг в друге. Это может касаться и нашей Вселенной. А внутри нашей Земли может оказаться ещё одна - другая Земля. Мы не видим наших собратьев по разуму, правда не уверен, что они нас таковыми считают, но мы всё время сталкиваемся со следами их жизнедеятельности. Интересно, что когда мы вышли, а точнее, со страху вылетели оттуда, то огромное стекло провалилось под землю, и ход засыпало. То, что я видел, не поддаётся объяснению. Сдуру рассказал я всё это академикам нашим - они мне с одной стороны не поверили, с другой стороны на меня пошла охота. Слежка, словом.

Хотели найти вход, воспользоваться фантастическими технологиями! Но когда Сергей, с которым я ходил в подземный мир, был найден мёртвым в своём доме, я понял, что интерес у них большой, они пойдут на всё и нужно молчать.

Рано нам соваться с нашей агрессией в их параллельный мир! Информация всё же просочилась, и за неё ухватились итальянцы. Меня осыпали деньгами, но не стал я рассказывать и тем более показывать, где этот вход в параллельный мир. Я молчал и меня увезли для последующей обработки, да только я сбежал. Люди ещё слишком алчны и агрессивны. Так что я никого не предал- ни этот мир, ни тот. Мы не готовы их принять. Ну вот и всё, сынок. "

К письму прилагались две маленькие плёнки. Пётр посмотрел их над лампой: на кадриках улыбались двое мужчин - отец и друг его Сергей, - они стояли возле полусферы. На этом письмо заканчивалось. Пётр дочитал письмо, когда уже светало. Всё вокруг было вроде бы привычным, но окрасилось дурманящей тайной, которую никто не сможет разгадать. Тартар, Анаксагор, Стэнфордские физики, число 101016 - всё перемешалось в его голове. Он подошёл к аквариуму, там по-прежнему искрилось "стекло".

Кто сотворил его и для чего? Таинственные импульсы исходили от стекла, он сел в кресло напротив аквариума и почувствовал такое успокоение души, что сразу уснул. Утренние лучи заскользили по комнате: они скользнули по аквариуму, стекло аккордно вспыхнуло, потом утренний луч прошёлся по лицу Петра и разлился полноценным светом на картине Маковского, где по уютной аллее колесил на велосипедике маленький мальчик , как множество других мальчиков и девочек, начинающих свою новую жизнь на этой уютной Земле.

2016

Трофим и НЛО

Дорога шла через лес. Сани легко скользили по заснеженному насту. Трофим вёз из города: одеяла, мороженую рыбу, пули для двустволки, свечи, спички, керосиновые лампы. Из Мурманска часов 5 пути до селения. Шесть ездовых собак легко бежали по знакомому пути, а Трофим легко управлял упряжкой. Дорога не широкая и не узкая - по обе стороны дороги, словно колонны, стоят высоченные сосны и шелестят ледяными иглами на мелком ветерке. Кругом белизна снега, да голубизна неба над сосняком. Вдруг сверху послышался всполох, ветви деревьев зазвенели ледяными колокольцами. Трофим глянул вверх, но ничего не увидел, однако собаки неожиданно встали, затихли и легли, прижавшись к земле. Трофим закричал на них, но осёкся: он увидел над лесом, над дорогой, над собой громадный объект... Яркий свет осветил Трофима и упряжку. Трофим оцепенел: он видел, как объект опускается прямо на него, и тут его сморило. Засыпая, Трофим видел яркий пульсирующий свет над собой, и сон поглотил его. Когда Трофим проснулся, он лежал на санях без шапки, но голова была тёплая, да и уши не успело отморозить - значит, не долго спал! Трофим чувствовал жуткую усталость и ломоту в костях. Собаки уже были на ногах, но идти им как-то не хотелось. "Наверно и им, беднягам, тоже досталось!" - подумал Трофим. Последние километры до дома они буквально плелись. Доехав до дому, собаки залегли в снег и глядели на него виноватыми глазами. Он развязал упряжку и отвёл собак в сарай. Но вот разгружать сани не смог, махнул рукой и поплёлся к дому. Насте, жене своей, сказал, чтобы она разгрузила сани сама, так как у него нет сил. Мучительно болели кости, ныли суставы. Трофим еле добрался до кровати и тотчас уснул.

К утру было не лучше - голова раскалывалась. Настя приготовила любимый завтрак - манную кашу с маслом, и он, обернув голову Настюхиной шалью, сел за стол. Ребятишки - Федька и Томка - с упоением уплетали завтрак. Когда они ушли, Трофим рассказал Насте о встрече в лесу. Настя с сомнением спросила у Трофима, сколько же он выпил на дорожку.

- Да не пил я вовсе! - разозлился Троша от такого непонимания.

-Эх, - махнул он рукой, - что говорить! Тут такое дело, - и я бы не поверил! Троша пошёл в сарай к собакам .

- Ну, мужики, вы -то помните, как дело было?! Как вы тут? Бошки у вас не болят? - Трофим разлил им похлёбку в миски. Собаки как-то виновато смотрели на хозяина. Трофим погладил ведущего, - тот закрутил хвостом, как и остальные, изъявляя преданность и участие в судьбе. Трофим любил своих четвероногих друзей - сколько раз они его выручали! От волков вместе бегали. Он потрепал их по загривкам, но они уже клёцали свои похлёбки. Весь день Трофим ходил потерянный и усталый, словно вагоны разгружал.

На следующий день, когда солнце уже было в зените, Трофим, жмурясь, открыл глаза. Всё, что с ним приключилось , ему казалось небылью, будто и не с ним. Но вот ломота в костях напомнила, что нет тут вымысла, а самая что ни есть правда. - Интересно, а на что это я им понадобился? Если поговорить надо, так зачем усыплять, будто к операции готовят! Ой, а если и вправду чего у меня взяли - слышал я про такие байки! Тут Трофим стал себя ощупывать : сердце, кажись, на месте и не ледяное, как в сказке. А печень? Так это я и сам мог водочкой испортить, но всё-таки прощупывается, на месте. А вот и желудок, набитый Настькиными щами да кашей.

Так, что ещё? А может, я их бабам нужен? Он потрогал брюки, в промежности всё целёхонько. Но вот ноги ноют - это да! Что ж они такое учудили со мной? Надо с кем-то посоветоваться! Вот с Серёгой-соседом, к примеру! Хороший мужик, словно брат. Трофим оделся, накинул шубейку - и к дверям...

- Ты куда? - крикнула Настюха из кухни.

- Пойду пройдусь, - мрачно ответил в дверях Троша.

- Смотри не опрокидывай стопку, прошу тебя!

- Да ладно...

Трофим двинул прямо к единственному магазину, он же и бар и киношка - телевизор там стоял. С порога пошёл прямо к стойке, где мужики, как мухи над сладким, зависли над стопариками. А вот и Андрюха! Он подошёл к другу и хлопнул его по плечу:

-Привет!

-Что, в город ездил? Мне тоже вроде нужно, да всё оттягиваю.

 - А что за причина?

- Да так..

- Слушай , Андрюха, у меня к тебе разговор - давай отойдём! Трофим сел рядом с Андреем.

- Слушай, я тебе что скажу, - начал Трофим издалека. Вот начну с того, что ехал вчера домой, и заметь, Андрюха, на трезвую голову, клянусь! И тут Трофим трижды осенил себя крестом. - А только ты рожу не строй, если что не так,

скажи: "Сказки это," - и я замолчу.

-Да ты не тяни резину, толком расскажи, Троша!

- Ну так вот, еду я - кругом тишь, красота, на небе солнышко, и виден уж серпик луны, - и вот, где-то за километр от дома, накрывает меня, значит, Андрюха, некий объект. Вот те крест! Собаки мои, что на волка да на медведя ходят, совсем тут одурели и залегли. И тут на самом можно сказать важном месте , мы хопом заснули. Да только засыпая, Андрюха, я их усмотрел! Огромная такая шляпа, как у тёщи, только у неё молью поедена, а тут - громадная и вся светится, аж пульсирует. Только свет её нехороший - злобный! Словом, уморила меня эта шляпа и собак моих, что за меня как драконы дерутся, тоже уморила, усыпила. А зачем, Андрюха?

Зачем я им? Я ж не президент, чтобы о делах с ними, и не космонавт, чтоб на равных, - зачем, Андрюха? Не веришь, а? Вот скажи мне!

- Ну почему же, верю! Слышь, Троша, я тут с Лёхой перекинулся как-то о том, о сём, так и с ним это тоже было...и со мной было . А дело было так: летом мы с Веркой моею пошли грибков пособирать, да потом посушить на зиму побольше. Взяли по ведру, да и пошли. Места все знакомые, не раз пройдены. Уже много набрали, глянь - а знакомая поляна стоит вся выжженная. Я Верке говорю: "Это кто ж такую пакость сотворил?" Уставился в землю, а тут из-за бугра, из-за горы, вдруг поднимается что-то огромное и, что характерно, бесшумное, на цигарку похожее. В небо - шасть! И нету ничего, словно и не было . А мы с Веркой стоим - две статуи. Ты библию читал, про жену Лота? Вот столбами и стоим.

- В библии написано, что водку жрать нельзя. Поспешил резюмировать Трофим, закрывая рукой свой стопарик.

- Не наливай мне!

- То не про нас. И вообще, там про водку ни гу-гу, брешешь ты. Андрюха, ты не дочитал. Там в конце это написано. Но давай, по делу рассказывай! Ну вот стоим, а Верка говорит: "Ты видел, или мне привиделось что? А?" Ну я её успокоил, что видел, было дело, а сам не свой - ноги дрожат, хотя, ты знаешь, не из пугливых.

- Да, помню, медведя вместе валили.

- А и Лёхе тоже такая встреча уготовилась. Только он после этой встречи, как одурелый. Всем рассказывает, что из него рёбра вынули. Тоже мне, Адам хренов! Мы вначале думали, что он это спьяну, с водки, но нет, Троша! Они нас выживают! Мы с Веркой и детьми летом уедем в город - насовсем. На любую работу пойду. Не хочу, чтобы меня, или Верку, или деток наших разобрали на запчасти. Так-то, друг!

- Да, дела! А ещё кто знает?-спросил Трофим.

-Эй, мужики! Ставлю по стопарику каждому за правду. Давай , мужики, начистоту: кто с Объектами свиделся - рассказывай, в глаза глядя.

И тут мужики этого селения, а их всего девять с нашим Трофимом и Андрюхой, стали рассказывать. И получилось, что все уже встречались нос к носу с гостями из космоса, да только боялись говорить об этом: думали, засмеют за враки. Один сказал:

- Мужики, я вот что думаю. Была это наша Земля, а сейчас - агрессор пришёл!

Вышибают нас отсель, что скажете? Не хотят они, чтоб земля эта нашим детям, внукам досталась! Мы с семьёй двинем отсюда по весне. Я уже договорился в городе - печи буду строить, но не дамся им.

Тут Кирилл стукнул кулаком по стойке:

- Слушайте сюда! Мужики, а что если их споить? Подкараулим, да нашей сорокоградусной угостим их, потом возьмём их кораблик и покатаемся.

- А ума хватит тебе? Машину завести надо - это не собаками управлять! Ты проспись, Кирюх! И чушки не болтай.

--А у меня мать чёрта видела,- сказал Фёдор шёпотом. - Мать говорит, приходил в дом чертяга зелёный, страшный! Весь дом оглядел. Наше радио со стены снял, разглядывал изнутри, снаружи. Наверно, кумекал: что за объект такой - чёрная тарелка на стенке, - а на мать и не глянул, будто её и не было. Потом вышел в сарай, где клетки с кролями, да с курями. Те заквохтали, что есть сил, да и стихли. Мать бросилась в сарай, ка к столбняк прошёл и ну кричать: "Ах ты, идол нерусский! Вор поганый!" Но никого в сарае уж не было. А только куры дохлые, да кроли! Надо тикать отсюда семьями! Нас тут немного - девять домов!

Найдём себе место в городе! Туда эти гады не сунутся, не попрут туда их шляпы. Они всё шастают, где народа поменьше, чтобы свои гадючьи дела делать!

- Какие такие гадючьи дела?

- Эх, не понимаете, что ль? Земля им наша нужна! Леса эти! Наш кислород! Нет у них кислорода на их шарике, вот и шастают сюда, воры! Прилетят сюда на каникулы кислородом подышать, да с собой увезти. Побалуют здесь, подышат кислородом да людей попугают - и восвояси летят. У нас тут чего-то такое есть, чего у них на планете нет, вот и летают.

- А я отсюда не уеду! - чётко сказал Трофим. – Ишь, им чего надо! Не отдам свой лес! Не отдам наш кислород! Всё наше-человечье! А что они сделают со мной?! -

—Очень даже сделают, Троша!

-Трофим, ты деток-то пожалей! Им ведь всё равно в школу скоро. Надо и тебе сани готовить.

- Детей и жену отправлю. А сам останусь. Вы хотите сбежать - бегите. А я не уеду. Вот им! - и Трофим грозно показал кукиш.

-Как же ты один тут останешься? Лес кругом! Волки, медведи, тайга...

- Ну вот, и не один я. Волки, медведи, тайга. То всё наше, моё. Не отдам басурманам Землю!

- Ладно, ладно, Трофим, не распаляйся. Оставайся на здоровье.

И останусь! - Трофим хлопнул дверью и вышел на мороз. Мирная звёздная ночь... Светит луна. Трофимовы шаги хрустят по снегу.

- Я что, должен отдавать им своё небо ? Эти звёзды? Эту землю? Снег этот хрустящий! То всё моё и детей наших. Пусть летят восвояси. Дудки. Не их это всё!

Настя уже спала, когда холодный от мороза Трофим нырнул под одеяло с мыслью: "И вот Настюху мою чего доброго, захотят разобрать на рёбра!"

Он отчаянно и жарко прижался к жене: " Не отдам Настюху!"

Утром Трофим сказал Насте:

- Ты, Настюха, весной с ребятишками поедешь жить в го-
род, к матери.

- А ты? Ты что со мной разводишься? Иль другую в городе
подыскал?

- Что ты такое говоришь, Настюха! Я только о тебе и думаю,
да о детях - им ведь скоро в школу! Да и тебе легче в городе.
Ты же хотела!

-Никуда не сдвинусь! А детям ещё два года до школы.

- Настюха, что тебе скажу... Вот что: отсюда все мужики с се-
мьями хотят двинуть на Мурманск. Вчера с мужиками говорил -
всех достали небесные объекты! А у Кирюхи мать чёрта
видела! Чёрта- не чёрта . а гостя зелёненького видела! Так этот
гад всю скотину поубивал и приёмник их попортил! Ну, сло-
вом, Настюха, не ждать нам от них ничего хорошего! Им Зем-
ля наша нужна!

- Да ладно тебе, Троша! У Кирюхи семейка - все, включая ма-
машу, давно зелёного змия видят. Да и не поедет отсюда ни-
кто... байки это.

- Эх, хорошо бы все остались! Землю нашу и кислород надо
защищать!

-Да кто у тебя что отнимает! Ну летают себе и пусть летают.
У нас небо общее!

-Нет, погоди, не права ты. Это - наше небо. А у них своё где-
то! Может, оно без кислорода - вот и летят сюда! А на нашем
шарике есть небо Русское, есть Французское, есть Американ-
ское и Японское.

Но это, как лоскуты одеяла, а одеяло-то одно. Небо наше, человеческое, а у них своё, может, зелёное. Мы ведь люди, Настюха, а они - нет. Бес их знает- кто они!

Зима снежная, суровая. Снег валит и валит. Возле дома Трофима к утру так намело, что двери завалило, и нужно было прорубаться наружу через полутораметровый слой снега. Ох, и вспотел Трофим, пока высвободил дом из снежного плена! Целый день потратил, но прорубил дорогу от дома к сараю. Замёрзших курей отнесли в дом и поставили клетки в сенях. Кроли меховые - им хоть бы что, но и их занёс Трофим, ну а собачки сами прибежали.

Когда лет пять тому назад щенят принесли, то он всех собак назвал святыми именами: Филарет, Кирилл, Алексий, Артемий; ну и девчонок: Марфа и Софья. Конечно, кликал он их куда проще, да они и не знали своих архимандритских имён..

Куры дома отогрелись, сонно глядя на плиту и, не веря, что живы, задремали. Кроли, наоборот, ожили своей кроличьей жизнью, завозились.

А собаки на всё посматривали наблюдателями.

Трофим перед сном решил разогреть баньку. Раскалил её, да так, что вокруг неё на метра два весь снег подтаял; сам разделся, уже натёрся мылом, успел обмыться разок и даже начал шпарить веником, как вдруг банька словно загорелась. Трофим озирается, да не в баньке дело. Видит он через оконце, как над домом зависает что-то огромное, похожее на ту самую цигарку, о которой давеча разговор шёл, а от цигарки вниз свет идёт - прямо на его дом соседей и выбежал на улицу.

Трофим голым, выбежал на снег и помчался к дому. В доме всё бело от света -такого яркого, что ничего не видать. Трофим с вытянутыми руками сделал шаг, другой, - упал и больше ничего не помнил. Он пришёл в себя от плача детей. Схватив скатерть на бегу , обмотался и влетел в спальню. Ребятишки, обнявшись, лежали на кровати - лица их были напуганы до ужаса, зубы непрерывно стучали, и они только еле выговорили, заикаясь: " Папочка, папочка!"

- А мать где?- Трофим взял их на руки и закричал, предчувствуя беду:

- Настюха, Настя!

Он обежал весь дом, но Насти нигде не было. Трофим закутал детей и выбежал с ними в сарай, но и там не было Насти. С детьми в одеяле, он бросился к соседям.

- Андрюха, Верка - выручайте! Они взяли Настю!

Он оставил детей у соседей и выбежал на улицу.

- Настя! Настя! - кричал он одичавшим от страха голосом. И всё бегал по окрестностям, пока не заприметил у самой кромки леса какой-то комок. Что-то подсказало Трофиму, что надо бежать туда. И действительно: там, в снегу, без памяти лежала его Настюха. Он растёр ей лицо, руки, ноги, взял на руки и понёс домой. Настя лежала, закутанная в одеяло, никого не узнавая - ни мужа, ни плачущих своих детей. Она ничего не говорила и только смотрела, уставившись в одну точку. Зашли соседи. Посидели, посидели, головами покачали, а что тут скажешь? И только через месяца два, уже к весне, Настя словно опомнилась. Она стала вставать, но всё озиралась.

Потом и на кухне захлопотала. Но чуть Трофим выйдет из дому в сарай или дрова нарубить во двор, Настя детей схватит - и под одеяло, где и лежат они, пока Трофим вернётся.

А весной так получилось, что именно Настю с детьми Трофим первыми повёз в город. Свекрови он подробностей не рассказывал, а только сказал, что хворает Настя, и ей нужны помощь и уход. Сказал, что через месяц приедет навестить, и укатил обратно. А тут сельчане, узнав всю историю, тоже засобирались. И потянулись обозы в Мурманск один за другим. К июню в посёлке остался один Трофим. Ох, смурно у него на душе!

Натаскал он брёвен хвойных, и начал он строгать человечков. "Вот может, так и нас Бог создавал!" - думал, горько посмеиваясь, Трофим. Вначале неказисто получалось, но уж больно скучал Трофим по Настюхе, да по детям. И так он складно её вырезал из хвои, да лицо покрасил краской, нарисовал ей глаза, рот, да одел скульптуру в Настькины одежды и поставил у плиты. Затем детишек своих смастерил, да разукрасил: кто с игрушками, а кто с собачкою играет. Вот хлопочет Трофим у плиты и с деревянною Настюхой разговаривает. А потом настрогал Андрюху с Веркой, да других своих соседей - всем сделал по лицу, вкладывая душу, да одежды на всех не хватило. Поехал он навестить свою Настю да детишек в город. Какое счастье обнять жену и ребятишек! Погостил у них и засобирался обратно.

-Опомнись, Трофим! Зачем тебе туда ехать! Вся твоя семья здесь, а ты отсюда...

- Я, - говорит Трофим, - один остался, кто защитит наше небо, наш кислород, нашу Землю?! На обратном пути он заехал на базар да купил всякого старого тряпья, мужского и женского. Всё погрузил на телегу - и домой. Дома он день за днём выстругивал деревянных людей. Одевал их в спортивные костюмы, ставил на лыжи, одевал в шубейки, выставлял у магазина, на полянах, у леса, у каждого дома бывших соседей...

И все они при деле: кто на охоте, кто дрова рубит, кто на лыжах катит! А как пошёл снег, то наделал ещё людей из снега. И столько он людей поселил в посёлке! Столько здесь никогда и не жило!

Ну, басурмане зелёные! Мы свою Землю вам не отдадим. Это наша Земля. Детей наших, внуков и правнуков. Наша Тайга. Наш Кислород. И не суйтесь. Вон нас сколько!

О чудаке Трофиме прознали в Мурманске. Приехали в тайгу телевизионщики. Глядят - у леса на санях, влекомых собаками, охотник сидит; проехали- лыжник бежит. У входа в дома приветствуют хозяева. Взяли у Трофима интервью и сделали о нём целую передачу. И тогда повалили люди в тайгу: туристы, фотографы, операторы, репортёры и просто любопытный народ. Трофим доволен - не оставили люди тайгу, не оставили Землю, не отдадут и кислород, и это бескрайнее небо! А ведь где-то сидят в своих тарелках зелёненькие, да удивляются.

- Вон сколько я людей сюда затащил!- так думает Трофим и строгает, строгает своих человечков.

Экзопланетная быль

И вот Кю-Эпсилон, обвязанный пуповиной, совершенно посиневший, наконец-то закричал! Это был его первый звук на Земле. Освободив от пуповины, его поднесли к какой-то женщине со словами:

-Мама, возьми ребёнка! Катерина прижала мальчугана к своей груди. А он хотел ей сказать, что здесь какая-то ошибка, но почувствовал такой вселенский голод, что тут же зачмокал дивное мамино молоко. Перед тем, как уснуть своим первым земным сном, он подумал: Господи, все нибирийцы должны пройти через это. Быть человеческим ребёнком- это так замечательно! Не то что лежать в инкубаторе и впитывать кожей питательный мусс. Я счастлив, что я человек. И эта чудесная женщина, которую все называют моей мамой, она так меня любит. Я никогда раньше не испытывал такое. Это было последнее, что он сказал себе, как Кю Эпсилон, после чего он заснул. И так началось его удивительное приключение под названием земная жизнь.

Но не долго прожил он с той, которая звалась его матерью и вот однажды, когда ночь беззвучно вошла в комнату, а дитя играло на полу, раздался стук копыт и в проёме дверей, закрыв луну, звёзды и маму, появился человек. Он сказал:

-Я забираю Леонардо. Его будет воспитывать дед. Заплакала Екатерина. Но человек посадил маленького Леонардо на коня, и они ускакали в ночь. Эпсилон-Леонардо прожил двойную жизнь. Он знал, что должен пройти горький опыт человеческого бытия, пройти через рождение и смерть, а потом стать амарантом - учителем и здесь, на Земле, и там, у себя, - на Нибиру. Как много он должен был открыть людям! Во всех областях науки: в биологии и анатомии, космогонии и музыке, инженерии и живописи. Он открыл людям красоту полёта и красоту человеческого тела.

Он создал целую галерею удивительных женских портретов, не будучи увлечён ни одной: это и Мона Лиза и Джиневра Бенчи, Цецилия Галлерани и несколько прекраснейших мадонн, похожих на мать Екатерину, похожих на любовь, которую он испытал к своей матери. Он, нибириец, не знавший любви и ставший человеком.

Там, на Нибиру, не рожают, там нет мужчин и женщин, как на Земле. Там появляются в инкубаторах, растут в полном сознании своей миссии. А посылают на Землю только лучших, осветлённых добром. Но у нибирийцев были враги - дзеты и когда-то, в давние времена между нибирийцами и дзетами была страшная война. И всё из-за землян. Дзеты приходили на Землю сеять войны, вражду, болезни. Они скрещивали земных женщин со страшными животными, и эти гибриды уничтожали людей. Дзеты создавали такие болезни, что люди не выживали. Нибирийцы всегда вставали на защиту землян, помогая бороться с дзетами. Открывали людям тайны Ноосферы. И тогда появлялись гении на Земле, которые делали открытия в разных науках, или писали удивительную музыку сфер! Так вернувшись, после смерти Леонардо на Нибиру, Кю-Эпсилон с нетерпением ждал следующего путешествия на Землю, но злобные дзеты посеяли в это время чуму среди людей. Однако Эпсилон вновь спустился к людям-это был уже в 17 веке по земному летоисчислению. Его ждала встреча с Амадеем. И часы, проведённые с Амадеем, он запомнил до самого своего перерождения! О, как волнующе говорил Моцарт: Музыка возникает в моей голове, и я только успеваю её записывать! Эпсилон открыл Амадею Космическую сокровищницу! Он не стал в него воплощаться, так как параллельно открыл сокровенное хранилище Ноосферы другому композитору - Иоганну Себастьяну Баху. Он нашёптывал им дивные идеи, которые они развивали в силу своих талантов. После чего их музыка вошла в фонд сокровищ Ноосферы!

Командор Омега был очень доволен Кю-Эпсилоном! Он считал его самым талантливым амарантом-учителем учителей! Сам Командор Омега тоже немало сделал для Земной цивилизации. Кто, как не он, бросил яблоко на голову Ньютона. Кто, как не он, шепнул Ньютону закон земного притяжения. А Коперник и Галилей- что они сказали бы людям, если бы не Командор Омега! Это его земные воплощения. Но дзеты, злобные дзеты и здесь были рядом, они чинили суды инквизиции, вешали, сжигали на кострах и не давали науке развиваться. Они тянули людей в их первичное, животное состояние злобы, жадности и ненависти. И тогда вновь появлялись нибирийцы и лечили людей искусством музыки, литературы, живописи. И в людях при виде красоты, при волшебных звуках музыки вновь просыпалась любовь, радость и желание узнать о тайнах Мироздания. Вот это им и открывали через сокровищницу Ноосферы талантливые амаранты-нибирийцы, шаг за шагом воюя со злобными дзетами за право человека познать мир и восхититься прекрасным миром макро- и микрокосмоса.

Юмористическая проза

Божественная массовка

Множество ангелов - бывших людей, тех, кто давно сбросил свою земную оболочку, сидя на низких облаках, чуть не материализовались от смеха, наблюдая удивительную картину. Около изрядно полысевшего леса на пригорке стоял человек. По-наполеоновски широко расставив толстые ноги, он кричал в широкий металлический рупор:

- Внимание! Ангелам приготовиться к съёмкам! Всем чертям уйти за лес! Ангелы, появляемся!... Прошу не разговаривать!

И действительно, из-за леса стали появляться ангелы: девушки и юноши, одетые в белое и машущие крыльями на тонких проволоках. Их было много: пятьдесят или семьдесят, а то может и больше. Целая армия ангелов на безлесной полосе жухлой земли. Настоящий белый фейерверк.

- Машем, машем крыльями! Товарищи ангелы, не разговаривать! Каждый занят своим делом. Смотрим под ноги! Не спотыкаться, черт возьми! Идём на меня...идём, идём...стоп! Стоп, машина. Не спотыкаться! Черт знает, что такое: ангелы, которые спотыкаются о кочки. Вы же парить должны. А вы что делаете? Думайте, товарищи ангелы. Думайте!

- Снимаем ещё один дубль. Ангелы, в первую позицию - за деревья! Прячемся, прячемся! Быстрее! Да подберите крылья, черт возьми!

Дубль-2. Хлопушка.

-Внимание! Вы порхаете, вы летаете - вы в облаках. Я подложу здесь другой фон. Вы будете в небесах!

-Ангел справа! Осел! Что ты её лапаешь?! Потерпеть не можешь? Я вам даю другую жизнь! Я вам дарю бессмертие! Начали! Выходим медленно. Кто там курит? Совсем сдурели. Отставить! После съёмки весь лес и все бабы в твоём распоряжении, а сейчас ты эфемерный! Ты ничего не хочешь! Ни баб, ни пить, не курить!

Что? Какой туалет во время съёмки? Вы что, все с ума посходили ? Света (помреж), убери его к чёртовой матери! Пусть гуляет! Ангел, которому приспичило в туалет. Где вы такое видели?! Начинаем сцену заново. Все за лес!

Дубль-3. Хлопушка.

Режиссёр этого кино-рая чувствовал себя одновременно Богом и главнокомандующим. В прошлом он работал осветителем у других режиссёров. После закрытия киностудии, когда непрофессионалы заменили профессионалов и через знакомства и деньги почувствовали себя Гриффитсами в бизнесе и Феллини в кино, - каждый осветитель ощутил себя просветителем. И бывший осветитель скомандовал, хлопнув в ладоши:

- Ангелы, свободны! Снято. Перекур. Чертям приготовиться!

Загримированные, измазанные чёрной краской, хвостатые и рогатые ватаги чертей прыгнули в вырытые солдатами траншеи.

- Внимание! Прячемся! Камера - налево. Начинаем панораму.

Витя! - крикнул режиссёр оператору. - Дай крупняк того бугая,

а потом проведи панорамочку. Так, так! Поднимаемся, пошли на меня... Тележка с камерой еле ползёт! Почему не смазали рельсы, черти поганые?! Сделаем ещё дубль.

- Всем чертям - в ямы! Эй, центральные, что, оглохли? Побойтесь Бога! Мы сегодня ни черта не отснимем, а время идёт...

Все в яму! Да спрячьте же рога! Ниже, ещё ниже! Вы возникаете из земли внезапно-по моему приказу, ясно? Света, покрась рога справа, они же отслаиваются. Чёрт побери, не готовы. Теряем время.

В рупор:

- Приготовиться, товарищи черти! Итак- возникаем! Вылезаем, приготовить рожи с ухмылкой! Пошли! Витя, давай крупняк того бугая, что я просил, а потом - панорамочку.

Со всех оврагов и траншей ползут черти. Их - до чёрта!

И ангелов, и чертей набирали со всех сёл и окраин.

Вот уж чего оказалось много! Целый месяц объявляли по радио: "Для съёмок фильма нужны ангелы и черти от пятнадцати до двадцати лет". На студию с самого утра вот уже две недели шли "ангелы" и "черти". Некоторые шли с родителями. Многим из них было за тридцать и даже за сорок - черти и ангелы со стажем. Хотелось заработать, да и призвание влекло. Хотелось почувствовать что-то особенное, и кроме того, вроде бы репетиция перед бессмертием.

- Спасибо, снято! Товарищи ангелы и черти, можете расходиться! Крылья, хвосты, рога и копыта просьба сдать костюмершам - Рае и Аде!

1986-2009

Искусство

Магия Рембрандта

Часть I

Посмотри, посмотри на это чудо! На что это похоже? Папины тонкие артистические руки достали из жерла печи окаменевшую форму сгоревшего угля. Он крутанул форму на тонких пальцах, словно ювелир новое изделие, а затем произнёс свою сокровенную фразу: "Пикассо меркнет!" И это была высшая похвала! Мой папа очень ценил этого , как он выражался, "паразита". Говоря это, он смачно щёлкал пальцами. Я спросила его, за что он любит этого "паразита", и папа объяснил, что большевики делали революцию хором, а Пикассо сделал революцию в искусстве один. И при этом "режет по сердцу краской и формой". Но сам папа не поддерживал пикассовы традиции и рисовал реалистические пейзажи с обязательной дорогой, уходящей вдаль.

Итак, я брала серо-чёрный камень в руки и начинала его вертеть. С одной стороны он был похож на чёрта, с другой стороны на лошадиную голову, а с третьей – на остроклювую птицу. У меня в коробке под диваном накопилась целая коллекция таких камней. И даже был свой зритель. Зрителем была моя бабуля, которая при уборке под диваном, всегда норовила убрать на помойку "бесовы штучки". Но я стойко удерживала свою коллекцию таких причудливых камней, похожих на удивительные скульптуры. Некоторые из них я дополняла глиной или парафином, подчёркивая форму, а затем красила и покрывала лаком . В это время я уже ходила в художественную школу и мои рисунки и скульптуры послали на выставки в Польшу и Индию, где они заняли первые места.

Через месяц пришли и призы, которыми я очень дорожила: деревянная тарелка, украшенная польским узором и медная ваза восточной формы, покрытая эмалью, с тонким носиком и замысловатой крышкой , из которой, казалось, вот-вот выпрыгнет страшный сказочный джинн.

Однажды папа сказал мне, что в сарае мало места для угля, и нужно расширить и углубить яму. Мы вооружились лопатами и стали копать, но вскоре моя лопата наткнулась на что-то твёрдое, и я закричала:

-Папа, папа, здесь что-то есть!

И мы, к нашему удивлению, вытащили из земли старую прялку с расписными петухами на её навершии, затем была чудесная ваза на подставках в виде лап с пасторальными картинками по бокам: пастушкой, пастушком и множеством овечек. Затем мы вытащили чудного индейца, словно вынырнувшего из книг великого Фенимора Купера, привившего мне любовь к делаварам и могиканам.

И наконец, из темноты в дрожащем луче фонарика показалась книга в красном сафьяновом переплёте. В луче фонарика эта книга выглядела волшебной. Она магически притягивала, и я осторожно взялась за её торец, желая открыть. Но в этот момент сафьяновый переплёт превратился в красное облачко и растворился во мраке сарая красной пыльцой. Облачко рассеялось, и словно чудо возникла картина. Улыбающийся человек в огромной шляпе с перьями сидел в пол-оборота к нам, а коленях его сидела женщина, но она не улыбалась, а повернувшись, смотрела нам в глаза.

-Папа! Что это? Чудо какое!

-О, это картина самого великого художника. Перед тобой Рембрандт, со своей женой Саскией.

Часть II

В мастерской Рембрандта было темно, и только свеча у мольберта ещё не совсем оплыла. Он закончил картину и довольный работой, отошёл и кликнул жену:

-Саския, иди сюда. Я закончил. Саския, ещё сонная, появилась в дверях, нехотя жмурясь и запахиваясь в шаль. Рембрандт поднял свечу, осветив картину на мольберте. Саския давно хотела посмотреть что, затаившись в мастерской, рисует муж. Но он не любил, когда его беспокоили во время работы . И вот картина перед ней! 1636 год, сентябрь, самая счастливая пора в их жизни. Вот они на картине сияют счастливые, их глаза наполнены любовью. Рембрандт поднял бокал с шампанским - за счастье, за Саскию!

- Тебе нравится?- спросил он жену и протянул ей руку. Иди сюда! Он притянул её к себе и погладил округлившийся живот.

- О да, я такая красивая здесь! -восхитилась Саския.

- На следующей картине я нарисую тебя Данаей.

-Ты что, нарисуешь меня голой?

- Да, не трусь, ты самая красивая! Ты будешь в ожидании Зевса, то есть меня. Я твой Зевс, Саския!

- Рембрандт, но голой это неприлично!

- Знаешь, дорогая, я недавно в таверне разговаривал с венецианцами с торговой каравеллы. Один из них, торговец тканями, я у него купил шелка и меха для работы, а для тебя парчу на платье. Он поставщик тканей семье Медичи. Так вот, он мне рассказал о художнике Джорджоне, который сделал чудесную картину обнажённой женщины - называется "Спящая Венера".

- Он говорит, что ничего красивее не видел!

- Но я же не красавица, Рембрандт!

- Неправда! Для меня ты самая красивая! Самая женственная и желанная! Ну а сейчас пора спать - четыре часа утра! А завтра мне нужно доделать и отнести торговцу гравюры. Рембрандт уснул мгновенно. И картинки детства всплывали в его сне волшебным калейдоскопом.

Зима. Покрытая льдом вьётся перламутровая речка, по берегам её ветряные мельницы скрипят, преодолевая скорость ветра. Держа на вытянутых руках вертушки, похожие на маленькие мельницы, мальчишки мчатся по ледяной дорожке реки. Вот на зависть им, в лодке, да под парусом и на полозьях, точно сани, пролетают Ван Кохены, соседи Ван Рейнов -семьи Рембрандта. Ему, маленькому Рембрандту за отличную учёбу купили новые коньки. Железные. Раньше были деревянные, со скобой из железа посредине, она часто выпадала, а эти будто сами несут быстрее ветра. За речкой поля снега и домики в высоких белых шапках.

Жаль, что забыл взять свои карандаш и блокнот! Потом, после прогулки, греясь у камина, он нарисует три одиноких дерева посреди поля, домики вдали, но чего-то не хватает! Он вытирает домики, оставляя три дерева, жмущихся друг к другу от холода и ветра. Затем дорисовывает свет, струящийся с неба на одинокие деревья.

Свет- это душа картины. Он открывает главное, что хочет сказать художник .

Часть III

Рембрандт проснулся, Саския ещё спала, когда он тихо выскользнул из спальни.

-Пусть поспит, подумал Рембрандт. Она на сносях. Если будет девочка, назовём Адриена, если мальчик, конечно, Титусом. Столько дел! Но сначала наброски. Он каждый день делает наброски. Вот и сейчас, Рембрандт бежит к мосту. Там всегда сидят нищие и калеки, выпрашивающие мелочь у прохожих и проезжих. Вот странная старуха с тыквой-флягой в нищенских одеждах, а вот - одноногий капитан и пара бездомных отверженных бродяг. Как странно, - думал Рембрандт, почему среди знати я не нахожу отклика моей бунтующей душе! А в этих людях, в их лицах, я вижу историю их жизни и судьбы. Мне интересно читать по их лицам, я мало чем могу им помочь, но всегда даю им монеты, пока рисую. За это они готовы позировать мне хоть целый день. Как нервно бьют крылами мельницы, так и эти люди бьются за саму возможность жить. Дома сухой иглой на меди он создаёт эти лица, полные нищеты, горечи и отчаянья.

-Рембрандт, ты опять рисуешь нищих?-восклицает Саския. О тебе уже говорят: "Такая хорошая кисть и не служит хорошим целям! Такой благородный талант опустился до низов! "

-А, пусть гуси гогочут! Знаю все их бредни. Они всегда меня кроют за то, что я рисую голытьбу. Но ты не повторяй их слова, Саския! Люди из народа такие, какими их создал Бог, - они настоящие. И когда я заглядываю в их глаза, я вижу не владельцев состояний, а состояние души, ума - мудрость жизни. Я читаю книги судеб. А когда смотрю на лица бюргеров, то слышу лишь звон монет.

- Погоди. Не шевелись Саския. Встань так, как ты только что стояла у дверей. Что это у тебя в руках?

- А, это? - Цветок.

- Протяни его мне.

- На, возьми! И Саския протянула руку с цветком.

- Вот так . Стой, я зарисую.

 В коричневой дымке светится круглое, наивное личико Саскии- Флоры. Она естественная, её нежное лицо светится добротой и любовью. Фигура Флоры, на коричневом мягком фоне сумерек, выделяется скульптурно-крупными мазками. Она , как бы выходит за пределы рамы, протянув нам цветок.

Часть IV

-Проклятый "Ночной дозор"! Эта картина меня добьёт!

Словно зверь в клетке мечется в поисках Рембрандт по мастерской.

-Стрелки ночной гвардии хотят групповой портрет! Они его получат. Я их сделаю в действии - во время обхода. В ночном городе Амстердаме, я воссоздам ритуал, который повторяется не первое столетие. Не могу я рисовать стоячие, застывшие портреты. Я оказываю им честь. А они противятся. Им нужен портрет - натюрморт из голов. Не выйдет! Вот они в движении. А какие я им делаю костюмы! Неблагодарные. Вот, к примеру, капитан с красной перевязью ярко выделяется, а сам-то он какой? Смелый? Может петух пробежит, а ему со страху почудится испанец-лазутчик. Да, крепко испанцы засели в памяти. Но мы их сбросили! Помню, отец говорил, как жители Лейдена, моего города, сами убрали дамбу и затопили город, чтобы он не достался врагу. А потом строили заново!

Я совсем малым был, но помню. Моя память всё вбирала в себя, как в копилку- мою копилку, под названием- "это пригодится и это надо помнить". Вот я и помню, как с котомкой за плечами, в пять утра, деревянными башмаками шлёпал по скользким мостикам. Месил дорожную грязь по дороге в Латинскую школу. Мне было легко учиться, я любил учёбу. Меня, шестилетнего, даже перевели в класс, где учились двенадцатилетние! Интересно учить языки, сколько я читал на греческом, латинском, арамейском, французском, немецком и испанском! В Лейденском университете печатали библию на всех языках и всё, что рождалось в умах просвещённой Европы, всё печаталось и прочитывалось мною. А теперь меня обвиняют, что снизошёл до голытьбы., что вся моя просвещённость утонула в нищих отрепьях. Я рисую жизнь как она есть - ведь настоящего нет, оно состоит из воспоминаний о прошлом и мыслей о будущем, а эти настоящие мгновения мы не замечаем, мы не успеваем их прожить, как они становятся прошлым. Опять меня мысли одолевают, пора вернуться к моим ночным стрелкам... Ну вот я нарисовал этот исторический спектакль, все стрелки на месте. Да, они не выстроены перед зрителем как немые статуи. Некоторых я выдвинул вперёд. Рембрандт, набрав чёрную краску, выделил рукав капитана, а затем подчеркнул кисть руки белилами, смешанными с охрой и киноварью. Рука капитана оживает и протягивается вперёд. Лицо капитана достаточно освещено, он светлое пятно и для равновесия нужно ещё светлое пятно слева. Но что? От работы его отвлекла служанка:

- Господин, идите к госпоже Саскии! Ей плохо! Она умирает...

Ветер гонит стада облаков, похожих на барашки, их накрывают серые тягучие облака ночи. Они жадно поглощают белых барашков, словно голодные волки.

Небо покинуло меня! Нет больше со мной моей Саскии. Господь взял её к себе, оставив мне кисти, холсты и долги, увы, долги.

Рембрандт в горе, он удручён. А тут ещё гвардейские стрелки донимают – всё им не так. Он должен закончить эту картину.

- Теперь я знаю , что будет главным в картине! -озарила мысль Рембрандта . -Лучик света среди суровых солдат, бряцающих оружием. Это будет Ангел надежды - маленькая девочка, светлая память о Саскии.

- Что это ты, Рембрандт, вдруг среди нас, людей военных, кстати немало заплативших за торжественный портрет, нарисовал чернь и эту девчонку с курицей? - Заволновались стрелки.

-Сейчас же убери девчонку! И всю эту чернь, эту мазню!

- Ну уж нет! Ничего я не уберу!

- Тогда верни нам деньги!

- Хорошо! Я продам дом, я разорюсь, но переделывать не буду. Это лучшее , что я создал!   Как здорово, что я ввёл эту девчушку, думал художник. Саския мне как-то рассказывала, как она бегала за курицей ночью, во время обхода стрелков. Мне важно это светлое пятно - девочка оживляет сцену, даёт картине крылья и показывает настоящую жизнь. Ничего я убирать не буду. Это моя Саския смотрит на меня с небес! Я не жалею, что всё потерял.: и дом, и деньги. Ангел стоит того.

Часть V

Хендрикье! Мы переезжаем на улицу Роз. Ты со мной?

-Да , господин, я Вас не брошу. Кто же будет смотреть за Вами, если не я. Вы же как дитя малое. Словно и не помните, что нужно кушать, спать, а только всё рисуете и рисуете.

- Спасибо тебе, Хендрикье, что ты меня не бросила, не предала.

- Я люблю Вас, господин и пойду за Вами куда угодно, даже в этот нищий квартал, где живут только бедняки и евреи. У вас, кроме меня, никого и нет...

-Ну и отлично, Хендрикье, любить можно везде, даже в квартале Роз.

-Да вы, господин, и без того всё время сюда бегали рисовать. Всех этих нищих и евреев одевали в одежды царские, делали их мудрецами и пророками.

-Думаете, я не знаю того, кто на картине стал святым Матвеем, или того кто стал Христом? Так что давно уже мы здесь, на улице Роз! - заключила Хендрикье.

Прошло пару дней после переезда.

-Хендрикье! Я продал гравюру. Хендрикье, за сто гульденов! - кричит с порога Рембрандт.

- Какую, господин?

Помнишь, гравюра для евангелия от Матфея? В центре Христос, окутанный светом и сам, излучающий свет. Перед ним апостолы, один напоминает Сократа, а другого я сделал похожим на Эразма Ротердамского. Мне всегда важен свет! Он определяет важность события. Это как сияние души во мраке . Слева я нарисовал фарисеев, они всегда рядом- хулители. И конечно нищие, униженные., несчастные. А ещё за ними я нарисовал верблюда, чтобы напомнить метафору Спасителя: "Скорее верблюд пройдёт через игольное ушко, чем богатый попадёт в рай".

-Ах , господин мой, у них на Земле рай. Им другой не нужен.

Что ты , Хендрикье, все хотят в рай! А Христос учит: "Возлюби ближнего своего, как самоё себя"- вот это послание я и отослал людям. Его ведь будут много раз перепечатывать- вот я и послал людям Слово Божье.

Часть VI

-Вы не доработали мою накидку! Золото позументов едва видится!

-О, не волнуйтесь! Ваш красный плащ достаточно пламенеет. Вы отойдите на пару шагов и тогда Вы увидите, что золочёный ворот чуть отстаёт от шеи и ярко искрится. Переливаются светом пуговицы кафтана и из под шляпы выбиваются ваши рыжие волосы. Всё написано насыщенными красками !

Яна Сакса я давно знаю мы дружили когда-то.-думал Рембрандт А как одолжил он мне денег , то будто его подменили. Ну нет у меня сейчас денег отдать долг. Но я верну ему портретом. Вижу он стыдится меня, моего нищенского положения. А когда я богат был, так и увивался. А теперь, видишь ли, он презирает меня. Вот он нерешительно снимает перчатку- не хочется ему здороваться с нищим. Откровенно получилось. Да и лицо гордого бюргера, вылепил почти барельефом Смотрит прямо.

Я также делал Матфея, чтобы смотрел нам в глаза. Ангел ему что-то шепчет на ухо, а Матфей, словно знает что-то, чем хочет поделиться со мной и, глядя на меня, ищет поддержки.

Часть VII

Время сжимается. Рембрандт выставил перед собой свои автопортреты. Кто ещё столько писал себя? Но это словно разные люди. Это дневник моих настроений. Вот – я весёлый кутила, ухмыльнулся Рембрандт. Ну ты посмотри! Здесь, я прямо как Сакс, высокомерный бюргер. Ну а здесь - философ Аристотель.

Здесь- умный наблюдатель, а тут- мужик-мужичком. Слава Богу, есть мудрость у того, кто рисует мудрых,- усмехнулся Рембрандт. Не так уж много осталось впереди. Конец моего дневника в портретах. Кто-то пишет путевые заметки, кто-то ведёт дневник, а я рисую свои портреты. Я могу смеяться над тем, кто у меня всё отнял, меня могут изгнать на улицу Роз, но никто, никто не может отнять у меня мастерство, мою кисть и мой свет. Это мой дар.

Я странник во времени. Я люблю заглядывать в другое время, в других людей. Вот моё последнее окно: "Эсфирь, Асур и Аман". Библейское окно? Окно в прошлое? Нет, это - Вечный Суд Справедливости. Моих героев я вытащил из небытия: их трое из глубины времён. Я словно вырезал краской скульптурные фигуры, и они выступают из темноты веков. Времени? Пространства? Мне нужно сверкание красок.

Рембрандт густо накладывает красно-охристое тесто красок, слой за слоем. И вот засверкала корона Асура и драгоценными камнями переливается мантия Эсфири. Мазки переливаются от одного цвета к другому, сверкают бликами и рефлексами. Крупные мазки на морщинах Асура, подчёркивают его задумчивость, а лицо Эсфири наоборот нежно вылеплено. Но выражение лица неумолимо.

-Ну и что,- думает Рембрандт. Пусть меня упрекают, будто нет такого освещения в натуре! Так я ведь подчиняюсь не законам реализма, а законам художественного выражения! Я леплю свет, им я выявляю скрытую изменчивую жизнь души. Это моё торжество над высокомерием, глупостью, цинизмом, пессимизмом, над злобой, и предательством.

Он всё ещё трудился над Асуром и увёл его в тень картины. Пусть остаётся не проявленным, там его место, во тьме.

Он отошёл от картины. Вот оно - волшебство правды! Уж я-то не раз, не два плакал на реках Вавилонских! Уж меня-то гнали отовсюду. А потери! Нет моей любимой Саскии, нет сына моего Титуса, нет преданной Хендрикье, нет дома наконец. Только я и краски.

Часть VIII

Рембрандт у своего мольберта. Голова его обёрнута платком:

-Господи, я совсем плохо вижу и почти не слышу, кисть моя напряжена, но я могу ещё писать. Кто же, если не я , сдёрнет маски фальши и проявит истину! И кто же, как не я, всех простит! Таков итог мой, Господи.

И вот иду я к отцу своему. Рембрандт лепит краской фигуру старца. Старик слеп, как слепну я,- думает он,- ему не нужны глаза, он видит сердцем. Он долго, долго ждал своего сына и вот сын, наконец прильнул к его руке.

Старик одет в красную накидку и золочёную парчу, и это богатство одежды сильнее выявит рубище, в которое одет сын. Сын прильнул своей обритой головой к отцу. Он вернулся домой, он вернулся к самому себе. Он в рубище, босой, несчастный . Они оба освещены, а вокруг тьма. Они моё прощение и прощание со всеми. Рембрандт набирает на кисть сиену жжёную, смешивает с белилами и охрой и чуть киновари, а затем это толстое тесто краски накладывает на ступни, прописывая складки многострадальных ног.

-Это я, идущий к тебе отец! Я знаю, ты давно меня ждёшь.

Рембрандт закончил картину. Он положил кисть и уснул. Ему приснились высоченные своды собора, где его крестили. Через длинные стрельчатые окна, украшенные витражами, вниз к нему устремился свет, сверкающий многоцветными зайчиками. А с алтарных окон, простирая к нему руки, сиял Христос.

Но вдруг фигура Рембрандта стала расти, расти и растворилась в тысячах многоцветных огней.

Гражданская проза

Василиса

Не люблю я ездить на верхней полке поезда, да ещё так долго. Мы с мамой едем в Пермь, на Урал. Дорога длинная, почти неделю займёт... За окнами поезда мелькают деревья, под стук колёс убегают дни 1971 года. На Урале только два времени года: зима и осень. А весна, как осень - дождливая, тёмная. Лето, как осень - дождливое, и изредка пробивает лучом солнышко, а осень переходит в длинную зиму и всё сначала. Сейчас мы словно мчимся в холод от тепла, от света - во тьму. До сих пор помню, как мы с бабулей ездили на её родной Урал в шестидесятые годы. У нас родня в Перми и далее, как веточки от ствола: и направо, и налево; и в той деревушке, и в этой. И на том берегу Камы, и на этом. Я и не всех-то знаю, но самые близкие, в Перми. Там живёт мамина сестра, красавица Нина со своей семьёй. К ней-то мы и едем. Мама давно сюда не приезжала. Как уехала после войны, так и не вернулась. А в военные годы она здесь лес рубила, а потом отсюда ушла медсестрой на фронт. После войны забрала мою бабулю и уехала в тёплый Кишинёв, погреться душой от войны Да и согреться после холодного Урала. Встреча с роднёй была очень радостной, такой, что даже показалось, будто стало теплее и светлее на всём Урале. И вот сидим мы все за огромным столом, семья, да и только....

Я улыбалась и думала, какие они все милые и добрые, как они нас любят, как я их люблю. Но мне покоя не давала мысль: почему тогда, во время войны, когда моя мама с бабулей через всю страну из Черновиц на Урал пешком шли под бомбёжками и аж через три месяца дошли до своих пермских, они их не приняли! И пришлось ей, пятнадцатилетней девчонке, идти рубить лес. Конечно, есть ответ - побоялись . Понять могу, принять не могу. Мой дед - немец. В Первую Мировую войну всех пленных немцев ссылали на Урал и в Сибирь.

Попал туда и мой дед, молодой парнишка. Пленных деревенские подкармливали, вот и бабуля моя носила им еду. Так они и познакомились. Дед увлёкся коммунистическими идеями, читал Маркса и был за Советы. А затем, после войны, спустя время, женился на своей Шурке, моей бабуле. И увёз он её далеко-далеко - аж в Черновцы, тогдашнюю Румынию. Такая вот история с бабулей. А там уж и мама родилась. В России в военное время дочь немца - это дочь врага, отсюда и отношение. А какой мой дед был враг! Он в Черновцах пел в оперетте, да Маркса почитывал, а в сороковом его как раз за коммунистические идеи и уволили из театра.

И стал он работать путевым обходчиком на Черновицкой железной дороге. Да недолго. В сорок первом, во время сообщения по радио о том, что на нас напала Германия и началась война, лихой машинист поезда задавил на путях моего деда, как немца и врага, - отомстил Германии за нападение.

Но всё ведь существует в пропорциях: свет и тьма; горячее и холодное; любовь и ненависть; страх и отвага... а когда одно прибавляется - другое убавляется.

- Аня, ты о чём думаешь? - разбудил меня Борис, муж Нины. Он стоял у стола с рюмкой в руке. И я очнулась, вернулась к дымящимся пельменям, чебурекам, салатам и искрящейся рябиновой водке. Все наперебой болтали обо всей родне, да о наших маршрутах: к кому первому ехать. Но тут моя мама и сестра моей бабушки, Клава, решили, что прежде всего нужно навестить тётку Василису. А то, мол, она уже старая, ей за девяносто - того и глядишь помрёт, а Аня её и не видела. А ведь Василиса - чудо чудное. И тут они мне рассказали историю тётки Василисы.

Была Василиса из рода купцов Демидовых. И весь Урал - Демидовская фамильная вотчина. Вся добыча золота, угольная и алмазная промышленность их собственность . Богаче был только царь-батюшка. А все люди уральские - их холопы. И семья моей бабули была крепостная: много братьев и сестёр, а из них выжило только четверо.

Как-то на праздник урожая, разъезжая по деревням, заехали Демидовы в село Кукуштан, где жила бабушкина семья. В честь приезда барина деревенские девки надели на себя снопы пшеницы, наподобие сарафанов и подвязали их цветными лентами. Деревенский парень , голубоглазый гармонист Миша, моей бабули брат, - растянул меха своей гармони и заиграл " Барыню". Тут под музыку выбежала дочка Демидовых, Василиса. И пошла она танцевать, кружиться под гармонь. Все хлопают, гармонист лихо играет, меха гармони раздувает, а сам с Василисы глаз не сводит. А и Василиса Прекрасная кружится, только длинная коса мелькает, да на гармониста смотрит безотрывно. Уехали Демидовы, а Василисе покоя нет: влюбилась она в гармониста, простого папиного батрака!

Ну а наутро, сбежала Василиса из дому к гармонисту Мишеньке. Сколько девок по селу были в него влюблены! Столько и головы повесили с тоски, что выбрал он купеческую дочку. А у Василисы и Михаила- любовь! Демидовы их страшили, Василису от дома отлучили, наследства лишили. А ей и не надо. У неё Мишенька!

Прокляла семья Василису и забыла о ней. А молодые счастливо прожили в своей избе всю свою жизнь.

Вот к ним -то и собрались мы в дорогу. Поехала с нами бабушкина сестра Клава, Нина - мамина сестра, мама и я.

На рельсах, словно игрушка - паровозик и один вагон. Едем в Кукуштан, где Василиса живёт. В вагоне, кроме нас, ещё два человека, да и то вышли на следующей станции. Сколько ехал поезд - одни леса! Ни домиков, ни полустаночка, лишь через заросли кое-где видно колючую проволоку высокого забора, что под током охраняли сталинские лагеря. Угадывались вросшие в землю землянки, жилища бывших зэков, а дальше вновь всё лес, да лес... Внезапно, через четыре-пять часов, поезд встал. Кругом поля! "Кукуштан! Приехали!"- говорит машинист.

А где ж тот Кукуштан? Ку-ку!

- А вон, говорит Клава, на горизонте видишь домики! Это и есть он самый. Спрыгнули мы на поле с поезда и пошли через рожь по тропинке. А как зашагали, то увидели: бабки какие-то в поле вилами, как в старинку, так и сейчас, собирают колосья в скирды. Вот увидели они нас:

- Эй , к кому гости-то? - кричит кто-то из них.

- Мы к Василисе. Гости к ней с Кишинёву !

- Ой ли!

И бегут бабки смотреть на гостей "с Кишинёву"- это ведь должно быть что-то особенное, не уральское. А как первые две подбежали, то глянули на меня и замерли молча. Вдруг одна как заголосит:

-Девки! То ж наша Шурка приехала! Потом осеклись –не .... - молода слишком! Ну вылитая Шурка!

Шурка - моя бабулечка и их подруженька - уже десять лет как померла.

Стали они меня гладить по лицу, словно хотели убедиться, что им не снится. Сбежались и остальные "девки", лет семидесяти. Все они причитали: " Ну, как есть, литая Шурка!" и гладили своими мозолистыми добрыми руками. Я стояла, как вкопанная: каждая вызывала во мне такое умиление и нежность, будто я снова встретилась со своей бабулечкой. Очень я любила её и тосковала по своей Бусе!

Ну и пошли они с нами, вот так – хором, провожать до дому Василисы. Как поле перешли, открылись деревянные домики, сделанные из цельных брёвен с маленькими окошечками, а в них гераньки красненькие для цвету и души. Дома окружены здоровенными заборами, а в них маленькие, узенькие калиточки. Заборы высокие, чтобы каторжане не перелезли - аж в два человеческих роста, а калиточки в пол роста, чтобы войдя, человек поклонился хозяину и сему дому. Вот пришли мы. Напоследок пообнимались со старушками, бабушкиными подружками, да и попрощались . Старушки в поле ушли. А мы: мама, Клава, Нина и я, через узенькую калитку вошли во двор, невеликий, но просторный. Во дворе аккуратно сложены поленца стеной, один к одному.

Вошли мы через низенькую дверь в небольшую светёлку, вновь непроизвольно поклонившись дому. Два оконца с гераньками и печка, да занавеской отделена кухня. Печка, она же кровать - греет и даёт отдых ногам и голове. А на стенах- то рамки, рамки, и в них фотографии всех, кто в семье: и младенцы, и взрослые. Маленькие фотографии, большие , все вперемежку, да все приклеены к газетам . Тесно так приклеены - одна к другой, как тесны друг к другу должны быть родные люди, но разбросало семью во все стороны света.

А в глубине комнаты, сидит седовласый старик, посапывает, это бабушкин брат Миша, когда-то лихой гармонист - муж Василисы. А самой Василисы что-то и не видно.

Я всё ещё под впечатлением её истории, и не терпится её увидеть. А ведь семью-то её расстреляли большевики в семнадцатом году. А её не тронули, ведь она сама от родни отказалась и без гроша ушла к своему голубоглазому Мише. Большевики это знали.

- Миша! - крикнула ему почти в самое ухо Клава.

- А глянь, каких я тебе гостей привезла!

Миша открыл свои голубые озёра, и его взгляд остановился на мне:

- Свят, свят! Перекрестился дядя Миша. И в испуге тыкая пальцем в меня, сипло так говорит, ко всем обращаясь:

- То же Шурка! Или снится мне всё это, но ведь это Шурка, да, Клава?

- Не, Миша, то не Шурка! То Нюрка! Шуркина внучка, а вот и Андрияна, показала она на мою маму. Но дядя Миша застрял на моём лице и всё крестился, чтобы чёрт не попутал, так сказать.

- А ну , подь сюда! Сказал он резко. Я подошла, и он, как и те бабки-подружки, стал водить по лицу узловатыми пальцами, и слёзы катились по бороздкам его выветренного временем лица.

- Нюрка... Нюрочка, а словно Шурочка... А потом, словно очнувшись, открыл окошко и как-то зычно рявкнул:

-Машка ! Подбежала девочка-соседка.

- Машка, беги к Василисе, скажи: Шурка приехала, то есть нет - Нюрка приехала с Андрияной. С самого Кишинёву! Ну, бегом!

А потом повернулся к нам, объясняя:

- Василиса тут рядом козу пасёт, километра три отсюда будет, то близёхонько: шасть - и будет обратно.

573

А мы пока здесь водочкой побалуем по такому случаю.

- Федька! Слышь! А, Федька! Снова заорал он в окно.

- Подь сюда! Сходи до Таньки у магазин, скажи: к Мише гости понаехали с самого Кишинёву! Пущай чекушку даст, а деньги апосля донесу.

- Ишь ты! Обрадовался, шо Василисы нету. Ну, да ладно.- Примирительно сказала Клава и спросила:

- Ты скажи, как вы тут живёте - можете? Как ты чувствуешь себя?

- А шо я! Я ничего! Я себя и не чувствую , а скорёхонько и вовсе не почувствую. То ж у меня вечер жизни! Одно увядание!! Как цветок: голову держит, пока день, а как вечер, то головушку на бочок и ку-ку! Короче, голову пока держу.

- Ну вот, и держи! - сказала красавица Нина.

Мама присела рядышком с дядей Мишей, но тут его отвлекла от мамы, рука с бутылкой водки, протянутая через окно. Он хотел было погладить мамины волосы, но перехватил бутылку и лихо поставил её на стол, не вставая со стула.

-Да, Андрияна, здорово, что ты нас, стариков, навестила в этом Богом забытом месте. Ты же домой приехала, а и не знаешь. Дом-то видела, где Шурка и все наши народились? Не видела? А его и нету! Пепелище там - усё сгорело!

Ну, рассказывай, как там ваш Кишинёв? А ещё во что! Спросить хочу: Сталин , знаю, - помер, потом Хрущёв правил, а сейчас кто есть у власти, а? У нас раньше " точка" была. Ты , Нюрка, знаешь , что такое "точка" ? То радиво так называлось. У нас было своё радиво, но у тридцать шестом году приходили тут ругаться начальники: про Василису дознались, шо она куркулька!

А село заступилось: кажут, шо не, не куркулька она. Отказалась она от своих, её даже большевики в двадцать третьем годе не тронули. Но им надо было власть казати, вот они стульям ноги повыламывали, да "точку" со стены скинули. Но мы и не стали новую покупать!

О, гляньте! Василиса бежит!

Прошло всего минут пятнадцать, ну может быть, двадцать, а она уже тут. Сначала мы её услышали: словно колокольчики зазвенели.

- Гости вы мои дорогие!- запричитала Василиса, снимая белый платочек с такой же белой головушки.

- А я тут с козой пасусь, и мне голос ничого не шепнул, шо такие гости в хате моей! Вбежала она прытко и кинулась нас всех обнимать! Ну, и конечно, споткнулась на моём лице.

- Это что ж, господи! Прямо Шурка, да и только! Ну, литая! А я уже и не удивлялась, я даже ждала этого, и мне это нравилось - смотреть со стороны на себя, будто я и вправду стала Шуркой, моей любимой Бусею. Да, Нюрочка, как же ты на бабушку похожа! Ну, а ты как, Андрияна? Что там Ваш Кишинёв? Что муж твой, как здоровьице? Ты рассказывай, а я тут пойду чего-нибудь состряпаю. Ты, Андрияна, какие любишь пирожки: с капустою, чи с картошкой?

- Всякие твои пирожки вкусные! - сказала Клава. - Да мы не голодные!

А ты где пасёшь козу-то, а? Далеко ли? Спросила Нина и нам подмигнула. Ты Нюрка, смотри, наша Василиса бегает: ого-го! Её надо в Олимпийскую сборную.

А не возьмут уж. Старая я! Мне ж девяносто с гаком.

Да и куда я от Мишки?! А козу пасу у "Тёплого камня", - кричит Василиса звонко из-за занавески.

Если не знать кто там за занавеской, то можно подумать, что там девчонка голосит. И вот выносит она из своей кухни тарелку с яблоками, огромными такими!

-Глянь, Андрияна! Узнаёшь?

- Господи, то ж молдавские яблоки - те, что я вам послала в сентябре! - воскликнула мама.

Каждый год, осенью, мама высылала тётке Василисе и дяде Мише яблоки, обмазанные парафином, завёрнутые в бумагу, уложенные в соломку. И эта посылка долго, долго шла к ним в Кукуштан, - быстрее б в Африку дошла! Но к Новому Году у Василисы и Миши всегда были яблоки. Эти яблоки долго хранятся и не портятся. Но теперь-то июнь!

- Ох, тётя Василиса, а что ж Вы яблоки не скушали? Или не вкусные? Столько времени держали!

-Ах, Андрияна, я бы скушала, да Бог сберёг для твоего приезда! А сколько нам, старикам надо! Мы с Мишей одно яблоко на двоих два-три дня кушали: они вон какие большие бостаны! Да и не каждый день коту масленица: то ж к случаю, иль к празднику.

- Василиса, а что вы кушали, вот когда голодно было, и всё по карточкам давали?

- А какие тут карточки! Тута и не было их! Тута картошка, да редька, да морковь, то и кушали.

- Ну, как же, у вас ведь свинья была? Съели наверно, в голодуху-то!

-Ты что, Клава? У нас с Мишею детей не случилось, а Машка-свинка наша, у нас заместо ребёночка, как дочка нам была. Картошку да редьку с нами лопала. Померла уже старая, четырнадцать годков ей стукнуло. У леску её схоронили.

Тут Василиса вынесла дымящиеся пирожки с капустой.

- Вот, готовы уж! Кушайте, гости дорогие!

Глаза её сияли, синие- синие. А лицо как будто без морщин, вернее, оно всё в мелких морщинках-паутинках, но их словно и нет, одни глаза добрые, сияющие и такие по- детски беззащитные!

А голос - будто множество колокольчиков звенит! Высокий такой, с модуляциями. От смущения и радости она всё обнимала меня и маму.

- Василиса, какой Миша молодец. Хозяин! Как красиво он поленца сложил- один к одному. Любо смотреть!-сказала Клава

- А не. То не Миша! То я. Не может он уже давно - доктор сказал, что его почкам никаких тяжестей нельзя. Вот раньше я проворней была! Ещё два годка назад по четыре дерева таскала из лесу, а щас не могу. Тяжело стало, Клава! Раньше, как притащу из лесу - нарублю тут, как хлеба краюху, да как на витринку и поставлю к стеночке. И стоят они, милые, до самой что ни есть зимы. А сейчас, как стукнуло девяносто, уже годы не те. Два дерева срублю, да и уже устала. Маруська - коза моя, смеётся с меня! Когда домой волоку дерево, то и постанываю, да поохиваю, а её смех разбирает: мее...да мее, смеётся она, аж шерстью трясёт.

Я была потрясена. В девяносто лет - по два дерева! За двадцать минут - такое расстояние! Вот это женщина. Да, есть женщины в русских селеньях. А кто ж ей даст её девяносто? За пять минут вон какой стол закатила. Понаделала оладьи, да пирожки, стол накрыла, и села наконец-то передохнуть.

- Спой, Василиса! - попросили и Нина, и Клава. Ты ж так пела у церкви!

- Так мы ж не у церкви! Смеясь, сказала разрумяненная Василиса.

- Я уже давно не пела - лет сорок, да и водку не пила лет пятьдесят. А налей мне, Клава, водочки для храбрости - может и спою.

- Я за Нюрку-Шурку хочу выпить. Да тебе вот что сказать, Андрияна! Спасибо тебе, Андрияна, за заботу, шо ты нас, стариков, не забываешь, как Шурка заповедала. Спасибо, шо каждый Новый год, слышь, Клава, каждый Новый год у нас есть райские яблоки, и мы с Мишею знаем, шо ты с нами рядом. Сидим каждый Новый Год втроём, ещё с Машкою: ей шкурочки, нам яблочки, и тебя поминаем нашей благодарностью. А Машка-то как шкурки от яблок любила, помнишь, Миша? Нам тут у селе многие тогда с голодухи говорили, чтобы мы того... нашу Машку, но мы сберегли её. А ночью от лихих людей в избе прятали, редькой, порой последней, кормили. Короче, что сказать хочу, а вот: берегите детей своих! Берегите близких, а пуще всего, уважайте стариков, слышь, Нюрка! Усё. И тут Василиса опрокинула маленький гранёный стаканчик с водкой. Зарделась алой краской и запела: сначала тихо так, а потом более уверенно:

Расцветали яблони и груши,

Поплыли туманы над рекой...

Голос её мелодичный, звонкий и одновременно какой-то грудной, словно лился из глубины её неунывающей души. Она знала, о чём поёт: о своей жизни, да о туманах молодости. Нам так трудно было расставаться с ней, с дядей Мишей! Все мы знали, что расстаёмся навсегда, но надо было бежать к поезду. Через поле бежали за тёткой Василисой. Она впереди, потом Клава, а уж потом и мы. Бабушки-подружки махали нам издали своими косыночками. Но вот и поезд. А платформа высокая, ого-го! Тут тётка Василиса подхватила маму и закинула в вагон, хотела и меня, но я сама полезла. Поезд набирал ход, а она долго стояла на рельсах и махала своим снятым с головы платочком...

Тётке Василисе умирать было некогда. Она пасла ко-
зу Маруську, и тут ей, прямо на зелёной травке, ис-
полнился сто и один год. Но она и не заметила, **а**
тихо прилегла под блеянье козы. К тому времени уже
два года, как не было в живых её Мишеньки, она очень
тосковала, вот и пошла к нему навстречу. Теперь уж
точно им вместе хорошо.

1971-2010

ГРИГОРИЙ-ПОБЕДОНОСЕЦ.
ПЛЮНЬ В ГЛАЗА - БОЖЬЯ РОСА

Памяти Григория Оксмана -
Героя Великой Отечественной Войны

Вот лежу я, як пень. Даже странно, шо мне за 80... Двигаюсь, як черепаха по песку, и кто сейчас скаже, шо я тот Гришка, шо брал Германию, Чехвию, Булгарию, Аустрию голыми, можно сказать, руками. Правда, не дослужился до охфицера, но ведь и ни перед кем не тянул носок - противно было.

А сейчас ещё противнее, лежать киселём. Вот, приехал в страну обетованную. Это в том смысле, шо усё у бетоне, и я в обетоненной квартире лежу студнем-киселём у своей постели, вот и вся моя вотчина. Ну а завтра-Девятое Мая!
Придут мои дружбаны , усе с военной прививочкой.
Может моя Наташка даст и мне горяченького! Наташка-то дочка моя кровная. Ждал я долго и, наконец-то
этот день грянул! Пришёл эта сволочь Яшка с пацанвой -
всем им вместе 360 лет, а тоже на юбки косят!
Ну пришли они, сказали мне своё проздравленьице , оттяпали словеса, а с пацанвой скорее на кухню к стекляшке. Погудели там битый час, а я лежу в комнате и вспоминаю про нашу жисть там, в другой жизни.
Мы с Яшкой из Николаева, там жили и до войны и после.
Вот как-то в 1943, под Курском, сидим мы в окопе. Приказали нам: сидеть, не вылазить, башку не задирать. Ну, известное дело, у солдат с терпением лады, но ведь и жрать охота, хочь и война.

А ему, желудку, все равно—война, не война, ему топливо закинь и всё тут. В обед Яшка с двумя мисками движет по окопу до мэни, и тут...як бабахнуло!

И пошёл свист! Яшка не добежал до моей дислокации, миски кинул, дурень, и орёт: "Григорий! А гарно бой начинать у борще?" -Клёво! - Кричу ему через тот свист поганый - Як дома с жинкою!

И тут я, як заору: "За мной!" Сам не ожидал - злой был, шо не дали щи схлебать на моей земле! Вижу: Яшка побежал за мной, а за ним и уси наши хлопцы.

Ну, известное дело, под Курском сколько смелых наших хлопцев полегло. А нас с Яшкой и не зачепило.

Дрались, як все -аж мне стыдно было, шо пуля нас обогнула, хочь и дрались гарно, як львы. Ну, а с другой стороны- клёво, конечно.

А под Сталинградом было: лежим мы усе на стрёме, - то ли дремлем, то ли к бою силы собираем, и вдруг все небо зарницами заполыхало. Аж дух захватило! Словно баба какая-то глазки строит, подмигивает - всё, мол, братцы, будет хорошо! И Победа будет ваша скоро!

И, вишь, не зря! Плюнь в глаза, Божья роса! Мена под Сталинградом, правда, зачепило. Осколочек в лёгком на память - сувенирчик, так сказать. Но ж не умер! То есть умер, но не насмерть.

А когда оправился после ранения, меня начальство вызвало и вручило мне "Героя" за этот самый Сталинград и смелость с голодухи - под Курском. Пришёл я домой и накатал такие вот стихи:

Народ поднялся на врага!

Наш пульс один,

И мысль одна:

Мы победим!

Мы все - стена

И перейти её нельзя!

Вот такое вот, значит, накатал от души.

Потом мне за Аустрию и Германию дали ещё "Героя", а враги подарили ещё подарочек- осколочек. Вот с двумя сувенирчиками, медальками от своих, чем горжусь, и двумя от этих сволочей поганых я и жил, а сейчас, видно, доживаю. Аж до Берлина ихнего дошёл, а вот до сортира не можу. Такая жисть пошла - хреновая!

Но я хочу сказать о том, что нас тогда объединяло.

Мы все тогда были цельное сердце, аж вместе с полыхающим небом. Ну, конечно, многие полегли, померли, значит, но это как клетки отмирают, а сердце всё ещё бьётся. Вот и мы были тогда одна душа, одно сердце, один здоровущий Человечище, як сказал про бородатого Льва наш главный коммуняка. И вот, значит, встал он, этот Человечище во всю силу свою аж до самого неба, да и победил врага - усю ту фашистскую сволочь.

Ну, а сейчас лежу, як кисель юбилейный, да ещё и забытый усеми. Такого к столу не подают 9-го мая. Были мы усе - один Человек до самого неба, а сейчас - клетки отмирающие.

Вот глотаю я горькую, за тебя,

Победа! Горькую слюну, горькую слезу.

Плюнь в глаза, Божья роса!

Хайфа, 2003.

ОТРАЖЕНИЯ

Каждое утро человек говорит- доброе утро! В надежде, что утро будет добрым, а день хорошим для него и для тех, кому он желает. А если человеку семьдесят лет-он, как минимум говорит эти слова шестьдесят семь лет! И это, если ничего не происходит плохого...Но для всей страны вырубились целых четыре года- 1460 недобрых утра! Тяжёлых дней и страшных ночей. Для маленькой семилетней Дины, как и для всей страны начались годы с обратным отсчётом. Война! Обрушились страны, дома, семьи, жизнь и её смысл. Это сейчас каждое утро для неё и её друзей - настоящий праздник.

И это сейчас каждое утро, жители Хайфы, уходя на работу по улице Герцилия, спотыкаются о бегущих куда-то многочисленных кошек. Летящих стайками, словно струйками живых рек. Они бегут из кустов, подъездов и из-под лестниц: чёрные, рыжие, белые и серые, полосатые и пятнистые. Все они сбегаются к эпицентру, словно притянутые магнитом. А эпицентр-красивая, аккуратная старушка, одетая в довоенную манишку, с рассыпанными седыми кудряшками на худой, жилистой шейке. Её узловатые, но наманикюренные пальцы, достают из множества пакетов под номерами, вкуснейшую еду для благодарных, хвостатых друзей:

Герцелия No. 7-2пакета, 5 кошек;

Герцелия No. 9-3 пакета,9 кошек;

Герцелия No.11-3 пакета,10 кошек и так далее, и так далее...

Сейчас ей, Дине, уже за семьдесят лет и она давно на пенсии. Но каждый день с шести часов до семи, она делает свой заботливый обход, подкармливая, брошенных всеми, дворовых питомцев, с нелёгкой кошачьей судьбой. Так она совершает свои рейды давно, каждый день с 1986 года. С тех пор, как приехала сюда в Израиль из далёкой России.

Там, среди снегов, далеко от людей, стоит до сих пор деревня Серебровка - родина Дины.

В деревне Серебровка, неподалёку от Кунгура, до войны было домов пятьдесят. Беднота и голь перекатная! Всеми забытая Серебровка, была последним звеном между свободными людьми и зоной. В народе Серебровку называли Калибровка-там отбирали зэков кого и куда отправлять. Кого в шахты, кого на лесоповал, или рудники. Дальше за деревней лес, огороженный проволокой, за ними вышки, а там уж и землянки, в них -то и жили зэки. Кто из деревни ходил за грибами, да заходил далеко, видел дозорные вышки, и дома шепотком рассказывал.

Жизнь в Серебровке не шла своим чередом. Она застоялась, как гнилое болото. Люди с едой перебивались с картошки на воду. За пайком хлеба нужно было идти в ближнюю деревню Кукуштан, а оттуда до Кунгура часа три пути в летний день. В стужу и говорить не о чем! А обратно возвращаться в промозглом ненастье по грязи и ухабам, чтобы принести краюху мокрого хлеба и отогреть его в домашней печурке! Печка - единственное тёплое воспоминание о детстве, о Родине. Печка, отделяющая кухню от комнаты, соединяющая всю семью теплом, отогревающая душу. Так продолжалось пока семья не решила, нужно ехать к родне, в Минск. Родня встретила хорошо, семья Дины стала отходить от голода. Ещё свободней они вздохнули, когда отец нашёл работу на заводе, да и мама устроилась помощником фармацевта. В школе у Дины были хорошие оценки и добрые друзья. А главное, в доме всегда был хлеб. Все стали забывать о голодухе, когда внезапно грянула война. Сорок первый это выстрел по стране, по жизненному укладу, по самой жизни, по сознанию людей.

Чем ближе подбирался враг, тем плотнее сжималось кольцо страха. Есть ли что-то страшней лица войны! Это ожесточённые злобой и фанатичной идеей нелюди, которые с озверением каннибалов, оскаленные оружием, кидаются на людей, оставляя за собой трупы и запах смерти. Смерть, за которой охотятся зомби со свастикой, голод и холод для выживших людей и удавка страха, сжимающая ежеминутно. Дина бегала по мусоркам ресторанов, где пировали зомби. Это на неё и на всех остальных велась охота зомби со свастикой. Она, закутанная в лохмотья, словно тень пробиралась по мусоркам и свалкам, завидуя кошкам, которым не нужно прятать свои всклоченные не семитские мордочки. И отбирая для себя и семьи мусорный дефицит у кошек, она извинялась: "простите, это маме и папе, а это мне", - шептала она своим собратьям по несчастью и несла эти мусорные яства родителям, которые прятались в подвале. А иногда наоборот, она делилась с кошками добытым куском плесневелого хлеба. Уткнувшись в их пушистые спинки, она шептала слова благодарности кошкам, засыпая среди отбросов вместе с ними. Бесконечные облавы, словно огромной резинкой с бумаги, стирали людей с лица земли. Как- то, когда Дина пробиралась по ночным свалкам, она видела, как наполняют людьми грузовики, как заталкивают и запихивают людей, а затем отправляют их в вечную ночь под крики и выстрелы. Совсем недавно в ночь отправили её родителей, её родню, друзей знакомых и незнакомых. И Дина сбежала из этого страшного города. Она долго бежала вдвоём со своей тенью, ей было очень страшно, но она стала привыкать к этому чувству. Так она бежала, пока не упала и не перестала чувствовать что-либо. Почти бездыханное тело девочки, пропахшее мусором и кошками, нашли партизаны. Они принесли её в землянку и отогрели. Когда жизнь, словно фитилёк свечи, вновь затеплилась, Дину спрятали у одной деревенской женщины в подвале, за бочками с рассолом.

За бочками в подвале бабы Насти был ещё маленький погребок для картошки, присыпанный землёй и щебнем, неразличимый в стене. Вот там-то и сидела бедная затворница с мохнатой подружкой Муркой. С ней Дина делила одиночество, детские и не детские страхи, а также всё, что приносила добрая женщина. И под Муркино урчание, словно добрую музыку, она сладко засыпала. Там, в кромешной тьме подвала, за бочкой квашеной капусты, уткнувшись в пушистое мурлыканье, Дина поклялась, что, если ей суждено будет жить, она отдаст свой долг и этой доброй женщине, и кошкам. И лаская Мурку, она шептала им всем, всем кошкам, всем людям, помогавшим ей, кормившим её, обогревшим её, слова благодарности.

Дина сдержала своё слово, данное в подвале в то страшное время своего недетского детства. Несчастный, затравленный ребёнок, на которого вели охоту, затаившийся среди кошек и людей - между жизнью и смертью. Но, как росток пробивается к свету, к жизни, даже через асфальт, так и Дина выжила и всё преодолела.

Как сон прошло послевоенное время, затем учёба и работа, замужество, ребёнок. Ребёнок давно вырос в прекрасную девушку, которая уже своим детям рассказывает бабушкину историю. Им не верится, что люди могли дойти до такой черты!

- Может этого не было, и мама преувеличила, думали они. Какая страшная история!

 В 1986 году Дина с мужем и детьми уехали в Израиль. Хотелось всё изменить в своей жизни, хотелось забыть те страшные страницы и начать новую жизнь. Но Дина не забыла о слове, данном в подвала, она отдавала долги всем. Ещё в шестидесятые годы ездила в Беларусь к своей спасительнице. К Дининой радости, она была жива и здорова. Посетила Дина и своё убежище-подвал.

В открытом люке подвала стояли соседи бабы Насти -Дининой спасительницы, они качали недоверчиво головой, поражаясь смелости бабы Насти и сочувствуя Дине. Особенно заохали, когда она показывала, как, скорчившись, сидела в безвоздушном пространстве маленького погребка в подвале, о котором, Слава Богу, никто и не догадывался. Как затекали ноги и спина. Как по ночам она выходила размяться, а баба Настя подкармливала, принося еду в фартуке. А затем Дина вновь пряталась, и баба Настя заметала следы. И тогда вновь ни света, ни времени, а только крохотная надежда, что всё когда -нибудь кончится. Так ободряла баба Настя, и Мурка подтверждала это своим мурлыканьем. Конечно, ко времени приезда Дины, Мурки уже давно не было в живых, но Дине всё чудились Муркины жёлто-медовые глаза. А когда она закрыла свои и села на холодный пол подвала, доброе Муркино урчание пронизало её: тогдашний страх, боль утраты родных и близких и печаль сжали её сердце. Скорее, скорее наверх - к голубому небу!

И вот она далеко, она убежала от прошлого. Сюда все убегали от прошлого, все кто живёт в стране обетованной, прошли тяжёлый селекционный отбор на выживаемость. Судьба им часто кричала:

- Люди! А если вам сделать очень плохую жизнь, вы выживете?

 А если хуже?

 А если ещё хуже?

А если сделать её невыносимой?

Кричит всем судьба и ей отвечают люди:

-Да, да, да, мы выживем!

 И выжили!

 Остановите любого из прохожих на улице Хайфы, Иерусалима, или любого другого города в Израиле - они улыбаются, они живут. Их истории, истории невыносимых судеб. И никто не удивляется, что где-то ходит женщина с сотней пакетиков и кормит кошек, возвращаясь в детство.

Герцелия No.35-3 пакетика;

Герцелия No. 37- 5 пакетиков...Целая тележка для поддержания жизни, чтобы не оборвалась нить, соединяющая тело и душу.

Жизнь возникает там, где душа озаряет тело по воле Неба и наперекор судьбе, вопреки закону о праве сильного, она существует и развивается. Жизнь вообще предлог, повод для испытания человеческой сущности, её нужности, как положительной космической энергии, давшей начало всему.

  В далёких галактиках космическая пыль, в виде потоков "Леонид", мчится со скоростью света, в поисках возможности излить свои семена жизни в благоприятную среду. Этот жизне-строительный материал, в виде сверкающей пыли, гонимый мощной космической энергией ищет то единственное, а может не единственное место среди галактик, где бы он своим соприкосновением зародил новую жизнь: цветок, дерево, животное, человека, или новую звезду. Эта точка соприкосновения Неба и Земли и есть рождение Жизни. А эта Сверкающая Пыль, летящая во тьме со скоростью света -проекция всех нас: плохих и хороших, создающих и разрушающих, но вопреки всему доказывающих, пройдя все метаморфозы появления и развития, вопреки всему в Космосе и на Земле, что живёт Единая Божественная Душа, объединяющая всех живых существ - будь то Человек, Кошка, Дерево, или Космическая Пыль.

Хайфа. 2000 г.

Господи, храни королеву!

Ох, не любила Танюшка поезда! Надо было лететь, но билетов не оказалось. А поезд Кишинёв-Москва скопище пылищи и грязищи! Заходишь в купе, а там яблоку негде упасть! Ну вот зашла, а там уже сидят двое, сразу видно командированные. Женщина, мужчина, оценивающие переглядки... Танюшка залезла на верхнюю полку, чтобы не видеть и не слышать. Попыталась заснуть, но куда там! Внизу начало разговора, как пробный шар:

- А вы откуда и куда, простите за любопытство? - спросил мужчина.

-Я из Кишинёва, сказала пышная блондинка.

-А в Москву на отдых?

-А я и вовсе не в Москву и не на отдых.

-Так ведь московский поезд! – не унимался визави.

-Да я не в Москву. В Унгены еду - по работе.

-А что за работа?

-Я дегустатор табака. Вот еду в Унгены дегустировать табак. Из-за этого табака вон как поправилась! 10 раз в день кушаю, после каждой дегустации, а их 10 за день! А сейчас вызвали проверить целый вагон "Лорда". Продают, как "Лорд", а на самом деле "Столичные". Вот еду маркировать палёное.

- Да нет, выглядите Вы замечательно! А знаете, мы ведь коллеги! - воскликнул визави.

-Вы тоже дегустатор табака?

--Нет, я дегустатор вина. Вот везу на пробы в Москву "Негру де Пуркарь". И он показал два огромных баула, а затем достал одну из бутылок.

- Ой, какая необычная бутылка! Красота-то какая! Не видела таких в продаже!

-А и не увидите! Их в Англию отправляют- первый отжим.

Говорят, наше Монастырское Негру де Пуркарь сама королева пьёт.

-Это она вам сама призналась?!

-Тсс! Мы с ней в интимной связи, так сказать. Шучу. А вот вопросик, извините! Лордом не угостите?

-Лордом! Так это к королеве! А я курю "Яву", или "Столичные",- засмеялась Пышка Ну их всех лордов этих- одни неприятности от них! - воскликнула Пышка, намекая на палёный товар.

- Ну да, ну да...

Слушайте, как там вас! - спросила Пышка. А не побаловаться ли нам чайком?

- Пойду, спрошу у проводницы. Эй, там наверху! Чай-то, будете? - обратился к Танюшке визави. И он вышел за чаем, но тотчас вернулся. Дамы, завал! Чая нет, воды нет и не будет. Туалеты закрыты, ресторан закрыт.

-Ах, что же будет! Я так хочу пить! - воскликнула дама капризно. Сейчас и на остановке не купишь. Ночь, всё закрыто.

-Придётся нам воспользоваться стратегическим английским запасом! И тут Визави вытащил бутылку королевы.

-Ах, какая прелесть! И не жалко?! Бедная Англия остаётся без вина!

-А Бог с ней, с Англией! От неё не убудет, а нам что же, от жажды помирать? Эй, там наверху! Налить?

-Глоток можно

-Господи, храни Королеву! - каждый раз произносил дегустатор наливая. Но тут заглянули из соседнего купе:

О!! Чего пьёте?!!! Налейте и нам по глоточку! Не дайте от жажды умереть в мирное время! Через час в купе был весь вагон. Никогда ещё никто не пил за здоровье королевы так искренне и так много!

Лёка встречала Танюшку по телеграмме. Она уже стояла у вагона, когда дверь открылась и оттуда стали выходить люди на шатающихся ногах, а из вагона несло жутким перегаром.

Расходясь, выходившие обнимались, хлопали по плечу и со смешком говорили две странные фразы:

Ну! Да здравствует королева!

Или: Пока! Спасибо королеве!

Что за блажь. Какие-то пьяные монархисты!

Затем вышел мужчина с двумя пустыми баулами, раскрытыми нараспашку. Его окликнула проводница:

Эй, Толя! Спасибо тебе. Спас человечество от жажды! Мы благодаря тебе выжрали... нет, - выжали, не, выжили и ваще...сказала заплетающимся языком проводница.

Каково было Лёкино изумление, когда и Танюшка вышла на полусогнутых ногах, едва удерживаясь на ступенях

. Лёка подхватила Танюшку. Тут высунулась проводница, восклицая свою странную фразу:

-Ну, пока! С боевым крещением! Спасибо королеве.

-Слушай, можешь объяснить! Никогда не видела тебя такой! Ты же вообще не пьёшь!

-Понимаешь, пить не было, и я выпила...

-Чего, чего?

-Ну не было чего пить, да и есть тоже, ну вот я и выпила, в смысле напилась. Спать хочу. Скажи, а я не сплю? Это точно, Москва? Чё-то я в туалет хочу.

-Погоди, погоди, а при чём тут королева?

-Так ты же слышала! Мы бы не выжрали, а чёрт, и я не то - не выжили бы, если бы не королева.

Что за королева, чёрт её возьми!

 - Ну, Королева Английская! Это же её вино. Теперь она осталась без вина, понимаешь! Нет, ты не поймёшь. Мы выпили всё вино Королевы Английской. Теперь Англия осталась без "Негру де Пуркарь"! Ну, теперь поняла?

2017г.

Предсказание

В маленьком круглом зеркальце видно руку, намазывающую губы толстым слоем яркой помады. Милка удовлетворённо опустила руку и щёлкнула футляром - готово.

- Стасика ждёшь?

-Ага, - сказала Милка машинально. И вздрогнула от неожиданности, перед ней стояла, бряцая браслетами, красивая цыганка.

-Ты, девка, попадёшь в беду со своим Стасом. Уходи от него поскорее, а то ведь овощем станешь, и всё в твоей жизни закончится. Не думай, денег не возьму. Предупредила –жалко тебя! И тут цыганка повернулась и, бряцая браслетами, шурша юбками, удалилась. А Милка так и осталась стоять, остолбеневшая. Тут подошёл Стас:

-Ты чего это Милка стоишь деревом, заснула стоя?

Но Милка ничего Стасу не сказала о цыганке. Она вздохнула, пришла в себя и только спросила:

-Билеты купил?

-Ну купил, конечно. Погнали, мало времени.

Они сели на свои места уже в полной темноте. Стасик обнял Милку за плечи, растянул ноги. Милка высвободила ножки из своих узких лодочек, короче, устроились. Фильм начался. Герои фильма плыли по реке на каяках. Каждый поворот в стремительном потоке сопровождался единым выдохом зрительного зала, кто-то кусал ногти, кто-то яростно грыз семечки, конфеты или поп-корн, но вот каяк поломало в щепки, зал охнул и все затихли . Выплывут, не выплывут – какое напряжение! Оно тяжело придавило зрителей к креслам.

Но слава Богу, героев занесло куда-то на остров и напряжение спало единым выдохом зала. Наконец герои, после всех своих приключений, в полном изнеможении разлеглись отдыхать в чудесной лагуне. В зале народ оживился: вновь зашуршали фантики и упаковки.

Все откинулись на спинки кресел, в ожидании любовной сцены. Когда сцена любви зашкаливала, народ единым дыханием сливался с героями. Стасика руки тоже не дремали, он страстно прошёлся по всему Милкиному ландшафту- не такому богатому, как у героини, и разочарованно убрал руки. Он откинулся в кресле, представил Милку с грудью и попкой героини и как-то сильно от этого захмелел. Рукой он нащупал Милкино острое колено и шепнул ей на ухо:

- Слушай, давай сделаем тебе пластику! Сделаем тебе вот такие грудки - пузаны, арбузики! И Стас показал на героиню фильма. Ох, любить буду!

- А сейчас что, уже не любишь? Три месяца, как поженились, и уже не та?

- Конечно люблю, но с такими "пузанами"! Ох Милка, не лишай удовольствия!

- Слушай, ты чокнулся, что ли? Ты знаешь сколько эти "пузаны" стоят? Где ты на удовольствие бабки найдёшь! И вообще, я не хочу. Себе наращивай! Тут их шёпот перешёл на громкие нотки и в зале зашипели. Когда шли домой, Стасик, всё не унимался:

- Мил, а Мил, я для такого дела заработаю, ну давай, а? Хочу, чтобы моя жена, ну куколкой была!

- То-то и оно, что куклой меня хочешь сделать. Не дамся. Точка. Они пришли домой голодные после работы. Милка разогрела вчерашнюю кашу и плюхнула в тарелку.

Стасик, уныло глядя в тарелку, ел кашу, как вдруг со дна тарелки на него воззрились чьи-то глаза. Он оторопел и ложкой соскрёб кашу. На дне тарелки на него в упор смотрел президент Путин:

-Ишь чего захотел!- словно сказал Владимир Владимирович. А не слишком?!

-Тьфу ты! Это где ты такое выхватила?

- А посмотри на мою! - Со дна Милкиной тарелки ухмылялся Жириновский.

- Ну уж дудки, Милка, не буду я с ними делить свою жратву. К чёрту такие тарелки, и зачем ты на ерунду тратишь! Давай экономить, соберём на операцию.

-Ты опять за своё, Стас! Не хочу, понял! Но прошло несколько месяцев и...вода камень точит, Милка согласилась. Стас сам заполнял бумаги, боясь, что она передумает. Операция прошла успешно, и Милка преобразилась! Красота! Две груди, как два колеса, что ни оденет, упруго выпрыгивают из выреза. На Милку все смотрят- мужики балдеют, бабы- завидуют. На Стаса мужики смотрят- тоже завидуют. Милкина грудь тянула домой Стаса, а ночные ласки вернули их к медовым дням.

И всё бы хорошо, но тут у Стаса новая фишка! А не сделать ли ещё пухленькую попку! Милка чуть не задохнулась от злости на мужа!

- Ну чего тебе ещё! И так ведь рискнула для твоих удовольствий! Но Стас не унимался:

- Давай, Милка! Смотри как у нас классно получилось! Ты у меня будешь такая пампушечка!

- Да страшно же, Стас! Ты понимаешь, страшно.

И всё же пошли. Врач посоветовал чуть поправиться, чтобы натянуть свой собственный жирок. Милка ела "через не могу"- чего не сделаешь ради любимого! Стас покупал ей тортики, мороженое и всё, что она раньше ела в мизерных количествах.

 Но прошло время и день настал. В последние минуты операции, под анестезией мозгу не хватило кислорода и Милку парализовало. Стас привёз Милку домой и, уткнувшись в одеяло, зарыдал, но ничего уже нельзя было сделать. Он вызвал Милкину маму, заплатил сиделке за два месяца вперёд и собрал чемодан. Мама в сердцах захлопнула за Стасом дверь и села рядом с лежащей дочерью:

- Ничего, Милочка, я тебя выхожу, шептала бедная мама. Вот увидишь, всё ещё будет хорошо. Она гладила её по голове ласковой рукой. Мила лежала неподвижно и ничего не чувствовала. Вспоминала ли она слова цыганки? Вряд ли. В изголовье Милы тикали часы и в секунды просветления ей казалось, что рядом стучит сердце её Стаса.

Сан Диего, 2016

Доамна Маша

Уборщица тётя Маша каждое утро мыла полы школы, а потом
натирала их до блеска своей шваброй так, что любая топ-модель
могла бы позавидовать, если бы ей хоть раз сделали такой массаж
на спине или попе. Тётя Маша - творческая личность, ведь неда-
ром много лет работает в школе искусств! Каждый раз, проходя
мимо тёти Маши в свои классы, мы учтиво здороваемся с ней:

 - Доброе утро, тётя Маша! - и она отвечает нам доброй улыбкой,
не поднимая глаз от глянца пола,- работа такая!

Но вот, на гребне национальной волны вскипают новые отноше-
ния, названия и обращения. На пике этой волны тётя Маша да и
все мы стали именоваться доамнами по-молдавски, а по-русски -
госпожами. Теперь каждое утро, проходя мимо тёти Маши, мы
здоровались исключительно так:

- Буна диминяца, доамна Маша! (Доброе утро, госпожа Маша).
Доамна Маша, натиравшая в это время пол, распрямляла спину,
и ей казалось, что фартук и юбка в сборку на резинке, исчезают с
туго взбитых бёдер, талия находит прежние девичьи границы, и
она превращается в настоящую госпожу в бархате и шелках.

В какой-то день доамна Маша пришла на работу, когда уже у всех
начались занятия. Она вошла в первую аудиторию, где был класс
фортепьяно, вооружённая полным ведром воды и шваброй, напо-
добие пикадора. Учительница по фортепьяно сидела с учеником за
инструментом, и они разбирали какой-то этюд.

- Прошу прощения, - сказала вежливо доамна Маша, - встаньте,
пожалуйста! Видите, я работаю, мне надо здесь убрать.

Доамна Маша мыла тщательно, где-то десять - пятнадцать минут от сорока пятиминутного урока. Закончив, она вышла, хлопнув дверью. Затем она то же самое сделала во всех других классах и даже в классе живописи, где сидело пятнадцать учеников. Пришлось всем выйти - святое дело! Доамна Маша убирает! В обеденный перерыв, встретившись в буфете и уминая бутерброды с кофе, учителя недоумённо поделились впечатлениями от Машиного вторжения. От всего услышанного у завуча школы в горле застрял кусок бутерброда, и она решила вызвать новоиспечённую "доамну" на ковёр для объяснений.

Доамна Маша вошла в кабинет с высоко поднятой головой.

- Маша, хочу вас предупредить о том, что вы и так должны знать: вы обязаны убирать школу до начала занятий! И ни в коем случае во время занятий! На что доамна Маша, не моргнув глазом, забыв о том, как она нежно со всеми здоровалась, потупив взор, сказала:

- У меня рабочий день, как у всех! И я вам не Маша, а доамна Маша. Когда могу, тогда и убираю. Я не раба - вы не господа, а вообще люди ниоткуда. Здесь моя земля...

- Что вы такое говорите, Маша? Я здесь родилась, здесь родились мои дети! Я когда-то вас сюда взяла на работу, вспомните!

- Я вам не Маша! Вы мне не указ. Вы здесь временно, а я здесь хозяйка на своей земле.

- Вон отсюда! - хрипло закричала завуч.

Маша покинула кабинет, победно прижав швабру к плечу, как рыцарь с копьём уходит с поля боя. Она пошла прямиком к директору.

- Домнул директор, вы должны обратить внимание на национальный состав нашей школы! Каких тут только нет людей! И откуда только их подобрали! Из настоящих молдаван только вы и я!

- Доамна Маша, они все профессионалы и учат наших детей музыке, живописи, что тут не так? И уж простите, доамна Маша, но на работу вам надо приходить раньше всех, до начала занятий, зато и уйдёте раньше всех. Но доамна Маша не унималась:

- Вы должны принять меры, домнул директор!

- Ладно, ладно, приму, - успокоил домнул директор. Всё будет хорошо, идите. В тот же час он вызвал завуча и стал обсуждать положение, как на фронте.

- Понимаете, Александра Ивановна, Маша в чём-то права: а не предложить ли изменить фамилии нашим учителям на молдавский лад? Никто и не подкопается. Коллектив у нас хороший, жаль из-за ерунды расставаться. Смотрите, вот ваша фамилия - Субботина!

- Ну, - промямлила завуч, нахмурившись.

- А будет праздничная - Думиникэ (воскресенье) или Сымбатэ (суббота)

- Ну-ну, этак я, пожалуй, за сектантку сойду!

- Или вот Работина, а сделаем Лукру (Работа)

- Или вот Грабовская- хорошая женщина, зав. отделом фортепьяно, и с такой фамилией!

- Ну, и как ей быть? Придумали фамилию?

- О да! Парадисул! (Рай)

Уже уходя, завуч азартно повернулась к директору:

- А вот Нади Сивоконь как переведёте фамилию?

-- Ну да, поймали: Суркалул не пойдёт, - рассмеялся директор.

- Никто на эту перемену фамилий не пойдёт, домнул директор! Но вы попробуйте! И довольная завуч закрыла дверь. А тем временем доамна Маша изучила по газетам фамилии, что там рулят наверху, и села писать письмо в Министерство образования.

- Домнул Министр,- писала доамна Маша, - я простая молдавская уборщица, но мой зоркий глаз сразу увидел эту вопиющую несправедливость! В нашей школе так называемых искусств, учат детей не молдавской музыке и не молдавские кадры. Молдавскую музыку играют только по праздникам, а каждый день скучную иностранную. Не наше это искусство! А главное - нет национальных кадров! И я, как человек из народа, вам советую: примите меры, домнул Министр! И подписалась: доамна Маша из школы Стырчи. Прошёл месяц, и директора вызвали в министерство. Машино письмо возымело действие, и в школу прислали учителей правильной национальности и по правильным народным инструментам: по баяну, флейте и цимбалам. Ну и соответственно, сократили трёх по фортепьяно. Доамна Маша торжествует! Победно смотрит она, стоя у входа в школу со шваброй наперевес, словно рыцарь с пикой. Но больше она всё же похожа на Санчо Пансу в юбке. Мимо неё все проходят, вытирают ноги и здороваются:

- Буна зиуа (добрый день), доамна Маша! - Теперь она важный человек!

Но вот как-то, зайдя в ближайший магазин и не найдя там своей любимой ливерной колбаски, а также вина под названием " Пино", доамна Маша возмутилась. Вечером, только-только садится солнце в Машином оконце, а доамна Маша уже строчит письмо министру торговли.

"Домнул Министру, я простая молдавская уборщица, зашла в магазин, в котором покупаю много лет, и не нашла там простой молдавской пищи! А всё потому, что продавщица Рая, будучи русской, отвозит колбасу в Приднестровье! Примите меры, домнул Министру!"

До министра не дошло, но директор магазина сменил продавца. Ливерной, как не было, так и нет, но вина - хоть залейся!

Однако доамна Маша уже далеко не девочка! И резинка на её юбке под давлением взбитых бёдер вот-вот лопнет, а тут ещё и сердечко пошаливает. Пошла она в поликлинику. Молодая сестричка из села Дурлешты брала кровь у доамны Маши. Она надавила шесть пробирок.

- Слушай, ты что, пьёшь эту кровь? Ты зачем у народа столько крови давишь? Это тебе так не пройдёт! И вообще, ты откуда взялась, вампирша? Я напишу про таких, как ты кровососов министру здравоохранения!

Но тут вышел врач:

- Успокойтесь, пожалуйста, - сказал он ласково и увёл её в кабинет. Вам нельзя так волновать ваше сердце!

Маша посмотрела на него: "Явно не наш человек, - подумала она, - напишу всё министру".

А доктор тем временем послушал пульс, измерил давление, сделал кардиограмму. При этом он поглаживал доамне Маше ручку и успокоительно приговаривал: "Вот и отлично! Всё хорошо, деточка!" И домна Маша размякла, почувствовала себя маленькой девочкой, и сердце её оттаяло, отошла тревога за страну и народ свой.

- Не буду писать министру, - подумала Маша,- хороший доктор!

- Вот, выписываю вам микстурку: по 15 капель корвалола, пустырника и валерьянки. Да, и никакого вина! Сердечко хорошее, но мы его подкормим таким вот образом, и всё будет хорошо!

Подобревшая доамна Маша вышла из кабинета, закрыла дверь и... споткнулась о фамилию врача, написанную возле дверей: Спиваков... Не наш это человек! Ну надо же, как мозги запудрил! Совсем я потеряла бдительность! Загладил меня словами, как утюгом прошёлся! Сегодня же напишу домнулуй Министру про здешние безобразие. Вечером Доамна Маша села строчить очередное письмо, но вдруг отложила ручку, подумав: Не буду писать! Моему народу нужен хороший доктор!

Романтические истории

Велико Средиземное море

Велико Средиземное море! Огромный кратер! Столько стран омывают его волны: береговая линия, словно стенки огромной чаши. Каждая страна хлебнула свою историю и свою судьбу из этой общей чаши. Столько поколений выросло под шум его неутихающей стихии! Но наша история касается его двух берегов, двух темпераментных народов, славящихся своей древней историей. Ещё помнят бурные волны Одиссеевы корабли, единый выдох рабов на галерах и крики пиратов на кораблях, берущих судна на абордаж, мерные всплески их длинных вёсел, пение сирен, томные звуки Сатировой флейты и стоны печальной Орфеевой арфы. Это неизгладимая память моря .

А мы в двадцатом веке.. Ариадна работала в швейной мастерской. Она очень много сидела за швейной машинкой, всё шила и шила. Она мечтала поехать куда-нибудь отдохнуть. Когда ткани мчались под лапкой швейной машинки бесконечным километражем, Ариадна нажимала на ножную педаль швейной машины, и ей казалось, что она мчится в голубом Альфа- Ромео по длинному шоссе и жмёт на газ. Что солнце отражается на стёклах её машины, а горы мелькают справа и слева со скоростью 180 км в час. Какой-то звук отвлёк её. Что-то с машиной? Той или этой? Мотор барахлит? Ах нет, просто заело нитку. Ариадна перекусила нить. Хватит на сегодня. Она вышла из мастерской - так хочется разогнуться! Ариадна шла к морю, обогнув последние дома, сняла туфли, спустилась по обрывистому берегу маленькими босыми ножками, пересчитывая обласканные приливом камни, и очутилась на своём излюбленном месте.

У самой кромки воды она села на песок. Спина гудела. Она вытянулась на горячем песке и протянула ноги упрямым волнам, а они накатывали мелкими барашками, словно дрессированные зверюшки, и покорно распрямлялись, нежно лизнув розовые пальчики бирюзой воды. Ариадна подпускала волну и затем отталкивала её обратно в свободное плавание. Скоро отлив, и последняя волна, оттолкнувшись от её ног, помчится далеко-далеко, туда - за горизонт, где длинной, узкой полоской скромно притаилась ещё одна древняя страна, с историей, которая легла в основу трёх религий.

Ариадной овладел дух путешествий: он манил её туда, за горизонт! Ей хотелось пройти древними тропами, потрогать древние камни - те, что помнили библейских героев, те, что эхом вторили заповедям апостолов.

Самолёт взвился, резко набирая высоту. Пересекая моря и сушу, он летел туда, где начиналась история. Крыло самолёта, словно острой бритвой взрезало красный закат, открывая голубую полоску другого дня, отделяя день от ночи; то, что было, от того, что будет. Под самолётом облака, словно пушистые Гималаи - они создают мифические картины - стихи без слов, и это реальность!

Вот ещё одна реальность - песочные часы. А если их повернуть - высыплется песок, и всё изменится... Мир утечёт тонкой струйкой от нас в прошлое. Перевернули - и мы снова вернулись из прошлого в настоящее. Вот она - машина времени! Жизнь под стеклом, а ведь это не только струйки песка - это атомы наших жизней, перетекающих из бытия в небытие.

Но вот все мысли переключились на ту самую реальность - это самолёт начал снижаться. Земля. Израиль.

И вот автобус мчит её по Телль Авивской набережной.
С высоты гостиничного номера видно море. Ветерок обвивает
Ариадну, мачты пальм, людей на Телль Авивской набереж-
ной и мчится в лабиринты старого Яффо, позвякивая стёкла-
ми витрин, множества кафетериев, салонов, потрескивая де-
ревянными мостиками, сдувая пыль раскопок, времён Рамзеса
II, и лепестки многоцветных роз этого вечно зелёного сада.
Уже второй день Ариадна гуляет по древним городам; она
бродит по улочкам, которые помнят английский 20-19 веков,
турецкий 19-18, французский 19 века, итальянский с 1 века до
н.э. по 3 век н.э.; греческий, арамейский, - ну, и конечно же,
арабский, русский и иврит. Здесь каждый холм хранит эхо
времени. Отовсюду голоса былого: плач и стоны, шёпот и
крики, шум битв и лепет детей. Ариадна так живо окуналась в
эту прошлую душу страны, что даже не заметила, как очути-
лась у моря. Она села за столик и заказала кофе. Море сияло
жёлтыми и оранжевыми отблесками солнца. Её кофе тоже
сиял золотистыми оттенками заходящего светила; затем ко-
фе стало красно-багровым, и солнце утонуло в чашечке кофе.
Ариадна загляделась на море: она впитывала его волны, его
бури, его истории. Она стала вспоминать кто высаживался на
этих берегах: Рамзес - фараон Египта, крестоносцы, турки,
Наполеон - длинная очередь завоевателей, и все - за этой
благодатью. В этой стране всё поражало Ариадну: можно ли
там, в другой реальной жизни, представить, что дороги, отде-
ляющие города от пустыни, разделят наш современный век и
смутные древние времена? Она из страны городов, которые
никогда не разрушались и стояли веками, а это страна, разру-
шенная до основания, стёртая с карты мира и из памяти лю-
дей, а теперь вновь возрождённая, как Феникс посреди пусты-
ни . Феникс, в сердце которого болят, свербят и мучают
осколки прошлого...

Вот дорога на Беэр-Шеву - город семи колодцев. Ведь по этой дороге шёл караван царицы Савской к царю Соломону. По этой дороге лысые без единой зелёной веточки скалы. Вот на одной из них бедуинское жильё- его "Парфенон"! Вместо ионических колонн - четыре палки, на них натянута черным парусом грубая старая холстина, полощущаяся на ветру. А под чёрным парусом-крышей, всё богатство кочевника бедуина: телевизор на полосатом истёртом ковре, что застелен на лысой горе, да тарелка- антенна на длинной палке, а ещё звёзды, да луна. Сидит напротив телевизора хозяин лысой горы в позе лотоса и равномерно раскачивается в такт музыки, ему вторят верблюды. Верблюды, хранители очага, с любопытством смотрят на громыхающий ящик, а в нём они видят колыхающийся живот в драгоценных каменьях- под голоса сирен, среди скал, живот вытворяет чудеса эквилибристики. И верблюдам, и бедуину это очень нравится! Эти голоса сирен и равномерные движения танцовщицы завораживают их и пробуждают генные воспоминания о шёлковых караванах, холодных фонтанах, украденных девицах и волшебных птицах. Но истории о красавицах, овцам, стоящим рядом, не нравятся. Они сгрудились у стоящего рядом розового лимузина, на верхушке этой Лысой горы! "Неужели мне это не снится?"- подумала Ариадна. Ведь этого просто не может быть! Но уже на следующей горе - та же история! Разве что машины разные, но и здесь сидит такой же закопчённый "Лотос"! Он смотрит новости - ведь огромная астролябия позволяет ему общаться со всем миром! Он внемлет событиям - тем, что на чужбине, и при этом медленно потягивает свой кальян.

Но не они построили эту прекрасную страну! Вот прошло каких-то двадцать, тридцать минут и, будто столько же веков. Ариадна в большом современном городе с мощной инфраструктурой, и люди одеты, как в Лондоне, Афинах и Париже.

Она вновь в двадцатом веке! Вечером, когда зажигаются огни, города похожи на сказочные сверкающие горы алмазных копий! Они сверкают и переливаются драгоценными огнями и охлаждают измученное жарой тело брызгами множества фонтанов. Они уносят ввысь все печали: вверх, вверх - туда, где гордо сверкают звёзды! Господи!

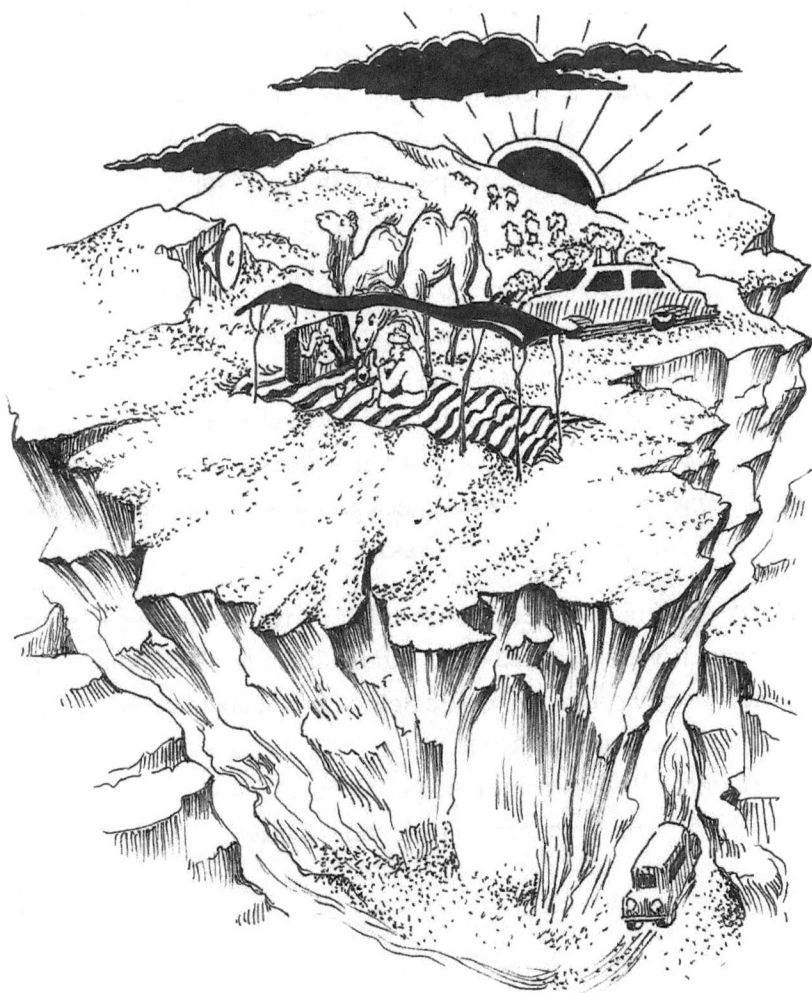

Я в сказке, из неё можно не вернуться! Вот Город Давида-Иерусалим! За него были битвы в древности, за него битвы сейчас. И это битвы не за территории - это битвы цивилизаций! А вот тропы, по которым ходили апостолы, взывая к людям; а вот колодец, где набирала воду Магдалина. Вот озеро Кинерет, где так запросто по воде ходил Христос! Есть даже лодка тех времён - в ней простой библейский рыбак ловил простую библейскую рыбу. А где же тот Кит, что глотал Иону?! Говорят, что помер от несварения желудка.

Ариадна ходила по берегу моря. Море тоже Средиземное, но её Греция теперь на другом берегу. А камни всё такие же, но не те. Вот развалины древнего дворца, его ступени уходят под воду. Его воспоминания о добрых намерениях, о злых замыслах тушит морской прибой. Эхо волн стучит от стены к стене в поисках тепла, в поисках людей, в поисках смеха, вздохов и шёпота- это Кесария, это дворец Понтия Пилата, того самого, что навеки распял Христа!

Наши древности несут красоту людям - им подражали во все века! -подумала Ариадна. Греция завоевала весь мир своей культурой. а здесь совсем другое - здесь переход в другое измерение! И здесь строится новая жизнь! Конечно, если не помешают соседи. Говорят, и к одиночеству можно привыкнуть, если не будут мешать. Здесь жизнь не идёт своим чередом - она чередуется со смертью.

 Но что-то отвлекло её от мыслей: кто-то смотрел на неё, пока она виртуально путешествовала и была далеко-далеко отсюда. Кофе остыл, а рядом с ней сидела рыжая собака и неотрывно смотрела на неё.

-Тебе чего? У меня только кофе! Собака подошла и понюхала ноги, а затем удовлетворённо села рядом.

- Тебе чего?- переспросила она собаку по-гречески и по- английски. Но собака просто сидела и смотрела.

-Леди! Леди! Кто-то подбежал к ним и схватил собаку за ошейник, но собака даже не сдвинулась.

- Она что, меня знает?- спросила Ариадна на английском. - Собака завиляла хвостом и уткнулась ей в ноги.

- Видно, знает,- ответил Рома.

Рома работал в рекламе. Сейчас у него несколько дел: встречи с продюсером, поиски актёров, съёмки. Ему нравилась эта работа - это то, что он хочет и умеет делать. Когда-то в другой жизни его тяжёлые ботинки со шнуровкой равномерно хрупали по снегу, и этот приятный слуху звук он мог бы и сейчас воспроизвести, стоит только взять пакет с крахмалом и сжимать его равномерно - как раз получатся шаги по снегу. Для рекламы обуви или рекламы замороженных фруктов очень бы подошло. Любые воспоминания превращаются в картинки и звуки, и всё это складывается в сценарий. Вот, например, мама закатывала компоты. Конечно, сейчас зайди в магазин и купи, что хочешь! Но разве это может сравниться с мамиными компотами! А сколько пота маме это стоило! Как рекламист он мог бы сказать: "Если хотите сэкономить время и не терять свой пот и соки - покупайте готовые! Они вернут Вас в ваше детство!!" Ну, словом, что-то подобное.

Все воспоминания из прошлой жизни помогают ему в настоящей жизни и в работе, полной цвета, света и звуков.

Когда Рома дошёл до своего стола, его застал оркестр телефонных звонков. Он специально подбирал разные звонки для разных телефонов: агрессивные - для редакторов; нежные - для женщин, нейтральные - для остальных. Уже по первому звуку можно определить, от кого звонок. День начался! Сценарий очередного ролика не доставил много хлопот.

В перерывах между съёмками, сидя в глубоком кресле, Роман рассматривал альбом Тициана. Какая живопись, особенно портреты! Как хороши Ипполито Риминальди и Пьетро Аретино! А Ипплито Риминальди очень похож на Рому. Женские портреты тоже очень хороши, но сейчас изменился канон красоты для женщин: полнота не модна, женщины все на диетах, все худеют. Если бы "Девушка с фруктами"- Тициана похудела килограмм на десять с помощью фотошопа, то можно было бы разрекламировать таблетки для похудения, но не хочется обижать Тициана.

Каждый вечер Рома выгуливал свою рыжую овчарку по имени Леди. Обычно рыжая Леди бежала по шёлковому песку впереди, а за ней вприпрыжку по белой пенке прибоя бежал Рома. Брызги от его ног подбадривали Леди, и она, подпрыгивая и подлаивая, бежала ещё быстрее.

Леди, ко мне, - кричал молодой человек, но куда там! Неиссякаемый источник энергии! Наконец, она остановилась и стала принюхиваться. Рыжая Леди подошла к воде и лизнула воду, рыжая волна побежала, отразив собачью мордаху. Тут и Рома подбежал, плюхнувшись в воду, вытянул ноги навстречу волнам. Он лёг. Волны стали ласковыми и тёплыми. Рома закрыл глаза и замечтался о той, которую ещё не встретил. И когда лицо почти нарисовалось в его мечтах, кто-то нежно погладил его глаза. Он открыл глаза ,- это Леди лизала его веки. Ладно, ладно, иду! Пойдём, я хоть перехвачу чашечку кофе.

И Леди помчалась вперёд по кромке воды, разбрызгивая пену прибоя.

-Леди, Леди, не дала досмотреть мечту! Куда она помчалась?

И тут он увидел Леди, сидящую у ног девушки.

-Леди, ко мне,- воскликнул Рома, подходя к столику.

За столиком сидела девушка. "Это она",-сразу же подумал Рома . "Что-то спросила, ах, да... Знает ли её моя собака! Конечно! Моя собака все знает о моих мечтах и обо мне. Моё видение реализовалось. Спасибо, Леди! "-подумал Рома и только спросил:

- Вы здесь часто бываете?

-Странная у Вас собака! Она словно бы меня знает...
- Знаете, она что-то чувствует! Можно к вам присесть и выпить с вами чашечку кофе? Он сел за столик, заказал кофе.

Девушка разглядывала его своими шоколадными глазами. Рома боялся спугнуть это видение, он сел рядом и наслаждаясь каждым глоточком кофе, не отрываясь любовался собеседницей. Вечером четыре ноги посылали в морское плаванье волну за волной Леди пробежалась мимо, подняв фонтан брызг. Она спугнула воду; вода, вобрав в себя образ пушистой Леди и два счастливых лица, поползла обратно - к скалистым берегам Греции.

2007-2013

617

Эликсир Вечной Жизни

Антонио проснулся рано, было ещё темно. Хрустя простынёй и ворочаясь, он думал о встрече с Сандро Боттичелли. Уже несколько месяцев он не видел друга. Он определённо знал причину, из-за которой Сандро просил о встрече. Понимая значимость времени, которое было уже на исходе, он подготовил лекарство, в котором нуждался Сандро. Поёжившись от утреннего холода, встал, зажёг свечу. Пока он умывался и одевался, пламя свечи устроило настоящую пляску чёрных теней.

-Будто и не один! Ишь, размножился, - усмехнулся Антонио.

Холодная родниковая вода освежила его. Он вышел в сад. Первые лучи света брызнули ему в лицо. Ночь стала убывать сначала по капле, затем скрылась туманным покрывалом, обнажив цветущий сад. На листьях заалевших роз, блеснула роса, словно шарики серебряной ртути. Он вдохнул весь этот утренний аромат и пошёл в сторону своей лаборатории. Открыв двери, он впустил широкий луч света, в котором кружились тысячи пылинок. И зажглись миллионы разноцветных бликов на столах с колбами, на пробирках, ретортах, чашках, бутылях, заискрились на стёклах витража, отразились на меди, керамике, на камнях, расставленных на полках. Странные названия венчали камни и некоторые колбы: Меркурий, Красный Лев. Зелёный Лев, Истинный Дракон и прочие удивительные наименования. Только он один мог во всём этом разобраться, так как Антонио Сеньи был аптекарь, а также маг, волшебник, астролог, медик- известный во Флоренции алхимик. Он один знает, что значит: "возьми Меркурий философов, отжигай его, пока он не превратится в Зелёного Льва. Нагрей Зелёного Льва с кислым спиртом винограда и выпаривай. Меркурий обратится в Камень. Перегоняй дальше и получишь Истинного Дракона, ибо он съедает свой хвост. Разотри Дракона на камне и получишь Зелёного Льва".

Что это? А это всего лишь получение окиси свинца. Для Антонио это азбука, доставшаяся ему от отца-тоже аптекаря и алхимика. Но, в отличии от других алхимиков, Антонио, как и отец, не гнался за получением благородного золота из неблагородных металлов. Нет, у него другие задачи- он лечит людей, создаёт удивительные рецепты перегоняя металлы, перетирая камни, мёд , пчелиную пыльцу, травы. Но есть и сверхзадача, иначе не был бы он алхимиком- он ищет Эликсир Вечной Жизни. Стоя у окошка, с витражными вставками, он отхлёбывал отвар ромашки, задумчиво рассматривая игру преломлённого света на поверхности кружки. Антонио сегодня не работал. В те дни, когда у него были встречи, он не мог заниматься делами в лаборатории- ведь это дело серьёзное и требует концентрации. О том, что Сандро обратится к нему, он знал заранее, ещё за неделю. Ведь заболела Симонетта Веспуччи! Её любила вся Флоренция- она первая красавица, образованнейшая женщина, ею восторгаются художники и поэты.
И вот-чахотка в двадцать три года! Конечно же нужно сделать для неё лекарство! Конечно же нужна его помощь! Сандро обязательно обратится к нему- к Антонио, ведь Сандро любит Симонетту без памяти!

-Всё когда-нибудь достигает крайней точки- кульминации: и чувства и жизненные силы. Вот некоторые растения не источают аромата и незаметны с виду, а случайно наступишь, или разомнёшь- вот мяту к примеру, и такой аромат! Да и необязательно оставаться живым, чтобы жить.. Её прекрасную Симонетту будут помнить и восхищаться, даже если она умрёт. И всё, благодаря картинам Сандро Боттичелли. Храните его Музы и Мадонна!

Уже несколько дней Антонио занимался лекарством для Симонетты: он взял голубой нефрит, что держит тонус, растёр его в порошок, смешал с философской солью, добавил туда кору эвкалипта, разогрел смесь и настоял в темноте.

Затем приготовленное лекарство, он ссыпал в стеклянную коробочку. Антонио верил в высокую силу нефрита . Да, его лекарство должно помочь Прекрасной Даме. Он положил коробочку в потайной карман своего плаща и вышел. Сандро ждал его возле Дуомо, у колокольни Джотто. Сандро был очень опечален.

-Ах, только бы не было поздно! Она так плоха, силы её на исходе. Еле жива! Чёрный плащ смерти уже кружит над ней,- с горечью сказал Сандро.

Как он любит её! - подумал Антонио,- во всех его произведениях только её дивный лик! Она и Флора и Венера, Клеопатра и Мадонна.

Я так тебе благодарен, Антонио! Знаешь, сейчас я заканчиваю карти-ну, которая называется "Клевета"- о несправедливости жизни, если в двух словах. Она соответствует нашему времени и многим обстоя-тельствам. Эту картину я подарю тебе, храни её, мой друг. Это моя огромная тебе благодарность! Но берегись Савонаролы - он никого не пощадит и алхимиков тоже, хотя и сам бывший аптекарь. Ладно, бегу я к донне Симонетте с твоим лекарством.

Взволнованный Сандро, сверкнув на солнце синим силуэтом плаща, скрылся в переулке. Словно его и не было рядом только что. Анто-нио не хотелось возвращаться домой, он решил погулять на свежем воздухе в просторах Монте Альбано. Он вспомнил , что в трактатах Лукиана была описана картина "Клевета", которую написал древне-греческий художник Апеллес, но картина не сохранилась. А тема, как видно живучая- вечная. Уж не эту ли картину взялся повторить Санд-ро! Идеи вечны, как вечны добро и зло, а жизнь лишь неуловимые мгновения, мечущиеся между ними. Когда Антонио вернулся с про-гулки уже по всей Флоренции разнеслась весть о смерти прекрасной Симонетты.

Бедная Симонетта! Лекарство пришло слишком поздно! И бедный, бедный Сандро! Храни его Мадонна! Антонио уединился в своей лаборатории. Да, очень тяжёлое время сейчас для Сандро! Но ему нужно эту смерть пережить. А Антонио, уже не сможет ему помочь! У него свои заботы- давно он не пополнял запасы нефрита и киновари, нужно будет найти купца, что ездит в Китай. Он перебирал камни, раскладывал в нужном значении и думал о том, как изменился он духовно, как изменился стиль его жизни. Как мечтал он помогать людям и совершенствоваться. Не переставая быть обыкновенным человеком, соединяя эти простые элементы и получая новые, невиданные результаты, он чувствовал себя создателем-полубогом, тем, кем он не был до того. Вот через эти трансформации, он получает новые формы. В основе всего первоматерия: воздух, земля, огонь, вода, эфир- они субстанции микро и макрокосма. И всё это сочетается с философскими элементами: солью, серой , ртутью. Казалось бы – ну сто сочетаний и философский камень, с помощью которого можно сотворить эликсир, готов, но его-то и ищут алхимики годами, веками. А когда-то он был найден египтянами и рецепты были в Александрийской библиотеке, но всё утрачено, библиотека сожжена. И с тех пор каждый алхимик ставит себе цель- сотворить золото и разбогатеть. Антонио же никогда такой цели не ставил – он, как и отец, помогал людям. Они медики, аптекари, так их называют.

Уже неделю оплакивают чудесную Симонетту во Флоренции. Сандро закрылся в мастерской и никого не впускает. А Антонио ищет купца, что может отправится в Китай. И, наконец –то в торговых рядах на Понте Веккио он узнал о таком человеке.

Мессере Гвиччарди жил неподалёку от Понте Веккио и Антонио направился по адресу. Рустированная кладка двухэтажного дома, увитая плющом и дубовая дверь за решёткой.

Антонио тронул колоколец и уже через минуту ему открыл чёрный слуга.

- Чёрный слуга из Африки! Да они шикуют. Богато живут, далеко ездит купец,- подумал Антонио, стоя в дверях. Чей-то взгляд заставил его повернуться. И он замер- перед ним стояло чудесное ангельское существо. Золотистые кудри обрамляли высокий лоб, а шоколадные глаза пытливо рассматривали Антонио.

Антонио было двадцать восемь лет-не мало, а интересно, сколько ей- маленькому ангелу? У ангелов нет возраста. Но тут к онемевшему Антонио вышел мессере Гвиччарди.

- Чем могу быть полезен?- спросил мессер. Кто Вы, представьтесь.

- Я Антонио Сальи, аптекарь . И Антонио вкратце рассказал о своей просьбе. Сказал, что готов заплатить половину стоимости камней заранее. Затем он замялся и сказал, что был бы счастлив узнать, что за ангел только что упорхнул из комнаты.

А это моя дочь Адриенна. Мессере посмотрел на покрасневшее лицо Антонио и понял, что стрела Амура крепко задела сердце молодого аптекаря. На этом они расстались и каждый думал по-своему. Мессере Гвиччарди думал,- а не такая уж плохая партия. Надо будет обдумать.

А Антонио, с нетерпением думал, как бы пробраться в сад Гвиччарди и вновь увидеть ангела по имени Адриенна. Как только мессере Гвиччарди отправился в путь, Антонио устроил наблюдение за домом. И вот наступил день, когда ангел Адриенна вышла погулять. Она шла прямо навстречу ему, белая в белом платье, служанка был в отдалении трёх шагов от неё. Он поравнялся с ней и низко поклонился.

- Могу ли я надеяться на знакомство с Прекрасной Донной?- спросил он умоляюще.

-О, я видела Вас у отца в кабинете. Вы- Антонио, аптекарь, не так ли?

- Да, Прекрасная Донна.

- Если хотите, Вы можете сопровождать меня до церкви Санта Кроче. С этого дня Антонио забыл обо всём, кроме чудесной дороги до Санта Кроче, куда он сопровождал Прекрасную Адриенну. Их беседы были свободными ибо Адриенна была девушка очень образованная и ей было всё интересно узнать об Антонио, о лаборатории, об экспериментах. И что, и как, и почему.

- А зачем Вам нефрит, что Вы поручили папеньке. Что он означает?

-Нефрит камень вечности и мудрости. Он защищает от тёмной энергии, он продлевает жизнь и держит организм в тонусе.

Знаете ли, что этот камень ценили китайцы и индусы, греки и римляне, его ценили египтяне.

-А как же его употребляют? Его же не грызут, согласитесь!

-О, да , его не грызут, его толкут, превращая в порошок и принимают по утрам, запивая родниковой водой.

-А при каких болезнях?

-Камень этот помогает при ушибах, заживляет раны, помогает при проблемах с кишечником.

-А от бессонницы?

Чтобы избавиться от бессонницы нужно носить нефритовый браслет, а шариком из нефрита можно разглаживать кожу. Но вам это не нужно. Вы чудесный ангел! И у ангелов светящаяся кожа и отличный организм.

- Хотите, Прекрасная Донна, я сделаю для Вас Эликсир Бессмертия и Вы никогда, никогда не умрёте?

-Я знаю, Вы это сделаете! И тогда...

- Что, что тогда?

-Ничего.

-Да, я сделаю для Вас, моя прекрасная Донна, Эликсир Вечной Жизни и тогда Вы станете моей женой! Да? Вы согласны Донна Адриенна?

- О да, тогда я стану Вашей женой!

- О Великая Донна! Я сделаю Вам, обязательно сделаю Эликсир ! И Вы станете моею!

Через какое-то время приехал Мессере Гвиччарди и привёз камни. Он сразу заметил, как переглядывались молодые и спросил Антонио напрямую о его намерениях. Антонио сказал что очень любит прекрасную Адриенну и готов взять её в жёны хоть сейчас, но что Донна Адриенна поставила условие – создать для неё Эликсир вечной жизни. Мессере Гвиччарди почему-то не обрадовался такой возможности и махнул рукой. С этого момента Антонио засел за работу. Каждый день он виделся со своей Донной, провожая её на молебен в Санта Кроче. А потом бежал домой, делая всё новые и новые эксперименты. А тем временем во Флоренции произошли коренные изменения. Во Флоренции воцарился Савонарола! Когда-то весёлый город маскарадов и турниров заметно потускнел от песнопений и шествий монахов. После шествий начиналось главное действо - "сожжение суеты". Ужасное время, когда шпионы Савонаролы имеют право войти в любой дом, вынести из него то, что посчитают богохульным и бросить в "костёр тщеславия".

Горят научные трактаты, книги, картины, скульптуры, карнавальные принадлежности, платья, украшения. Люди сами приносят своё самое драгоценное, а художники, поэты- свои произведения! Боясь за сохранность лаборатории, Антонио переезжает в Пизу. Хотя она неподалёку от Флоренции, но там поспокойнее. Там, в тиши высоких кипарисов, закрывшись с ретортами и колбами, Антонио пытается создать Эликсир для Прекрасной Донны. Время то замедляется бесконечными опытами, то ускоряется и ему кажется, что он уже у цели. Но что-то идёт не так и работа начинается сначала. Он устал, медленно он продвинулся, что-то из компонентов не согласуется. А может вообще не те ингредиенты?

-В какую минуту юноша становится мужчиной, а мужчина - старцем? - думает Антонио. Весь мой опыт алхимика- это всё, что я получил, не получив того, что хотел. Опыт складывается не только тем, чем увлечён человек - это и впечатления и переживания, это слова, формулы, звуки, цвет, свет, форма и горькая любовь . Так думал Антонио, склонившись над книгой . Уставший он задул свечу и лёг в постель. За окном, во тьме вечера, вспорхнула светлым пятном какая-то птица и неожиданно Антонио услышал звук колокольца, он выглянул в окно и увидел овцу, отбившуюся от стада. Напугано оглядываясь, она брела, словно обречённая.

-Бедняга, тяжело и страшно идти в темноте наощупь. Её враги- волки, мои-шпионы Савонаролы. Она, как я - одинокая в темноте... И Антонио вновь зажёг свечу- в дрожащем пламени свечи осветилась картина Боттичелли "Клевета" и все персонажи, словно ожили : в центре царь Мидас с ослиными ушами- он мировой судья. Ослиные уши ему даровал Аполлон за то, что на состязании двух музыкантов: Аполлона и Пана, он предпочёл Пана!

Вот он - мировой судья - Мидас, в его ослиные уши что-то нашёптывают, качаясь в пламени свечи, аллегории: Невежество и Подозрение. Антонио подошёл к картине поближе-вот за волосы волокут юношу-аллегория Невинности, девицы: Клевета, Коварство и Обман. Да это же прямая аллегория происходящего во Флоренции! За девицами в отдалении стоит старуха, вся в чёрном- аллегория Раскаяния, она смотрит на прекрасную девушку, совершенно обнажённую Голую Правду. Девушка воздела руки к небу- ибо её никто не слышит, никто, кроме Бога.

- Господи, помоги мне! - вымолвил вслух Антонио и пламя свечи на секунду вздыбилось и заколебалось. Он задул свечу и уснул. Ему снится сад, розы, которые он срывает в букет, расцарапанными в кровь руками и прекрасная Адриенна.

Как далеко она от него! Ждёт ли его Адриенна? Он так тоскует по ней! Но его работа ещё не закончена. И он не может явиться к прекрасной Донне без обещанного Эликсира!

А Флоренция опять бунтует. То все восхищались Савонаролой, даже его друг Сандро Боттичелли, великие умы: Микеланджело, Пико делла Мирандолла, простые люди, и их сиятельство, сам Лоренцо Великолепный! Это не помешало изгнанию и смерти Медичи. А теперь все отрезвели. Всех достали песнопения, шпионы , вторжения в жизнь, в дома, грабежи и, наконец, "Костры Сует". И вот теперь уже монаха ждёт казнь через повешенье и сожжение!.

Но Антонио так далёк от всего, нет бальзама против тоски, если ты только не занят делом. Он ставит опыт, за опытом и уже близок к завершению. И наконец, свершилось - его Эликсир готов! Боже мой, сколько лет прошло?! Сколько событий. Он вновь переедет во Флоренцию и соединится наконец, со своей любимой! Ибо нет теперь препятствий . Он летит на быстром скакуне к любимой, чтобы увидеть её, обнять её и сообщить ей- Эликсир готов!

С радостной вестью ворвался он в покои Андриенны. Антонио обнял любимую и протянул ей заветный флакон.

-Любовь моя, я наконец-то вижу тебя и мы можем быть вместе, ибо твой Эликсир готов! Андриенна села за столик перед зеркалом, в котором отразилось её постаревшее за годы лицо и тихо сказала:

- О, Антонио! Когда я была молода и красива, я думала, что это навсегда и я хотела такой остаться вечно! А Эликсир должен был сохранить нам нашу молодость. Но ты делал этот Эликсир так долго! Мы постарели и седина поблёскивает в наших волосах. Наши болезни уже атакуют нас и твой Эликсир только продлит эти оковы старости на вечные времена! Ты понимаешь , Антонио! О, любимый, я не хочу жить вечной старухой. Я не согласна на такую вечность, ты опоздал.

-Любовь моя, я делал Эликсир Жизни для тебя долгие годы, день, за днём. Я перерыл столько книг ушедших веков! Сквозь знания, проступающие едва-едва с этих пыльных страниц, я черпал вдохновение, видя твой дивный лик! Я познавал законы и я опрокидывал их. Я грешил, моля Бога и чёрта о помощи, потом молился и каялся . И я сделал Эликсир - таково было твоё условие, но ты права, мы грешны в наших желаниях жить вечно. Бог не сотворил нас таковыми! И если моя любимая не хочет вечности, то значит этого не хочет Бог и не хочу я. И тут Антонио схватил флакон с Эликсиром и бросил через окно в сад. Слышно было, как флакон разбился о ствол прекрасной Глицинии.

-О, видимо твоя Глициния теперь будет жить вечно,- горько усмехнулся Антонио.

- А мы будем просто жить и любить,- добавила Андриенна.
И два седых человека обнялись навсегда.

Сан Диего, 2017

Диего

Однорукий Диего пас коз в горах Сьерра Невады. Как барс он карабкался вслед за козами по вертикальным скалам около заброшенного замка Алькасаба. На закате, издали, их фигурки пылали красными и оранжевыми язычками танцующего пламени. Бог знает, как ему удавалось карабкаться одной рукой по вертикалям! Достигнув вершины, он взмахивал ею, словно однокрылый орёл и исчезал в горах. Эхо доносило лишь блеяние коз. Там, в горах, когда козы засыпали у костра, он уходил в пещеру. Здесь его встречали грифоны, крылатые львы и много других глазастых, рогатых, остроклювых чудищ, которые Диего вырезал из песчаника на стенах пещеры. Над этими скульптурами наверху свода парил некто, кого Диего ещё не закончил. Он рьяно врубался в податливый камень и его резец был послушен ему. Иногда резец застревал в породе и тогда Диего вырубал киркой нужную глубину. Проработав несколько часов, он выходил из своего затворничества, опустив факел в догорающий костёр. И тогда весело вспорхнувшие искры, взметались к звёздам, умножая их сверкающий блеск.

В Малаге, откуда он был родом, было много праздников, да практически целый год! Но самые пышные, с карнавалами и шествиями, были Рождественские-перед самым Великим Постом, в честь Богородицы. В эти праздники Диего спускался с гор. Одевшись в белую рубаху, чёрные панталоны, с красным поясом, он примыкал к танцорам. А уж танцевал Диего со всей испанской страстью! Его единственная рука плавно переходила словно от крыла птицы, в длинную реку, охватывающую всех танцующих. Да, лихо танцевал таинственный Диего! Таинственный, ибо никто не знал его истинной страсти.

И вот однажды в толпе он увидел прекрасную девушку. Её кожа была белее кварца, а глаза распахнуты, как два испанских веера.

Движения газели завораживали.

-О, кто ты прекрасная незнакомка? Ты фея Сьерра Невады?

Но девушка молчала.

-Я думаю, тебя зовут прекрасная Мерседес!.

Но ничего не ответила девушка однорукому Диего. И хотя много девушек мечтали о нём, ему в душу запала та, которую он назвал Мерседес. Каждый вечер в своей пещере он продвигался всё глубже и дальше в поисках такой породы, которая бы подходила для его портрета. Он хотел сотворить ангела с лицом прекрасной Мерседес. И вот, наконец, он нашёл мраморную породу.

Белая глыба соответствовала задуманному портрету. Камень понимающе поддавался натиску инструмента. День за днём всё явственней проступали чудесные черты Мерседес: веерообразные глаза распахнулись, её полуоткрытые губы выдохнули воздух, затрепетал её мраморный носик. Роскошные мраморные волосы легли на дивные плечи. Диего отложил резец и посмотрел на свою работу – нужно отполировать и тогда скульптура будет закончена. Пылью тысячи ракушек отполировал он лицо, и оно ожило! Теперь он каждый вечер разговаривал со своей Мерседес и засыпал, глядя в дивные глаза. Однажды в городе он увидел ту, настоящую. Её кто-то окликнул:

-Палома! Она обернулась.

Палома! Её зовут Палома! И это совсем не моя Мерседес! - подумал Диего. Моя мраморная Мерседес- прекрасная дева! Ангел, хранящий божественные тайны, а эта просто деревенская девушка.

-Привет! - воскликнула девушка. Ты хотел со мной потанцевать на празднике, помнишь?

Да, помню. Я просто спросил твоё имя.

-Меня зовут Палома.

А я-однокрылый орёл. И Диего приподнял свою единственную руку. Не по пути нам, голубка.

Это не важно! -хотела сказать   девушка, но Диего уже удалялся своей невесомой походкой.

Вечером, когда козы устроились на ночлег, он вынес портрет прекрасной Мерседес. В отблесках костра прекрасное лицо заполыхало румянцем и Диего сказал:

-Вот так-то! Нам никто не нужен. Нам ведь хорошо вдвоём.

2017г.

ЛЁХА

Вечерняя Москва за окном сверкает огнями. Мы с моей школьной подругой сидим у окна и думаем, что делать дальше. Я только начала свою учёбу во ВГИКЕ, поступила на мультипликацию, куда очень мечтала попасть, а моя подруга, Людочка, как раз закончила институт. Она киновед и ей предложили работать в журнале "Советский Экран". Вот тут-то и возникла проблема, с которой она столкнулась – прописка! Да, без бумажки никуда...

-Ну подумай сама, Анюта, кроме фиктивного брака, я не вижу другой возможности. Так что ты не оплошай, включи всех своих знакомых и знакомых своих друзей. Я уже подключила всех, кого знаю и не знаю.

- Люсь, а деньги у тебя на это есть?

-Ну вот, в "Советском Экране", выйдет моя статья, за неё я получу 300 рублей- это всё что есть. Ну если ещё понадобится, то отдам первую зарплату.

-Люсь, это же мало. Прописка наверняка тысячу стоит!

-Ладно, что обсуждать. Пока не за что уцепиться. Завтра мой последний день в общаге. Я купила классный чай- индийский, со слоником. Выпьем, подружка, чайку. Когда всё позади будет, мы с тобой   отпразднуем более основательно. А пока, слоник.

Мой курс небольшой- всего 13 человек и почти все москвичи. Я в первые же дни недели смущённо говорю:

-Ребята, знаю неудобно спрашивать, вроде только познакомились, но дело не терпит отлагательств! Рассказываю им про мою подругу и спрашиваю, нет ли кого из знакомых, которые бы пошли на фиктивный брак. Объясняю, что девушка закончила наш институт, предложили ей замечательную работу, а прописки-то и нет.

Ребята хотя и посмеялись, но заинтересовались фотографией Людочки, которая висела на доске отличников-выпускников. Кто-то пошутил: а не женится ли вообще на такой комсомолке, спортсменке и красавице. Но тут подошла ко мне моя сокурсница Светлана.

-Пойдём, выйдем в коридор, сказала она. Мы вышли.

-На, закури!

- Нет, пока не курю.

- Вот именно, что пока. Слушай: есть такой человек! Он обязательно поможет твоей подруге.

Зовут его все Апостол, а на самом деле Лёша. Он честнейший и добрейший человек. Правда, с виду страшноватенький, и есть недостаток- в тюрьме сидел, но он всегда всем помогает. И Светлана мне дала его телефон.

- А в тюрьме за что сидел этот Апостол?

- Так Апостолы все мученики- ты ж знаешь! Ну вот. Да не напрягайся, он правда замечательный. А сел за синьку.

-За что? За какую синьку?

- За синьку для стирки по 10 копеек пакет.

Мать его болела, он в свои 14 лет уже работал - газеты продавал. Получил денежку, купил мешок с синькой. Взял своего дружка Достоевского и повезли они мешок в деревню, да и продали по деревням этот мешок за 20 копеек пакетик. Ну первый мешок продали - всё прошло гладко, а на втором мешке бизнес погорел. Милиция застукала, и за спекуляцию отправили в колонию его и друга Достоевского. А потом после срока друзья вышли и обворовали газетный киоск. Снова сели. Воровали по мелочи, а биографию подпортили по гамбургскому счёту. И ты поверь мне, Анюта, человек он замечательный, я тебе правду говорю.

- А ты его откуда знаешь?

-Так он мой сосед по Метростроевской. Аккуратно живёт, работает. А то всё было мальчишество и озорство.

-Ну спасибо! Скажу Людмиле, позвоним. Потом тебе расскажу.

Вечером пошли звонить Апостолу. Бархатный голос, московский говор, и он сказал:

-Буду ждать вас под часами у Рижского вокзала. Вы меня сразу узнаете, потому что я буду самым большим пентюхом под большими часами. Самым нелепым, потому что по прогнозу завтра дождь, и все будут с зонтами, плащами, а я буду без зонта, в чёрном костюме с гвоздикой в карманчике и с газетой в руке.

- Лёшь, а нельзя попроще- без бальной гвоздики, в плаще и при зонтике? Ведь простудитесь!

-Так, девчонки! Спасибо за заботу, но я никогда не болею. Если я сказал в костюме и с гвоздикой, значит так правильно! Слов и действий Апостол не меняет.

- Ладно, ладно Лёша, не обижайтесь! Одевайтесь, как хотите!

И вот на следующее утро мы специально сели не в метро, а на автобус. Хотели увидеть Лёшу издали. А может соврал и не придёт.

Идёт дождь. За стеклом реки, не видно не зги. Вышли у Рижского вокзала. Все под зонтами. Дождь барабанит угорело и серебряными брызгами охватывает ноги и весь асфальт. А под часами Рижского вокзала, в овале проёма стоит, словно герой сказок Андерсена, Лёша в чёрном костюме, да с дурацкой гвоздикой в кармашке. Он картинно замер и не замечает дождя. Мы подходим к нему. Лёша очень высокий и широкий. Нет, не толстый, а именно широкий. Он высокий, широкий в плечах, у него здоровущая голова, на ней половину занимает курносый нос, широкие губы, и картину завершают совершенно косые глаза. Он похож на огромную матрёшку мужского пола, или на бульдозер в смокинге. Но на его лице внезапно засверкала солнечная улыбка большого дитяти. Это он увидел нас.

-Здравствуйте, здравствуйте! Пробасил Лёша бархатным голосом. А кто из вас невестушка- то? Глаза разбегаются! Впрочем, давно разбежались, - сказал он о себе с детской непосредственностью. Эх, будь я покрасивее, да с чистым паспортом, я бы на обеих женился. Шучу. Вам Светлана сказала, что я в тюрьме сидел?

- Да, сказала.

-Так кто ж невестушка-то? Ах вот она какая, Людочка! Ну я ж не зря так оделся! Не каждый день мне красавицы предложение делают! А вторая, значит- Анюта, мы ей тоже кого-нибудь найдём!

Давайте так, по порядку! Человек я тонкий, высокочувствительный, надувательств не люблю. Что такое колония - знаю, что такое тюрьма - познакомился. Всего год, как на свободе, и может уже завтра надо мной будет небо в полосочку. Может я вам даже помочь не успею, и где-то у ментов щёлкнет - ату его! И сцапают. Ох не любят меня менты, да и я их, невестушки! Никак не могу привыкнуть к этим беспорядкам на свободе! Вдумайтесь, невестушки, в слово "порядок"!

Порядок- это что по-вашему, чтобы носки не застаивались в паутине, или что мент крашеной палкой машины останавливает? Нет, невестушки. Порядок должен быть в диаметре шара от уха, до уха. Вот тогда и ноги поймут, куда идти, а руки, что делать- это я говорю, Апостол. Так меня на зоне прозвали - слушались все, а кто нашкодил, урок получал. Да там на зоне разные; кто кого -то грабанул, кто кого-то придушил маленько.

Но вас, женщин, никогда не трогали. А если кто такой попадался, то мы ему такую науку вколачивали! Я женщин чту. Женщины- они все матери, даже когда детей нет! Библию читали? У Магдалены были такие кудри! Ну чисто спагетти, хоть на руку наворачивай! А наш Голгофский проповедник взял и так неожиданно умер, заставил её слезами омываться! Бесчеловечно это! И детей ей не оставил! А кто о нём пла- кал, да молился ? Кто верил безропотно и любил преданно? Одни ба- боньки! Это потом апостолы опомнились, когда он вновь воскрес! А кто верил ему до конца ?

Да, да бабоньки. Они же веками и молятся. А мужики сутанами прикры- ваются, да денежку пощипывают с народа, - не верю я им! Так вот - к делу! Дело-то щекотливое- замуж нужно, да ещё заплатить удумали! Ладно, мужа я вам найду! У меня-то паспорт, подпорченный - со штампиком тюремным - вам такой ни к чему. Вы же из мира кино, красавицы, а тут муж урод, с грязным паспортом!

Эх, много у нас красавцев и на зоне, людей честных, не в пример бонзам- властолюбцам, что на свободном выгуле, но не для вас такие петухи! Живут мирно, женщин уважают, умирают вовремя, памяти не оставляют- всё тихо, скромно. Прописочку вам сделаем, не бойтесь! И сразу вдовой сделаем, а если попросите- оставим их живыми. Да всё на бумаге, девчонки! На бумаге! Не бойтесь! Тут Лёша расхохотался, а мы как-то сжались:

-Не надо никого убивать, Лёша, вы же Апостол! Человек святой, значит!

А, кстати, почему вас так назвали?

- Да я сам назвался! Чтобы слушались, когда я вразумляю. Кто ж меня

может как-то назвать?! У меня, слава Богу, в диаметре от уха, до уха всё

в порядке, не то что у многих оголтелых. И душа моя чиста. Так вот,

продолжим, хочу вас познакомить с отличным парнем. Он не из наших,

полосатеньких, он с чистой книжечкой и, к тому же, красавец.

Да, ещё на гитаре играет. А фигурой легкоатлет - бабам щелчок в

сердце. Он вам понравится! Но уговор! Не влюбляться, есть у него

девушка, нельзя их разлучать! Мы вам поможем, а после вытрите всё из

памяти. Хочу предвидеть непредвиденное! Вот и пришли, здесь он и

живёт с матерью. На втором этаже. Но сейчас нет его дома - видите

геранька на окне и окно закрыто! Он, когда грустит, гераньку на пол

ставит, открывает окно и всё смотрит куда-то вдаль, о чём-то думает.

Душно ему в этом мире неблагополучном, но в разбой не идёт- дюже

верующий он. Так-то!

Ну как, невестушки, не заговорил я вас? Думал, сбежите! Так сильно,

значит прижало, что и не боитесь! Ну вы со мной не соскучитесь! Вот

страшный я – то правда! А бабы мрут и сохнут по мне! Чисто я мёдом

мазаный! И голова тыквой и глаза вразброд, и нос грушей, и губа

грудь щекочет, но душа у меня -тонкая, хоть на язык порой брёвна

катятся. Но художественно катятся, заметьте! Достоевский про меня

роман хотел написать-уже четыре года пишет! Да это мой друг, мы его

Достоевским кличем, похож на него, рыжий, бородатый, а работает

пожарным! Столько людей спас! А потом об этом повести рассказы

пишет. Да только его не печатают, сидел потому что, ну и лексика. Что

-то нет моего друга, с которым хотел вас знакомить! А вы садитесь здесь на лавочку.

Ой, погодите, здесь мокро после дождя. Сейчас...

И тут Лёша снял пиджак с гвоздикой и разложил его на скамейке.

- Вот, теперь садитесь. Так вот, про Достоевского. Тоже Фёдор, но фамилия у него Медведко, мы с ним дружки ещё по небу в полосочку - вместе на операции "синька" участниками были. Я хоть и взял вину на себя, но ему тоже дали годик. А я три отсидел. Это ему там и дали такую фамилию за внешнее сходство с Фёдором Михайловичем и за то, что у него в диаметре от уха, до уха качественно. С виду- ну рыжий дьявол, а на самом деле- кроткая лань! Талантлив он. А начитан! Не голова, а музейная редкость и библиотека! И как начнёт шпарить наизусть Ахматову, Гумилёва , Пастернака - это он любит! И всех классиков назубок, а как читает! Словно он сам только что написал это!

Так, ладно, нет моего друга! Возьму, значит, миссию на себя! К делу! Денег я с вас не возьму, а если что и подкинете, я ещё доложу, и мы такую свадьбу сыграем! Да вы не волнуйтесь, я вас не трону! И ничего не Бойтесь. Ни-ни. Я Вас не трону! Я теперь ваш ангел-хранитель. А эта свадьба будет для моих стариков,- им в утешение. Короче, красотулечки, повеселим народ забавою! И правды не раскроем. Не хочу стариков своих обижать, пусть за меня порадуются. Мол остепенился, Лёха, понимаете?! Ну как, уговор?!

Конечно, Лёша! Мы поддержим, если это успокоит ваших родителей. Но ведь враньё откроется, неудобно. Может тихо сделаем?

Всё будет хорошо, поверьте. Да вот ещё! Когда будем разводиться - вас что больше бы устроило в записи развода: не сошлись характером, или- заговорил меня, бандюга, запугал. Или- бес попутал, а сейчас вижу - урод. Есть ещё вариант - домой не приходит, всё по бабам бегает.

А ещё вот,- пьёт беспробудно, деньги в дом не приносит. Вам выбирать, невестушки! А пока что...Лёша наклонил голову, театрально взял Людочкину руку и вдруг спросил:

-А как ваша фамилия, невестушка?

-Свиридова, а что?

-Так вот, Свиридова Людмила, я предлагаю вам свою руку, но не для того чтобы вы наполнили её деньгами, а в интересах вашего дела, совершенно бескорыстно. Слова своего не нарушу. Ваша подруга тому будет свидетель. Вы, конечно же, согласны, ведь я такой парень, что отказать мне не возможно!

Уходили мы с этого свидания, совершенно ошарашенные Лёшиной прямотой, добродушием, откровенностью, обходительностью, конечно же не без театральности и позы, но его отношение к родителям нас приятно растрогало. Мы договорились в субботу ехать к его старикам - там они и распишутся с Людочкой. Почему-то было абсолютное доверие, хотя явно ситуация была странная, неоднозначная.

Поезд на Волоколамск, где жили Лёшины родители, отходил с Рижского вокзала в 12 ночи. И вот к двенадцати часам мы уже бежали вдоль состава на Волоколамск. Лёша сказал, что займёт места во втором вагоне и купит билеты, поэтому мы с этим не заморачивались. Народу было битком. Люди сидели по три, четыре человека на место, и только один блок был свободен- на верхней полке лежал огромный Лёша, а под ним были два пустых, боковых места, и никто даже не пытался близко подойти к этим местам.

-А, пришли, невестушки! Нижние места в вашем распоряжении, - заулыбался нам Лёша. Я тут такой свирепый вид напустил, что никто и не сунулся. Садитесь! Нам ехать полтора часа.

Поезд набирал скорость, и мы задремали под укоризненные взгляды, сидевших по четверо людей. Только задремали, а уже приехали. Лёша разбудил нас со словами:

-Невестушки! Волоколамск! Выходим. Дверь открылась, никакого перрона нет! И мы прыгаем в полную темноту Лёше в руки. Картина нам открылась неприветливая- нигде ни огонька, темень, лес и Лёша-Апостол. И только теперь по спине забегали мурашки страха и хребет заострился. Людочка повернула ко мне белое от страха, или от света луны, лицо, ну а Лёша спокойно шёл впереди и насвистывал.

Я подумала, ну какие же мы доверчивые дуры, но мой внутренний голос меня успокоил- всё хорошо, можно доверять.

Лёша, будто понял наш настрой и сказал:

-Всё хорошо, девчонки! Скоро придём, это ж деревня, пригород Волоколамска - все спят. А вот тот, крайний домик - моих стариков. Уже почти пришли. Сейчас чайку попьём и баиньки. Вот хочу добавить, вы молодцы, что не забоялись меня, очень оценил. Но если вам кто-нибудь такое путешествие предложит без меня- ни за что не соглашайтесь! Вот ведь, бедовые! И ещё, если вас кто-нибудь когда-нибудь обидит, мне скажите! Я за вас, невестушки, душу отдам! А надо будет, то прибью и за это сяду.

Маленький домик, окружённый со всех сторон яблоневым садом, был погружён в сон. Ночная свежесть леса сомкнулась густым ароматом прелых яблок и весь облик дома и сада источал воспоминания об уютном детстве. Лёша постучал в двери словно нарисованного домика:

-Ма, открой, это я- Лёша.

-Лёха, ты? Что случилось, почему середь ночи?

- Ма, открывай! Я не один. С невестой я! Даже не с одной-сразу с двумя.

Дверь открылась, и в проёме дверей появилась маленькая седенькая старушка с узелком на затылке. Лёша обнял старушку.

-Заходите, заходите! Ой, и правда, с двумя! Совсем девки рехнулись. Вы это, поосторожней! Я здесь яблоки сушу на полу, раскидала в горнице, а больше-то и негде. Проходите, я чайку погрею.

- Ма, познакомься, это Людочка-моя невеста. Видишь, какая красавица за твоего Лёшку замуж идёт! А другая - Анюта. Мы её тоже пристроим, жениха хорошего найдём.

- Дарья Ивановна, - сказала Лёшина Ма несколько растерянно.

Тут маленькая, седенькая Ма, повернулась к Людочке:

-Что это он болтает? Или правда это? Замуж идёте за мово Лёху?

-Правда, Дарья Ивановна! Лёша у Вас замечательный, вы же знаете, он очень хороший.

-Да я-то знаю! Хорошо, что и другие понимают. А он Вам сказал, что сидел? Он ведь должен всё сказать.

- Да, конечно же сказал.

-Ладно. Пойду деда будить, то-то будет радости!

Дарья Ивановна пошла деда будить, а мы с Людой прижались к щёлке дверей- интересно было посмотреть на реакцию деда.

-Дед, а дед! -затормошила его Дарья Ивановна. Слезай с перин! Тут Лёшка с невестами приехал, такие красулечки! Из Москвы.

-А что их много, - пробормотал старичок, зевая. Пущай поделится, неча жадничать.

-Ты всякую дурь-то не болтай, старичок! Невеста одна—Людой зовут, а вторая - её подружка. Они из кино—интеллигентные, не кабы что. Так что, батя, сын твой остепенится, женится и всё будет хорошо. Вот только одно, слышь, что она в нашем Лёшке нашла? Не могу в толк взять...

-А это уже их дело, мать, тут не нам судить.

- То правда. Вот штаны твои, ты что в таком виде хотел?

Мы вовремя отпрянули от дверей. И тут из дверей вышел маленький, седенький старичок, с растопыренными усами, похожий на деда Щукаря из "Поднятой целины", или на очень старого ангела. Лёша обнял старика за плечи и как ребёнка повёл к Людочке:

— Вот, Батя, моя невеста, Людочка. Прошу любить и уважать.

-Отличный выбор, Лёха! А что ж со второй делать? Надо же девку пристроить за хорошего молодца!

-Пристроим, пристроим, Батя! А сейчас спать! Поздно уж.

-Рано уж, поправил дед. Четвёртый час. Уж петух наш, Афонька, вышел на изготовку. А к Людочке у меня вопрос имеется.

-Ну говори свой вопрос, а то все устали.

-Людочка, Вы видно, что вы девушка образованная, да какая красоту-лечка! А вот сказал ли мой шельмец, что зэк он и сидел в тюрьме? Поймите меня правильно, я конечно же желаю добра своему сыну, но поперёк правды не пойду.

- Сказал, конечно же сказал, он ведь очень честный, ваш Лёша!

- Что есть, то есть. А ещё вопрос имеется, а то ведь, не усну. Что это вы его так полюбили? На киногероя он явно не тянет.

- Э, Батя, не честный это вопрос, - возмутился Лёша. И вообще, - пора спать. Давай, Батя перину для девушек.

- А ты что ж не с невестой будешь рядом?

-Ни, ни, -только после свадьбы.

- Ну муштруют бабы! Молодец, Людочка!

Лёша скинул один матрас, застелил на сетку кровати, затем достал ещё один и положил сверху.

-Ну вот, готов ваш трон, девчонки!

И мы рухнули, как раз под кукареканье заводилы Афоньки. Прошло часа два:

-Девчонки, встаём! Едем жениться! А это я вам принёс!

Через щёлки глаз, мы увидели сияющего Лёшу с букетиком полевых цветов и веночком на голове.

-Ну ты, Лёша, и в самом деле Апостол!

- Так, план такой: моим -ничего не говорить пока... Я съездил в город и договорился в Загсе. Нас ждут к 12 часам! Одеваться, невестушки! Да, вот ещё- после Загса, свадьба. Всё, как полагается! Я тут сгонял, купил еды- на роту хватит!

-Какая ещё свадьба, Лёша! Ты остановись в своём порыве!

А как же иначе! Тут уже вся деревня знает, что Леха женится! По дороге

Лёша вручил Людочке букетик ярко-пунцовых роз. Мы сели в предоставленный нам газик. Он взвился по просёлочной дороге, подпрыгивая на кочках, вместе с важно одетым женихом, розовой Людочкой и Анютой. Внезапно на дорогу вышли ряженые в масках с дудками и барабаном, они окружили машину. Лёша достал из какой-то коробки водку и конфеты, стал подбрасывать ряженым, а они кружились и танцевали вокруг машины, как вдруг разбежались, и исчезли. Ещё немного и наш "кортеж" остановился у Загса.

Лёша достал тарелку и поставил её на порог у дверей. Людочка раздавила её ножкой- на счастье. Фарс продолжался. Было безумно неудобно перед всеми, но Лёша так хотел, он вошёл в роль и не желал выходить из образа.

Мы вошли в комнату под музыку Мендельсона. И вот Людочка и Лёша стоят перед распорядителем - их женят.

Хотите ли Вы Алексей, взять в жёны Людмилу Савельеву? - вопрос к жениху.

- А кто ж её не хочет! Ой, простите, конечно хочу.

-Отвечайте по форме, попросил распорядитель.

-Да, хочу, повторил Лёша, смахнув скупую слезу.

После ответа Людочки, они расписались, затем мы - свидетели. Распорядитель поставил пластинку на допотопном патефончике: -Эх раз, ещё раз, ещё много, много раз ...запела правду пластинка. Всё шло, как по нотам.

Они сели в усыпанный цветами газик и в сопровождении поздравлений от множества незнакомых им людей покатили обратно домой.

Тут Лёша повернулся к Людочке, подмигнул и сказал:

-Ну, как я сыграл! Даже приплакнул, а? Ну натурально, да?

- Лёша, я вообще в шоке от этого спектакля!

- Ну, ну, не влюбись. Я шельмец и балбес, но жизнь - прекрасна, когда с ней заигрывают.

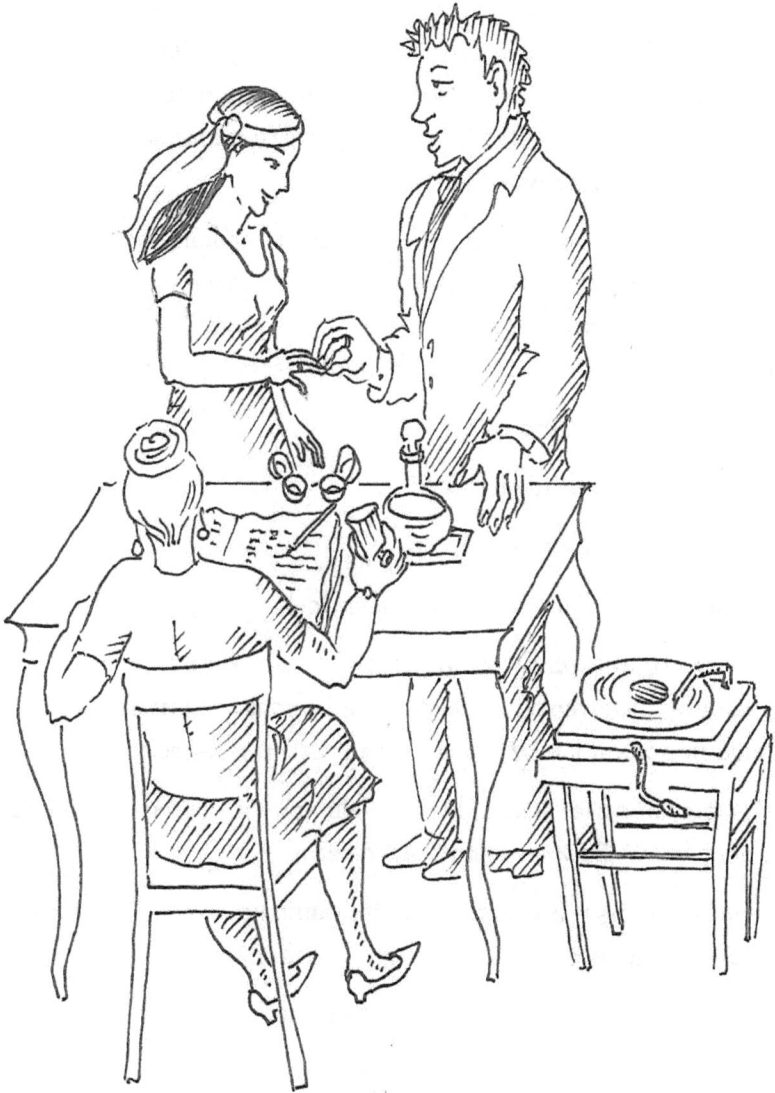

- Девчонки! Первая заповедь Апостола Лёхи: ничего в жизни не принимайте всерьёз! То ли партия в шахматы, то ли спектакль, карусель, что хотите, но никогда, ничего всерьёз. Всё играючи и жизнь вам отдастся. Ну а теперь - свадьба! Запомните, девчонки! Это игра.

Огромный стол, полный еды стоял посредине двора, множество людей ждали нашего приезда. Все сели. Пошли тосты, шутки, на крики "горько", Лёша целовал Людочку в щёчку, в ушко, но не в губы, ссылаясь, что нечего устраивать показуху. Соблюдал условие неприкосновенности. Когда все напились и наелись, нашутились и натанцевались, внезапно Лёша постучал ложкой по бокалу и сказал:

-Не хочу захлебнуться от счастья, а то ведь и правда, поверю. А только я вас тут всех разыграл! Всё это неправда. Просто мы с Людочкой сняли такое кино. Вот у меня кинокамера и всё уже снято. Тут Лёша вытащил обыкновенный слуховой аппарат в коробочке, выдав его за микрокамеру.

Все встали. Одни возмутились:

-Дурак, ты Лёха! Разве так шутят!

Другие молча, хмуро уходили.

Куда же вы? Мы же здорово повеселились!

Мама и Батя сидели одни на противоположном конце стола, молча, глядя в упор на белую скатерть, словно на ней проявится пояснение этой ситуации. Лёша подошёл к ним, обнял их за плечи и сказал:

- Ну, ну, мои дорогие, я же меченый! Не хочу я портить жизнь таким хорошим девушкам! Да и вам врать негоже.

Батя, отодвинул стул и ушёл. Мать подошла ко мне и Людочке. Она искренне обняла нас и сквозь слёзы прошептала:

-Я так и чувствовала, что здесь что-то не так!

- Простите нас, простите! Запричитали Люда и Аня. Вы должны знать всю правду. И тут Людочка рассказали всё, как было, без утайки.

Дарья Ивановна слушала со вниманием:

- Вы хорошие и не виноваты, что такие законы. А Лёшку я одобряю, только зачем было спектакль устраивать! Помогать нужно тихо. Он вечно всё через край делает! Приезжайте к нам ещё. Вот на сбор яблок приезжайте! Отдохнёте от шума городского.

- Обязательно приедем! И поможем, и отдохнём с большим удовольствием!

И действительно, год, за годом Людочка и Аня, приезжали к старикам, помогали собирать яблоки и варили варенье во дворе. Мы купили Дарье Ивановне красивую шаль и Людочка по краю шали вышила имя Дарьи Ивановны.

-Ишь ты! И где такую именную нашла?

- Сама вышила!

-Ну, Люда! Красиво! А жаль, что ты не моя невестка!

С Лёшей же Людочка благополучно развелась, как и договорились, через 3 месяца. Но они сдружились и долгие годы поддерживали дружбу. Ну а Аня помогла Лёше устроиться художником на заводе и первое время делала за него плакаты, но он быстро освоился и научился обходиться без неё. Буквально через несколько месяцев после развода Лёшка по правде женился, и Аня с Людочкой были на его свадьбе. Лёша гордо представил Люду, как бывшую жену, разумеется с её разрешения. Были мы и на крестинах Лешиного сына- точной Лехиной копии- с широким носиком и косыми глазками. Очаровательный, смешной малыш. На это Лёша пошутил:

-Отсидел, паря! Девять месяцев в животе дали, вот он и окосел!

2016

www.ingramcontent.com/pod-product-compliance
Lightning Source LLC
Chambersburg PA
CBHW060319100426
42812CB00003B/825